기도의 정원

A Garden Catechism: 100 Plants in Christian Tradition and How to Grow Them
by Margaret Rose Realy

Copyright © 2022 by Margaret Rose Realy.
Published by Our Sunday Visitor Publishing Division, OSV, Inc.
All rights reserved.

Korean Translation Copyright © 2025 Living with Scripture Publishers, Seoul, Korea.

이 책의 한국어판 저작권은 Our Sunday Visitor, Inc.와 독점 계약한 '성서와함께'에 있습니다.
저작권법의 보호를 받는 저작물이므로 무단 전재와 복제를 금합니다.

기도의 정원

그리스도교의 100가지 식물 이야기

마거릿 로즈 릴리 글 | 메리 스프레이그 그림
신지현 옮김

성서와함께

저의 글에
생명과 빛을 주신 성령께
이 책을 바치오니,
많은 이가 하느님께
가까이 다가가고
하느님의 피조물을
찬미하게 하소서.

내게는 아직 할 말이 많으니 보름달처럼 온갖 생각으로 가득 차 있다.
경건한 아들들아, 내 말을 듣고 시냇가에 피어나는 장미처럼 번성하여라.
유향처럼 향기를 내뿜고 백합처럼 꽃을 피워라.
소리 내어 함께 주님을 찬미하고 그분의 온갖 업적을 찬양하여라.
그분의 이름에 위엄을 드리고 그분을 찬미하며 그분께 감사하여라.
입술에 노래를 담고 수금을 타며 감사드릴 때 이렇게 말하여라.
"주님께서 이루신 모든 위업은 너무나 훌륭하고
그분의 모든 분부는 제때에 이루어지리라."

집회 39,12-16

Contents — 차례

추천사	*9*
머리말	*12*
들어가기	*17*
꽃	*26*
허브와 과수	*178*
풀과 기타 화초	*246*
나무	*282*
정원 가꾸기	*337*
가톨릭 교리 상식	*360*
기도의 정원 만들기	*374*
참고문헌	*389*
주석	*391*

일러두기

1. 원서는 성경 본문을 《새 미국 성경 개정판 *NABRE*》(2010, 1991, 1986, 1970)에서 인용했다. 이 책에서는 의미 차이가 크지 않는 한 한국 천주교회 공용 번역본인 《성경》(2005)으로 옮기되, 의미가 다를 때는 그 차이를 옮긴이 주註로 밝혔다.

2. '기도의 정원 만들기' 편은 저자의 또 다른 저서인 *A Garden of Visible Prayer*(2015)에서 일부를 옮긴 것이며, 한국어판은 원서의 구성을 따랐다.

3. 우리나라 자연환경과 맞지 않는 원서의 일부 내용은 한국어판에서 제외했다.

4. 식물 관련 용어는 한자어보다 우리말을 우선 사용하고, 한글 맞춤법과 외래어 표기법을 따르되 이미 널리 쓰이는 용어는 그대로 두었다. 식물의 한글 이름은 국립생물자원관에서 제공하는 국가생물종목록을 참고하였다.

5. 본문에 그려진 식물의 이름은 해당 항목의 첫머리에 나열된 학명들 가운데 마지막에 표기된 것이다.

6. 이 책에서 언급하는 내한성 지역 구분은 미국 농무부USDA가 북미 지역을 기준으로 작성한 자료이다. 우리나라 기후와는 차이가 있으므로 참고용으로만 활용하기를 바란다. 국내 기후에 맞춘 내한성 구역 지도는 국립원예특작과학원에서 운영하는 '과수생육·품질관리시스템' 웹페이지에서 확인할 수 있다.

추천사

나는 정원 가꾸는 법을 그야말로 '맨땅에 헤딩'하듯 배웠다. 아마 나처럼 온갖 시행착오를 거치며 터득한 이들이 여러분 주변에도 적지 않을 것이다.

몇 년 전, 콜로라도 스프링스로 이사하면서 동네 공원에 인접한 1,300㎡ 규모의 땅을 헐값에 매입했다. 해발 2,000m의 높은 지대에 자리 잡고 있어 로키산맥의 근사한 경관이 한눈에 들어온다는 장점이 있었지만, 오랫동안 방치된 탓에 땅은 메마르고 척박했다. 나는 시든 잔디와 유카나무, 버려진 침목들이 널브러진 황량한 공간을 어떻게든 멋진 정원으로 바꿔 보겠다며 1년 동안 온갖 식물을 공들여 키웠다. 그러나 끝내 살아남은 것은 거대한 엉겅퀴뿐이었다.

결국 실력 있다고 소문난 정원 디자이너를 수소문해 도움을 청했다. 그녀는 공간을 한 번 둘러보더니 상황을 한 문장으로 요약했다. "새로 시작하시는 게 좋겠어요." 나는 새 정원이 자리 잡기까지 시간이 얼마나 걸리는지 물었다. "8년은 필요합니다."

그때부터 새 정원을 만들기 위한 여정이 시작되었다. 정원 디자이너의 조경 설계도를 참고해 땅을 파고 화단을 만들며, 질 좋은 흙을 구해 식물을 심고 물과 비료를 주었다. 가지를 치고, 흙을 덮고, 시든 식물은 뽑아 내고 다시 심었다. 정원에 길을 내거나 돌담이나 인공 폭포를 설치하는 등 힘쓸 일이 있을 때는 친분이 있는 청년들에게 사례를 주며 부탁했고, 형편이 될 때는 전문가의 도움도 받았다. 눈보라가 치고 우박이 쏟아지는 궂은 날에도 계속 정원을 가꾸었다.

그로부터 8년 후, 수십 그루의 나무와 수백 포기의 풀이 튼튼하고 무성하게 자라는 모습을 보면서 그때 그 정원 디자이너의 말이 옳았음을 깨달았다. 황무지 같았던 땅은 이제 파이크스 피크(로키산맥 남쪽에서 가장 높은 봉우리-옮긴이)가 한눈에 들어오는 울창하고 푸르른 정원이 되었다.

그곳은 나 자신과 내가 맡은 일 모두에 언제나 깊고 새로운 영적 영감을 준다. 나는 사람들에게 정원을 가꾸기 전과 후의 모습을 사진으로 보여 주면서 '씨 뿌리는 사람의 비유'와 '그리스도인의 복음화 사명'에 대해 이야기한다. 정원은 하느님께서 그리스도를 통하여, 그리스도 안에서 주시는 구원의 은총을 사계절 내내 체험할 수 있는 곳이자, 상처받은 개인과 공동체에 생명과 아름다움을 되찾아 주는 공간이다. 나는 정원에서 강아지를 산책시키거나 유아차를 끌고 지나가는 이웃들과 이야기를 나누고, 그들과 우리 공동체를 위해 하느님께 기도를 올린다.

이러한 경험이 있었기에 정원을 처음 가꿀 때 마거릿 로즈 릴리의 《기도의 정원》을 알았더라면 얼마나 좋았을까 하는 아쉬움을 느꼈다. 이 책은 숙련된 정원사 마거릿의 정원 디자인과 식물을 심고 기르는 데 필요한 실용적이고 전문적인 지식이 담긴 값진 보물이다. 나는 이 책을 읽으며 기억해 두고 싶은 내용을 메모하고, 아직 내 정원에 심어 보지 못했지만 관심이 가는 식물들을 찾아보기도 했다.

마거릿은 머리말에서, 성인이 되어 자신의 삶을 다시 하느님께 봉헌하기로 결심하면서 그저 '정원을 가꾸고 기도하는 것밖에 모르는' 자신이 어떻게 복음을 전할 수 있을까 자문했다고 고백한다. 얼마나 아름다운 질문인가! 이 책은 그에 대한 값지고 귀한 대답이다.

《기도의 정원》은 가톨릭 신앙과 전통 원예학을 바탕으로, 사람의 마음에 닿을 수 있는 '기도와 치유의 정원'을 가꾸는 방법을 알려 주는 유일한 안내서다. 나는 원예 서적을 여러 권 소장하고 있지만, 이처럼 독특하고 특별한 책은 처음이다.

출간된 시기도 매우 적절하다. 최근 퓨 포럼Pew Forum(미국의 종교 전문 리서치 기관-옮긴이)은 많은 미국인이 전통적인 그리스도교 신앙은 거부하지만, 자연 속에서 영적 의미와 깨달음을 찾으려 한다는 흥미로운 사실을 발표했다.[1] 가톨릭 신앙 공동체인 페이스북의 '의도적인 제자 양성 포럼Forming Intentional Disciples Forum'도 자연이 주는 영적인 힘이 비신자들이나 믿음을 잃은 이들을 예수 그리스도와 연결하는 다리가 될 수 있다고 언급했다. 이는 우리 대부분이 지금까지 미처 생각해 보지 못했던, 대단히 새로운 관점이다.

마거릿의 《기도의 정원》을 통해 정원을 가꾸는 많은 이들이 풍성한 은총과 영감을 얻을 수 있기를 바란다.

셰리 웨델
(작가, '시에나의 카타리나 연구소' 공동 설립자)

머리말

"땅이 주님을 앎으로 가득할 것이기 때문이다."

– 이사 11,9

나는 고독과 기도로 채워 가야 할 은수자의 삶을 선택하며, 내 삶을 다시금 온전히 하느님과 교회에 봉헌하기로 마음먹었다. 10대 때 받은 견진성사는 성숙한 신앙인으로 나아간다는 의미보다는 주변 분위기에 휩쓸려 행사처럼 지나갔기에, 내게는 신앙을 더욱 굳건하게 다질 계기가 필요했다.

미시간주 드위트에 있는 성 프란치스코 피정센터에서 침묵 피정을 하던 어느 날, 나의 영적 지도자인 래리 델라니 신부님은 내게 삶을 하느님께 다시 봉헌하는 의미로 그분 백성을 위한 봉사의 삶을 살라고 용기를 북돋워 주셨다. 하지만 정원을 가꾸고 기도하는 것밖에 모르는 내가 어떻게 복음을 전할 수 있을지 의문이 들었다.

신부님의 말씀을 곱씹으며 드넓은 피정센터 산책로를 걷던 중 내 마음을 어루만지는 성령의 손길을 느꼈다. 그 아름다운 땅은 잘 가꾸어진 잔디밭과 숲으로 이루어져 있었고, 피정자들은 그곳에 머물며 기도하고, 마음의 평화를 얻고, 하느님의 은총을 체험하곤 했다. 그 모습을 본 내 안에는 어떤 영감이 떠올랐다.

그 생각을 간직한 채 나 자신을 교회에 봉헌했고, 몇 달 후 주님께서 내게 주신 사명인 '기도와 기억'을 위한 정원을 가꾸는 일을 시작했다. 처음에는 단순했다. 매주 한 번씩 정원 관리인인 사이먼을 만나 정원을 설계하고 땅으로 나아가, 고독과 침묵 속에서 아래 시구를 되새기곤 했다.

"하느님, 저는 풀잎을 헤치고, 당신의 심장에 제 손을 얹습니다."[1]

흙바닥에 무릎을 꿇고 땀 흘려 일하는 행위는 창조주와 하나되는 깊은 기도다. 나는 정원을 가꾸며 그 안에서 영적인 위로와 마음의 평안을 얻었다. 여름이 두 번 지나는 동안 성령님과 복되신 성모님, 성 프란치스코(성 프란치스코 센터의 수호성인이니 당연히!) 그리고 모든 천사와 성인들에게 봉헌한다는 마음으로 이 정원을 돌보았다.

나는 성당 제대회나 헌화회처럼 정원 관리를 전담하는 봉사 단체를 만들자고 델라니 신부님에게 정식으로 제안했다. 그때는 이 단순한 제안이 침묵 속에 기도하며 살도록 부름을 받은 내 여정에 얼마나 큰 영향을 미칠지 상상하지 못했다. 이후 몇 년간 봉사자들과 함께 정원과 숲길을 가꾸며 우리의 손과 마음에 성령이 깃드심을 느꼈다.

어렸을 때부터 꽃은 늘 내 삶의 일부였다. 나는 온실 작물 재배 사업을 했던 부모님과 집 앞마당 가꾸기가 취미였던 외할머니 곁에서 온갖 식물을 구경하며 자랐고, 대학에서는 원예학을 공부했다. 식물과 자연은 나의 정체성을 형성했고, 무한한 행복을 가져다주었다. 그렇게 한평생 가꿔온 꽃과 식물에 대한 애정을 바탕으로 정원에 기도의 공간을 만들어 나갔다.

명랑하고 유쾌한 봉사자들과 함께 정원을 가꾸게 되리라는 것도, 피정자들이 내 정원에 상당한 관심을 보이리라고도 전혀 예상하지 못했다. 특히 그들은 원예나 조경 디자인보다 내가 왜 이 꽃과 저 식물을 심었는지 궁금해했다.

나는 하느님의 피조물과 그리스도교의 상징을 통해 우리가 창조주 하느님과 어떻게 일치될 수 있는지 사람들에게 알려 주고 싶었다. 나는 '정원에 계신 하느님'이라는 피정 프로그램을 주최하고, 이 경험을 바탕으로 첫 책인 《아름다운 기도의 정원 *A Garden of Visible Prayer*》을 출간했다. 그리고 그 내용 중 일부를 이 책에 실었다.

나는 저술 활동과 피정 동반을 통해 정원의 어떤 요소들이 사람들을 기도와 묵상으로 이끄는지 설명했지만, 사람들의 호기심은 그치지 않았다. "이 나무를 심은 이유가 있습니까?", "저 정원에는 왜 그 꽃을 심었나요?", "이 식물은 왜 그 성인을 상징합니까?" 사람들은 거듭 질문했고, 답을 원했다.

회화, 건축물, 필사본 삽화에 나타난 식물은 시각적으로 다양한 상징성을 내포하는데, 그 의미를 정확히 아는 사람은 드물다. 그러니 당연히 질문이 많을 수밖에 없다. 나는 각 식물이 그리스도교 전통에서 무엇을 상징하는지 설명하고, 이교도적 이미지 때문에 부정적으로 생각하는 식물이 있으면 그 오해를 풀어 주기도 했다.

내가 받았던 질문들에 대한 답이 바로 이 책에 담겨 있다. 여기에는 허브(약초)에서 나무에 이르기까지, 그리스도교와 맞닿아 있는 수많은 식물이 등장한다. 그것들은 예술, 약징주의(식물의 외형이 약효의 단서가 된다고 보는 사상-옮긴이), 역사, 전승 안에서 저마다의 의미를 지니고 있다.

《가톨릭 교회 교리서》에 따르면 교리 교육이란 교회 안의 일치의 유대를 강화하고 "하느님 백성 사이에 널리 퍼진 새로운 활기를 경험"하는[2] 신앙 교육이다. 여러분이 이 책을 통해 단순히 아름답기만 한 정원이 아니라 성경과 교리의 가르침을 새로운 관점에서 상징적으로 드러내며, 영적인 삶으로 이끄는 공간을 만들고, 그 안에서 주님과 더 깊고 인격적인 친교를 맺기를 바란다.

어떤 식물이 어느 지역에서 자라는지, 그 식물이 문화적으로 어떤 상징과 중요성을 갖는지는 너무도 방대한 주제라 이 한 권에 전부 담기는 어렵다. 대신 이 책은 여러분이 정원을 가꿀 때 활용할 수 있도록 그리스도교 예술과 건축에서 비유를 통해 자주 등장하는 식물을 비롯해, 각종 전설과 설화에 언급된 식물을 중점적으로 소개하고 있다. 앞서 출간한 《정원사를 위한 가톨릭 식물연감 *A Catholic Gardener's Spiritual Almanac*》과 마찬가지로, 이 책에서도 전례에 사용되는 식물 가운데 이교도적 의미가 있는 경우 해당 식물의 그리스도교적 상징을 재정립해 오해를 바로잡았다.

여러분은 기도의 정원을 가꾸면서 신앙이 더욱 깊어지는 경험을 하게 될 것이다. 또한 십자가의 길, 하느님의 자비, 성경, 성모님 등 정원의 어떤 주제를 다루든, 식물에 얽힌 이야기를 배우고 가족이나 친구들과 정원을 거닐며 식물의 상징과 의미에 관해 나누는 즐거움을 누릴 수 있을 것이다.

하지만 이 책에 언급된 상징에만 너무 얽매이지 않기를 바란다. 렉시오 디비나 *Lectio Divina* 중 특정 구절이 마음에 깊이 와닿듯, 이 책에 수록되지 않은 식물도 얼마든지 여러분의 마음을 두드리고, 이야기를 속삭일 수 있다. 사실 내가 여러분에게 "정원에서 이렇게 저렇게 묵상해 보라"고 권하는 것 자체가 오만한 일일 수 있다. 나는 단지 방향을 제시할 뿐이며, 자연 속에서 마음을 모으고 기도하는 방식은 각자 스스로 찾아야 한다.

자연은 기도로 수놓아진 세상이다. 우리는 자연 속에서 하느님께서 피조물을 만드신 섭리를 보고, 이해함으로써 자연을 보살피고 기도하는 우리의 사명을 실천한다. 성경은 에덴동산에서 겟세마니, 그리고 세상의 종말까지 수천 년에 걸쳐 하느님께서 역사하시는 모습을 전하고 있다. 그 안에는 갖가지 은유와 상징이 깃든 농토, 들판, 정원이 등장하며, 그 은유와 상징이 무엇을 의미하는지 깨달을 때 우리의 신앙은 한층 더 깊어지고 성숙해진다.

정원을 가꾸는 우리는 '기도하며 일하라 ora et labora'는 가르침대로 살며 하느님을 깊게 체험하는 한편, 복음을 전하는 수단으로 정원을 활용할 수 있다. 정원에 발걸

음한 이들과 식물의 종교적 상징과 이야기를 함께 나눌 수 있다는 뜻이다. 부드럽고 사랑으로 가득 찬 마음으로, 우리의 평범하고 단순한 일상에 성령께서 찾아오시기를 청해 보자. 그다음부터는 성령께서 우리의 길을 이끌어 주실 것이다. 영적 정원에서는 우리의 마음, 정신, 영혼의 갈망이 채워지고 식물과 인간의 영이 함께 성장하고 성숙한다. 그곳에서 우리는 하느님께 우리의 영을 온전히 의탁함으로써 새로운 활기를 얻는다.

 기도의 정원을 매만지고 꾸미는 일은 하느님의 피조물을 매개로 창조주이신 하느님께 더 가까이 다가가고, 우리의 믿음을 상징적으로 표현하는 작업이다. 나아가 피조물 보호를 강조한 여러 교황님들의 가르침에 따라 책임감 있는 태도로 지구를 보살피는 일이다. 우리는 소중히 여기는 것을 정성스레 돌보기 마련이며, 그 행동은 화려한 말이 아닌 진실된 경험으로 시작된다.[3] 나는 정원에서 쌓은 경험이 그 어디서도 체험하기 어려운, 아주 특별하고 새로운 삶으로 안내하리라 믿는다.

 아빌라의 성녀 데레사는 영혼을 돌보는 일을 정원 가꾸기에 비유하며 이렇게 말했다. "초심자는 자신을, 주님께서 기뻐하며 바라보실 정원을 이제 막 일구기 시작한 사람으로 여겨야 합니다."[4]

 이 말을 마음에 새기며, 이제 기도의 정원을 가꾸어 보자!

마거릿 로즈 릴리

들어가기

"가족은 올바른 관계를 길러갈 알맞은 환경인 집이 필요합니다. 인류 가족에게 이러한 집은 창조주 하느님께서 창의력과 책임감을 가지고 살라고 우리에게 주신 지구입니다."

– 교황 베네딕토 16세, 〈2008년 제41차 세계 평화의 날 담화〉

이 책에 수록된 100가지 식물과 관련된 그리스도교 상징을 찬찬히 읽고, 마음에 와 닿는 것을 추려 보자. 나는 여러분이 이 책을 곱게 모셔 놓고 읽기보다는 여백에 필기하고, 흙 묻은 손으로 틈날 때마다 펼쳐 보기를 바란다. 책장 사이에 정원에서 키운 꽃잎을 말리거나 식물 라벨이나 정원 사진을 끼워 넣어, 각자의 기록물로 만들어 보기를 권한다. 정원이 변해 가는 모습과 자신의 영적 성장을 기록하는 일기장으로 활용해도 좋다.

본문에는 식물마다 손으로 직접 그린 그림과 함께 식물을 키울 때 참고할 만한 정보를 간단하게 설명했다. 식물들은 꽃, 허브와 과수, 풀과 기타 화초, 나무 등 크게 4가지 범주로 나누어 그리스도교에서 어떤 상징과 의미를 갖는지 살펴보았다. 이를 참고해 자신의 정원에 심고 싶은 식물 1-2가지를 골라 배치하거나 주제를 하나 정해 완전히 새로운 공간을 만들어 보자.

성령께 봉헌하는 흰색 톤의 정원을 디자인해도 좋고, 붉은색 식물만 심어서 예수성심이나 성모성심께 봉헌하는 장소로 만들어도 좋다. 가정집 정원에서는 직선이나 원형으로 십자가의 길을 조성할 수 있으며, 각 처에 상징적으로 어울리는 식물뿐만 아니라 디딤돌을 배치할 수도 있다('기도의 정원 만들기' 편 참조). 성경 정원, 마리아 정원, 묵주기도 정원 등 테마별로 활용할 수 있는 식물은 무궁무진하다.

식물의 명칭은 일반명을 먼저 표기하고, 그 아래에 학명 등을 알파벳으로 적었다. 그리고 본문에는 각각의 식물이 전통적으로 지닌 그리스도교적 의미, 이름의 유래, 그리고 예술 작품 속에서 상징하는 바를 설명했다. 원예 초보자들은 쉽게 이해할 수 있고, 경험자들은 복습 차원에서 참고할 만한 다음과 같은 정보도 함께 담았다.

1. 식물의 특성(지피성, 크기, 개화 시기 등)
2. 서식 환경(빛, 수분, 토양, 내한성 등)
3. 재배 특성(향기, 계절별 색상, 화분 매개 곤충 등)

꽃말 이해하기

본문에서는 각 식물의 상징과 의미를 도덕적·종교적 주제에서부터 감성적 이야기, 전설에 이르기까지 다양하게 설명했다. 그러나 식물의 의미는 작가, 시인, 원예가나 약초학자, 종교인 등 해석하는 이의 관점에 따라 달라질 수 있다. 또한 기준이 세속적인지 영적인지에 따라 식물을 바라보는 시각도 변한다.

고대 이집트 무덤에 그려진 도상학을 보면 인류가 고대부터 식물의 의미와 용도를 연구해 왔음을 알 수 있다. 또한 예로부터 사람들은 약징주의에 따라 식물 고유의 속성을 탐구했다. "1세기 그리스의 의사 디오스코리데스Dioscorides는《마테리아 메디카Materia Medica》에서 약초를 신의 의도에 따라 분류했다. 그는 인간이 약초의 쓰임새를 알 수 있도록 신이 일종의 표식을 남겨 두었다고 믿었다. 이처럼 식물에 신의 계획이 깃들어 있다는 믿음은 이후 중세 의학 이론의 핵심으로 자리 잡았다."[1]

문맹률이 상대적으로 높았던 중세 사회에서는 대중에게 글 대신 그림으로 메시지를 전했다. 기도서나 필사본의 삽화, 교회의 조각 장식이나 회화에 등장하는 각종 동식물은 아름다운 장식이자 정보를 전달하기 위한 것이었다. 마찬가지로 르네상스 화가들도 식물을 작품의 이야기를 전하는 매개체로 활용했다.

흔히 꽃말로 알려진 '꽃의 언어'는 7-10세기 튀르키예에서 유래한 것으로, 영국 빅토리아 시대부터 본격적으로 그 상징적인 의미가 발전했다. 하지만 식물이 특정한 감정을 상징한다고 명시적으로 규정된 바는 없다.[2] 일반적으로 그리스도교 미술에 나타난 상징과 의미가 가장 신빙성 있는 해석으로 간주되며, 이 책 역시 이를 바탕으로 설명한다. 식물 하나에 여러 의미가 있을 수 있고, 이것들이 서로 충돌할 때도 있으니 꽃말에 너무 집착할 필요는 없다. 그보다는 여러분이 매력을 느끼는 식물을 찾아내고, 그 식물에 얽힌 다채로운 이야기와 역사에 귀 기울이는 것이 더 중요하다.

시작하기

먼저 정원에 조성하려는 기도 공간의 테마를 생각해 보자. 가령 정원에 묵주기도를 위한 공간이나 십자가의 길을 만들고 싶다면, 해당 테마에 어울리는 조경을 디자인하고 이 책에 소개된 식물들 가운데 자신이 살고 있는 지역 기후에 맞는 것을 골라 심는다.

정원을 만드는 데 관심은 있지만 무엇부터 시작해야 할지, 어떤 식물을 선택해야 할지 막막하게 느껴지는 사람도 있을 것이다. 그렇다면 지금부터 설명하는 내용을 차근차근 읽어 보자. 나만의 기도 공간을 만들고 싶다면, 이 책 뒤쪽에 수록된 '기도의 정원 만들기' 중 '조경 의도 파악하기'를 먼저 읽기를 권한다. 자신에게 어떤 영적 요소가 중요한지, 해당 요소를 어떻게 개인적으로, 종교적으로 표현할 수 있을지 구체적인 지침을 제시해 줄 것이다.

원예 초보자도 걱정할 것 없다. 정원을 가꿔 본 경험이 없다면 초보자가 알아야 할 기본 지식을 쉽게 설명한 '정원 가꾸기' 편을 참고하자. 이어지는 '가톨릭 교리 상식' 편에서는 전례와 묵주기도의 신비를 상징하는 색상, 성물 배치, 요일별 묵상과 월별 지향 등 기도의 정원을 만드는 데 도움이 될 만한 내용을 담았다.

정원 조성의 3단계

기도 정원 만들기는 다음과 같이 세 단계로 진행할 수 있다.

1. 공간 파악하기
    - 기존 또는 새로운 공간의 식재 환경
    - 나를 기도와 묵상으로 이끄는 요소
2. 파악한 내용을 토대로 공간 디자인하기
3. 공간 연출하기

식물마다 어울리는 정원 테마와 재배 특성은 글상자 안에 기호로 표시했다. 성경을 테마로 한 정원을 구상 중이라면, 파란 바탕에 성경책 모양의 기호가 있는 식물부터 살펴보자(기호가 의미하는 바는 25쪽을 참조).

공간 파악하기

정원을 만들 때 가장 먼저 필요한 것은 재배할 공간의 위치와 재배 환경을 이해하는 일이다. 정원을 둘러보며 홀로 조용히 기도할 만한 공간이 있는지 살펴본다. 되도록 나무나 건물이 그늘을 드리우는 곳이 좋은데, 만약 없다면 아치, 그늘막, 파라솔 등을 설치해 인공적으로 만들 수도 있다.

이미 정원에 기도 공간이 있다면 성상을 배치하거나 상징적인 식물을 몇 가지 추가하는 것으로도 충분하다. 그럴 만한 공간이 없다면 구조물 옆이나 숲 가장자리, 공터 등 발길이 잘 닿지 않는 곳에 일상에서 한 발짝 물러나 차분히 기도를 바칠 수 있는 별도의 공간을 마련한다.

공간 파악이 끝나면 정원 환경이 어떤지를 알아본다. 먼저 지역의 기후를 파악한 뒤 토양의 성질, 관수 여건, 바람, 일조량을 구체적으로 평가한다. 적재적소라는 말이 있듯, 적절한 식물을 적절한 장소에서 키우는 것이 중요하다. 공간을 잘 파악하면 여러분을 기도와 묵상으로 이끌 식물을 선택하기도 쉬워진다. '기도의 정원 만들기' 편 중 '조경 의도 파악하기'에 나오는 내용을 참조해 정원에 배치할 장식물, 색상, 테마를 결정한다.

디자인하기

두 번째 단계는 공간 디자인이다. 꼭 조경 전문가여야만 아름다운 정원을 만들 수 있는 것은 아니다. 정원을 디자인할 때는 3대3의 법칙에 따라 식물의 높이, 질감, 색상을 3가지씩 활용한다. 또한 꽃이 피고 새순이 돋는 봄, 잎이 무성하게 자라는 여름, 단풍이 드는 가을, 앙상한 가지만 남는 겨울 등 정원의 사계절이 어떤 모습일지 머릿속에 그려 보고 계획을 세우도록 한다.

3대3 법칙에 따라 먼저 식물의 높이를 파악한다. 키가 작은 식물은 가장 앞에, 중간 키 식물은 그 뒤에, 키가 큰 식물은 가장 뒤나 정원 중앙에 배치하면 좋다. 직관적인 사실이지만 때로 간과할 수 있으므로 반드시 기억하도록 하자. 식물 라벨을 보면 식물이 다 자랐을 때의 키를 가늠할 수 있다. 어떤 떨기나무는 화분에서 키울 때는 아담하지만 정원에서는 무성하게 자라 골칫거리가 되기도 한다. 크림색과 연분홍색 잎이 동시에 피는 삼색 버드나무의 경우 매년 높이가 61-91cm 정도 자라고, 너비도 거의 비슷한 속도로 퍼져서 성숙하면 3-3.7m까지 커진다. 이런 나무는 정원 가장자리에 심으면 울창하고 풍성하게 자라서 울타리 역할을 한다.

잎은 크기에 따라 세 종류로 나뉜다. 첫 번째는 바늘처럼 뾰족하거나 폭이 손가락 하나 정도로 좁은 잎, 두 번째는 폭이 손가락 한두 개 정도인 잎, 세 번째는 그보다 넓고 큼직한 잎이다. 또 어떤 잎은 주름지고, 다른 것은 매끈하고 반짝거리는 등 질감도 천차만별이다. 잎의 다양한 질감과 형태를 고려하면 시각적으로 다채로운 정원을 꾸밀 수 있다.

색을 선택할 때는 단색, 보색, 배색 조합을 활용한다. 아마도 여러분은 공간 구상 단계에서 정원 테마에 부합하는 주된 색을 정했을 것이다. 해당 색을 색상환에서 찾고 색 조합 이론에 따라 그에 어울리는 다른 색을 몇 가지 더 고른다. 녹색이라고 해서 다 같은 녹색이 아니다. 무늬가 있는 녹색을 사용하거나, 청록색, 연녹색 등 같은 색 안에서 음영만 달리해도 뜻밖의 아름다움을 줄 수 있다. 정원의 규모가 작다면 어두운색은 앞쪽에, 밝은색은 뒤쪽에 배치하는 것도 생각해 본다. 밝은색은 시선을 위와 옆으로 끌어 올려 공간이 더 넓어 보이는 효과가 있다.

  디자인의 마지막 단계는 정원의 경계 구획이다. 정원 옆에 건물이 있다면 별도의 울타리가 필요없지만, 그렇지 않다면 낮은 울타리, 아치, 수직형 떨기나무, 키가 큰 관상용 그라스(풀)로 공간을 구획한다. 포치나 테라스의 일부 공간을 분리하고 싶다면 똑같은 화분에 서로 잘 어울리는 여러 가지 식물을 심어 일렬로 배열해도 좋다.

연출하기

마지막 단계는 선택한 식물을 배치하는 연출 과정이다. '정원 가꾸기' 편의 '기본도 작성하기'를 참고해 정원의 대략적인 윤곽을 그려 보자. 이때 규격에 일일이 집착할 필요는 없다.

  먼저 정원 입구나 기도 공간에서 시작해 십자가, 성상, 성물을 배치할 정원의 중심을 결정한다. 그다음 각 식물을 의미하는 글자나 도형을 이용해 심을 식물을 기본도 위에 표시한다. 이때 식물이 다 자랐을 때의 수치와 이상적인 색 조합도 고려한다('정원 가꾸기' 편의 '식물의 수량 계산하기' 참조).

  식물을 구매하고 구상도에 따라 식물과 성물을 적절한 자리에 놓는다. 더 조화로운 구성을 위해 일부는 계획과 다르게 자리를 옮겨야 할 수도 있다. 배치를 조정하고, 한 걸음 물러서서 살펴보고, 기도 공간에 앉아 정원의 전체적인 모습을 조망해 본다. 식물이 무성하게 자랐을 때를 상상하며 필요한 경우 위치를 다시 조정한다.

이제 본격적으로 식물을 심을 차례다. 정원의 한쪽에서 다른 쪽으로, 뒤에서 앞으로 차근차근 심어 나가며, 식물을 가꾸는 동안 우리의 신앙도 함께 성장하도록 주님께 도움을 청하자. 우리의 영혼이 좋은 열매를 맺을 수 있도록 성령께서 씨앗을 뿌려 주시기를 기도하고, 우리를 거룩한 길로 이끌어 달라고 성인들께 간구하자.

기도의 정원에는 의자를 하나 더 두는 것이 좋다. 누군가 찾아와 그 자리에 함께 앉을 수도 있고, 예수님이나 성모님 혹은 성인들이 함께하신다고 여길 수도 있다.

우리는 피조물을 통해 드러내 보이시는 하느님의 뜻을 깨닫고, 주님과 교회에 더 가까이 다가가며, 다른 이들 또한 거룩한 모든 것에 한 걸음 더 다가가도록 이끌어야 한다.

정원 테마 기호

 예수, 예수성심, 하느님의 자비, 십자가의 길　　 성령, 성령의 열매, 덕

 성모 마리아, 성모성심, 묵주기도　　 성경

 성인, 성 요셉　　 천사

재배 특성 기호

 벌과 나비를 유인함　　 야생동물의 먹이가 됨

 절화용으로도 적합함　　 향기가 있음

 열매를 먹을 수 있음　　 단풍이 아름다움

 반그늘에서 잘 자람　　 완전히 그늘진 곳에서 잘 자람

 습지 정원에 적합함　　 가뭄에 강함

 점토질 토양에서 잘 자람

아네모네 / 베고니아 / 금낭화
블루벨 / 나비금관화 / 칼라
캄파눌라 / 패랭이꽃 / 매발톱꽃
수레국화·치커리 / 왕패모 / 시클라멘
제비고깔 / 잉글리시데이지 / 프리틸라리아

제라늄 / 글라디올러스 / 천일홍
옥잠화 / 붓꽃 / 수레동자꽃
램스이어 / 크리스마스로즈 / 은방울꽃
백합 / 니겔라 / 풀모나리아
마리골드 / 공작초 / 나팔꽃
국화 / 수선화 / 옥스아이데이지·샤스타데이지
작약 / 미나리아재비 / 피튜니아

양귀비 / 앵초 / 상사화
우단동자꽃 / 에린지움 / 설강화
둥굴레 / 오르니토갈룸 / 밀짚꽃
해바라기 / 튤립 / 베로니카
제비꽃 / 서양톱풀

꽃

아네모네

Anemone coronaria,
Anemone coronaria 'Hollandia'

아네모네는 중동에서 흔히 볼 수 있는 꽃으로, 성경에서 "들에 핀 나리꽃"으로 묘사한 꽃 중 하나다(마태 6,28-30; 루카 12,27 참조). 해마다 봄이 되면 성지 전역이 진홍색 아네모네로 뒤덮여 몇 주 동안 장관을 이룬다.

이 꽃은 12세기 무렵, 피사의 주교가 성지에서 가져온 흙을 피사의 캄포산토(Camposanto, '성스러운 땅'이라는 뜻) 묘지에 뿌리도록 한 사건으로 인해 세간의 화제가 되었다. 이듬해 부활절, 흙에 섞여 있던 아네모네 씨앗이 꽃을 피우자 피사 전역은 붉은 아네모네 물결로 뒤덮였다. 사람들은 이 광경을 보고 예수님의 핏빛 수난을 떠올리며 경이로움에 잠겼다.[1]

아네모네가 죽음을 상징하는 이유는 그리스도의 수난을 연상시키는 붉은색과 더불어 유난히 짧은 수명 때문이다. 특히 붉은색 자생종은 꽃을 피우자마자 성장을 멈추기 때문에 가정집 정원에서 재배하기에는 적합하지 않다. 이와 달리 '하모니 더블 스칼렛Harmony Double Scarlet', '더 거버너The Governor', '홀란디아Hollandia' 같은 품종은 가정에서 키우는 것이 어렵지 않다. 어떤 품종은 2-3주간 꽃이 피어 있으며, 줄기째 꺾은 꽃은 실내나 제대 장식으로 활용하기에 좋다.

속명 아네모네Anemone는 '바람'을 뜻하는 그리스어로, 고대 그리스인들은 바람이 불면 아네모네 꽃봉오리가 열리고 시든 꽃잎은 떨어진다고 생각했다. 종소명 코로나리아coronaria는 '왕관'이라는 뜻의 그리스어로, 꽃 중앙에 모여 있는 암술과 꽃밥이 왕관 모양을 닮아 붙은 이름이다.

햇볕을 충분히 받고 자란 아네모네는 가뭄에 강하다. 꽃은 일주일 이상 핀 상태를 유지하면서 점점 커지고, 줄기는 더욱 길어진다. 또한 … 늘 해를 향해 있다.[2]

꽃이 빛을 따르는 성질을 굴광성, 빛이 줄어든 밤에 꽃잎을 닫는 현상을 수면운

아네모네의 상징

슬픔
죽음
그리스도의 수난

정원 테마

예수성심
십자가의 길
성경
성인

동이라 한다. 빛에 민감한 아네모네속 식물은 이 특성을 모두 지니고 있어서 옛사람들은 꽃을 보고 폭풍우 같은 기상 현상을 예측하기도 했다.

아네모네 가꾸기

품종마다 내한성이 다른 아네모네는 해가 잘 드는 곳부터 오후에 약간 그늘이 지는 곳이 적합하다. 적당한 양의 물이 필요하며, 휴면기에는 건조한 환경도 잘 견딘다. 토양을 가리지는 않지만 물이 잘 빠져야 한다. 대개 너비는 15-25cm, 높이는 20-61cm까지 자라고, 이른 봄에서 늦봄에 꽃을 피우기 시작해 그 상태를 몇 주 동안 지속한다.

이스라엘의 국화이자 중동 전역에서 자생하는 아네모네 코로나리아를 정원에서 키울 경우 알뿌리는 봄에 심는 것이 좋다. 어떤 품종은 숲과 비슷한 환경에서 키우기를 권한다. 알뿌리는 작은 타원 모양이며, 심기 전날 밤 약 12시간 동안 물에 담가 두어야 한다. 위아래 구분이 어려우니 옆으로 눕혀서 심는다.

아네모네 코로나리아 '세인트 브리짓'은 19세기 초 아일랜드에서 개발된 품종으로 빨간색, 자주색, 자홍색, 흰색의 주름진 꽃이 겹겹이 핀다. 꽃은 늦봄에 피며, 내한성이 7-10등급이라 해가 잘 드는 곳이나 오후에 그늘이 지는 곳에서 키우는 것이 좋다. 개화 기간에는 물을 자주 주고 휴면기에는 건조하게 관리한다. 토양은 반드시 배수가 잘되어야 한다.

다음에 소개하는 품종은 그리스도의 수난을 상징적으로 표현하는 붉은색 꽃이 핀다.

아네모네 코로나리아 '하모니 더블 스칼렛'은 내한성 5-9등급 식물로, 하루에 몇 시간만 볕이 들고, 오후에는 그늘이 지는 곳이 좋다. 물 빠짐이 좋은 촉촉한 토양에 심어야 하고, 보통 너비는 15cm, 높이는 20-25cm까지 자란다. 봄에 꽃이 피는 품종이다.

아네모네 코로나리아 '더 거버너'는 내한성 7-10등급 지역에 적합하며, 햇빛이 잘 드는 곳을 좋아한다. 생육에 필요한 물은 보통 정도며, 토양은 물이 잘 빠져야 한다. 너비 15-23cm, 높이 20-30cm까지 자라고, 봄 중반에서 늦봄까지 최대 4주간 꽃을 피운다.

아네모네 코로나리아 '홀란디아'는 내한성 7-10등급 식물로, 양지가 이상적이지만 따뜻한 기후에서는 오후에 그늘이 생기는 곳이 좋다. 토양은 배수가 원활해야 하며, 물은 적당히 준다. 너비는 15-23cm, 높이는 25-61cm까지 자라고, 봄 중반부터 늦봄 사이에 핀다. 절화로 활용하기에 좋다.

베고니아

Begonia spp.,
Begonia coccinea

베고니아과*Begoniaceae*는 약 1,800종의 자생종과 최소 1만 종 이상의 재배종을 포함하는 현화식물과이다. 일부 품종은 약재나 식재료로 쓰인다.

베고니아가 유럽에 처음 소개된 때는 17세기로, 당시 신대륙을 탐험하던 수도사이자 식물학자였던 샤를 플뤼미에가 발견했다. 그는 신대륙에서 자라고 있는 베고니아를 고국에 가져가려 했으나 표본 채취가 여의치 않아, 대신 식물의 특성을 글과 그림으로 세세하게 남겼다. 베고니아는 18세기 중후반에 이르러서야 유럽에 처음 들어왔다.[3]

그리스도교에서 붉은색 베고니아는 예수성심, 분홍색 베고니아는 성모성심을 상징하는데, 이는 수염뿌리 베고니아 특유의 독특한 꽃 색깔에서 유래한다. 베고니아의 꽃봉오리와 만개한 꽃잎은 하트 모양으로 피고, 주렁주렁 늘어진 꽃송이는 뚝뚝 떨어지는 피를 연상시킨다. 또한 꽃잎 네 장은 십자가를, 금빛 수술은 왕관을 닮았다. 스페인 사람들은 붉은색 베고니아를 코라손 데 헤수스*corazon-de-Jesus*, 곧 '예수의 심장'이라고 부른다.

베고니아는 야외와 실내 환경에 적합한 품종이 따로 있으므로 기르는 장소와 취향에 맞게 선택하는 것이 좋다.

엔젤 윙 베고니아*Begonia coccinea*는 잎 모양과 줄기의 배열이 천사의 날개를 닮아 붙은 이름이다. 수염뿌리 베고니아 중 목베고니아류에 속하며, 줄기가 살짝 휘어져 부러지기 쉽다. 잎 모양이 아름답고 사계절 내내 꽃이 풍성하게 피기 때문에 인기가 많다.

스타 베고니아*Begonia heracleifolia*는 '성모님의 술 장식' 또는 '성모님의 별'이라고

베고니아의 상징	정원 테마
예수성심	십자가의 길
성모성심	하느님의 자비
영원한 사랑	성모 마리아
	묵주기도
	천사

불리는 품종으로 근경(뿌리줄기) 베고니아에 속한다. 습한 환경을 좋아하고, 별 또는 손바닥 모양의 독특한 잎이 특징이다. 꽃봉오리 상태에서는 하트 모양이지만, 꽃이 피면 두 장의 꽃잎만 보인다.

묵주기도 정원에는 마리아께서 엘리사벳을 찾아보심을 묵상하는 환희의 신비 2단에 베고니아를 추천한다. 정원에 핀 베고니아를 보면서 성모님의 자애와 섬김의 덕행을 묵상해 보자.

십자가의 길 정원에는 어느 곳에나 적합하지만, 베고니아가 예수님의 성혈을 상징한다는 점에서 제11처나 12처에서 그 의미를 가장 잘 표현할 수 있다. 예수님 시신을 십자가에서 내림을 묵상하는 제13처에 예수님을 상징하는 붉은 베고니아와 성모님을 상징하는 분홍 베고니아를 함께 심어도 의미가 깊다.

베고니아 가꾸기

엔젤 윙 베고니아는 추위에 약한 한해살이 식물이며, 내한성 9-11등급 지역에서만 자란다. 그늘이 부분적으로 드는 곳을 가장 좋아하며, 완전한 그늘에서도 견딜 수는 있지만 줄기가 웃자라거나 꽃이 풍성하게 피지 못한다. 생육에 필요한 물의 양은 보통 수준이다. 일부 자료에서는 가뭄을 잘 견딘다고 하는데, 실제로 키워 보면 가뭄 저항성이 강하지 않다. 토양은 비옥하고 고르게 촉촉하며, 물이 잘 빠져야 한다.

품종마다 다르지만 대개 너비는 46-61cm, 높이는 30-61cm까지 자라고, 줄기가 아치형으로 휜다. 줄기 끝에 달린 처진 꽃들은 계절 내내 핀다. 생육 환경이 적합하고 비료를 주기적으로 공급하면 계속해서 꽃을 피울 수 있다.

금낭화

Lamprocapnos spectabilis

금낭화 Lamprocapnos spectabilis cvs.(기존 학명은 *Dicentra spectabilis*)는 베고니아와 마찬가지로 예수성심과 성모성심을 모두 상징한다.

금낭화에 얽힌 이야기는 문화권마다 조금씩 다르지만, 꽃의 독특한 하트 모양과 사랑이라는 주제로 연결된다는 공통점이 있다. 동화 같은 이야기부터 비극적인 설화까지 다양한 장르가 있는데, 서양에서는 특히 조건 없는 사랑과 연민을 강조한다.

가톨릭 신앙에서 이러한 무조건적 사랑과 죽음을 초월한 타인의 고통에 대한 연민은 예수성심에 대한 신심에서 가장 두드러진다. 가톨릭교회는 매년 6월을 예수성심성월로 정해 예수님의 마음과 우리를 위한 하느님의 사랑을 공경하며 기린다. 하느님께서는 아무것도 필요로 하지 않으시는 분이시기에 우리가 그분께 드릴 수 있는 유일한 선물은 사랑이며, 또 그분께서 우리에게 바라시는 것 역시 사랑뿐이다.

한 기도 카드에서 본 예수성심을 표현한 아름다운 시 한 편을 소개한다.

네 꿈이 부서지고 한 줌의 모래처럼 흩어질 때
너를 안아 주고 네게 필요한 것을 주리라.
네 마음이 칠흑처럼 어둡고 입을 뗄 기력조차 없을 때
너를 인도하고 길을 밝혀 주겠노라.
네 삶이 표류하고 갈 길이 멀게 느껴져도 더 이상 두려워하지 마라.
상처 입은 네 마음을 내 마음 옆에 내려 두어라.[4]

금낭화의 상징

예수성심
성모성심
연민
조건 없는 사랑
희생적 사랑

정원 테마

예수성심
하느님의 자비
십자가의 길
덕
성모 마리아, 묵주기도

봄에 피는 금낭화는 다양한 테마의 기도 정원에 두기 좋다. 예수님 시신을 십자가에서 내림을 묵상하는 십자가의 길 제13처를 붉은색 금낭화로 장식해 보자. 붉은색과 흰색의 하트 모양 금낭화를 함께 두면, 창에 찔린 예수님의 옆구리에서 쏟아져 나온 피와 물을 상기시킨다.

분홍색 금낭화는 성모님의 마음을 뜻한다. 루카복음은 성모성심에 대해 다음과 같이 말한다. "당신의 영혼이 칼에 꿰찔리는 가운데, 많은 사람의 마음속 생각이 드러날 것입니다"(루카 2,35). 우리는 성모님의 흠 없고 온전한 마음 앞에서 자신의 부족함을 깨닫고 좌절할 것이 아니라, 성모님을 본받아 하느님을 어떻게 사랑해야 할지 배우고 그렇게 살고자 힘써야 한다.

복되신 동정 마리아 모후 기념일(8월 22일), 원죄 없이 잉태되신 복되신 동정 마리아 대축일(12월 8일), 주님 봉헌 축일(2월 2일)은 모두 성모성심을 기억하는 날이므로 분홍색 금낭화 장식을 활용하기에 좋다. 분홍색 금낭화는 성모님께서 예수님을 성전에 바치심을 묵상하는 환희의 신비 4단에도 잘 어울린다.

금낭화 가꾸기

금낭화는 내한성 3-9등급의 식물로 그늘진 곳을 좋아하지만, 오전에 드는 약한 직사광선 정도는 견딜 수 있다. 습한 곳에서 잘 자라므로 토양을 촉촉하게 유지하되 잎은 건조하게 관리한다. 유기물 함량이 높고 물이 잘 빠지는 토양을 좋아하며, 이 두 조건만 충족되면 점토질에서도 잘 자란다. 뿌리가 지표면에 넓게 뻗은 나무들 사이에 심으면 물을 더 많이 주어야 한다.

너비는 46-61cm, 높이는 61-66cm까지 자란다. 늦봄에 새로 돋은 잎 위쪽에 꽃이 핀다. 벌새들이 특히 금낭화 꿀을 좋아한다. 이 꽃은 여름부터 휴면기에 들어가므로, 봄 이후에 성장하는 여러해살이 양치식물이나 비비추 같은 식물 옆자리에 심는 것을 권장한다.

금낭화에는 독성이 있어 과다 섭취 시 발작이나 간 손상을 유발할 수 있으므로 어린이와 반려동물, 특히 개가 접근하지 못하게 주의해야 한다.

블루벨

Scilla bifolia

블루벨은 실라*Scilla*와 이탈리안 블루벨*Hyacinthoides italica*을 포함하는 식물로 실잔대라고도 불린다. 이 꽃은 소아시아 그리고 중부와 남부 유럽에서 흔히 볼 수 있다.

진한 파랑부터 연보라까지 다양한 색의 꽃을 피우는 블루벨은 성모 마리아를 상징한다. 사람들은 꽃 중앙에 있는 암술과 이를 둘러싼 6개의 수술이[5] 성모칠고를 나타낸다고 생각했다. 특히 암술은 십자가에 못 박히시는 예수님의 모습을 그저 지켜볼 수밖에 없었던 마리아의 깊은 고통을 나타낸다. 또한 이 꽃은 하느님을 향한 마리아의 한결같은 마음과 겸손을 나타낸다고 여겨져 왔다.

잔잔한 꽃들이 풍성하게 피어나는 모습은 〈마니피캇〉의 "내 영혼이 주님을 찬송하고(루카 1,46)"와 이어지는 "내 마음이 나의 구원자 하느님 안에서 기뻐 뛰니(1,47)"라는 구절에 나타난 하느님에 대한 마리아의 찬미와 감사를 고스란히 담고 있는 듯하다.

묵주기도 정원에서 환희의 신비, 특히 마리아께서 예수님 잉태하심을 묵상하는 1단 자리에 블루벨을 가꾸어 보자. 겸손, 충실, 감사를 상징하는 블루벨이 여러분의 묵상에 깊이를 더해 줄 것이다. 버지니아 블루벨*Mertensia virginica*도 추천할 만한데 이 품종은 봄에 피며 다른 품종들보다 풍성함은 덜한 편이다.

블루벨은 성 게오르기우스와도 관련이 있다. 용을 무찌른 전설로 잘 알려진 게오르기우스 성인은 깊은 신심과 기사도 정신으로 여성을 보호하고 악에 맞서 싸우며 가난한 이들에게 선의를 베푼 인물이다. 그는 10세기 유럽에서 큰 존경을 받았고, 15세기에 그의 축일은 성탄절만큼이나 중요한 기념일로 여겨졌다.[6] 블루벨이 성 게오르기우스를 상징하게 된 계기는 축일인 4월 23일 무렵 꽃이 피기 때문인

블루벨의 상징

겸손
충실
감사

정원 테마

성령의 열매
성모 마리아
묵주기도
성 게오르기우스

데, 이 시기가 되면 사람들은 블루벨로 성당을 꾸미고 옷에도 블루벨 장식을 달아 성인을 기렸다.[7]

블루벨 가꾸기

블루벨이 속한 무릇속 식물은 내한성 3-8등급 지역에서 잘 자라고, 해가 잘 드는 곳이나 약간 그늘진 곳을 좋아한다. 이른 봄, 나무에 잎이 나기 전에는 햇볕을 충분히 받을 수 있어 나무 아래에서도 잘 자란다. 가뭄에 강하지는 않지만, 가끔 건조한 것은 크게 문제 되지 않는다. 물은 보통 정도로 주면 된다. 낙엽이 많이 쌓이는 삼림 지대처럼 유기물이 풍부하고 물 빠짐이 좋은 사질양토에서 가장 잘 자란다.

블루벨은 작은 알뿌리에서 너비 8cm, 높이 8-15cm까지 자란다. 자생지가 아닌 곳에서도 잘 적응해 군락을 이루는데, 고운 빛깔의 꽃이 땅을 덮으며 자라는 모습이 감탄을 자아낸다.

꽃은 진한 파란색부터 연보라색까지 다양하며, 이른 봄부터 몇 주 동안 지속적으로 꽃을 피운다(일부 재배종은 여름이나 가을에 한 번 더 개화한다). 블루벨은 다른 꽃들과 달리 꽃봉오리부터 색이 나타나며, 개화 시기가 이르기 때문에 이른 계절 꿀을 찾는 벌에게 좋은 먹이를 공급한다.

여름이 되면 풀처럼 길고 곧은 잎이 시들고, 총상꽃차례(꽃대 밑에서부터 개화하는 꽃자루)가 마르면서 씨앗이 생긴다.

이탈리안 블루벨은 실라 종과 꽃과 잎의 배열이 다르다는 것 외에는 재배 특성이 거의 비슷하다.

나비금관화

Asclepias tuberosa

사람들은 애벌레가 번데기를 거쳐 나비로 탈바꿈하는 과정이 죽음을 넘어선 부활과 영적 변화를 상징한다고 보았다. 이에 나비는 예로부터 영적인 존재로, 예수 그리스도의 부활을 은유적으로 표현하는 이미지로 자주 사용되었다.

대부분 몇 주, 길어야 몇 달에 불과한 나비의 짧은 생애는 인생의 덧없음을 상기시킨다. '죽음을 기억하라'는 뜻의 라틴어 표현 메멘토 모리memento mori처럼 우리는 죽음을 생각하며 언젠가 현세의 삶이 끝난다는 것을, 그 이후 하느님과 영원히 함께하는 생명의 자유를 누리게 된다는 것을 기억한다.

나비금관화의 꽃말은 '떠나보냄'이다. 예수님께서 예루살렘 부인들을 위로하셨던 십자가의 길 제8처를 나비금관화로 장식해 보면 어떨까? 예수님께서는 예루살렘 부인들에게 당신은 떠나보내고 이제 그들의 자녀를 위해 눈물을 흘리라고 말씀하셨다. 부모들은 언젠가는 자녀를 떠나보내야 한다는 사실을 너무나 잘 알고 있다.

나비금관화는 성녀 마리아 막달레나를 위한 정원에도 적합하다. 요한복음에는 예수님의 시신이 있던 무덤이 텅 빈 것을 발견한 마리아의 이야기가 전해진다. 부활하신 예수님께서 마리아에게 말을 걸지만 "마리아는 그분을 정원지기로 생각하고, '선생님, 선생님께서 그분을 옮겨 가셨으면 어디에 모셨는지 저에게 말씀해 주십시오. 제가 모셔 가겠습니다' 하고 말하였다. 예수님께서 '마리아야!' 하고 부르셨다"(요한 20,15-16ㄱ). 그제야 예수님이심을 알아챈 마리아가 반가워하자, 예수님께서는 자신을 붙잡지 말라고, 떠나보내라고 말씀하신다. "내가 아직 아버지께 올라가지 않았으니 나를 더 이상 붙들지 마라"(20,17).

나비금관화는 과거는 놓아두고 하느님의 뜻을 따라 앞으로 나아감을 효과적으로 표현할 수 있는 꽃이므로, 마리아께서 예수님을 잉태하심을 묵상하는 환희의

나비금관화의 상징	정원 테마
떠나보냄	십자가의 길
기억	성모 마리아
자유	묵주기도
	성인

신비 1단, 예수님의 거룩한 변모를 묵상하는 빛의 신비 4단, 예수님께서 우리를 위하여 피땀 흘리심을 묵상하는 고통의 신비 1단 자리에 추천한다. 또한 강렬한 붉은색의 나비금관화는 성령의 불이 사도들의 마음을 타오르게 하여, 그들이 세상에 나아가 복음을 전하도록 예수님께서 성령을 보내심을 묵상하는 영광의 신비 3단에도 잘 어울린다.

▎나비금관화 가꾸기

나비금관화*Asclepias tuberosa*는 내한성 3-9등급 지역에서 잘 자라며, 일부 품종은 11등급 지역에서도 적응한다. 햇볕이 잘 드는 곳을 좋아하며, 오후에 생기는 가벼운 그늘 정도는 견딜 수 있다.

생육에 필요한 물의 양은 보통 이하며 가뭄에 잘 견딘다. 배수가 원활하면 토양 종류에 구애받지 않고 잘 자라지만, 그렇지 않으면 관부가 쉽게 썩을 수 있으므로 주의해야 한다. 나비금관화는 염분에 강하며, 원추리꽃처럼 땅속 깊이 발달한 뿌리가 토양 침식을 막고 땅을 단단하게 지탱한다. 다만 뿌리가 깊어서 옮겨심기가 까다롭다.

재배종마다 차이가 있지만 대개 너비는 30-46cm, 높이는 46-61cm까지 자란다. 늦봄에서 초여름이 되어서야 새순이 돋기 때문에 빈자리인 줄로 알고 다른 식물을 심거나 땅을 파헤치지 않도록 심은 위치를 표시해 두어야 한다.

나비금관화는 여러해살이 식물로 한여름에 개화해서 가을까지 꽃이 핀다. 바깥에서 자라는 자생종은 주로 밝은 노란색에서 주황색의 꽃이 피고, 재배종의 경우 노란색, 주황색, 빨간색, 진홍색도 있다. 꽃 색깔과 관계없이 벌과 나비 같은 곤충을 끌어들이고, 어떤 나비는 이 식물에 알을 낳기도 한다.

나비금관화에는 무당벌레가 좋아하는 진딧물이 잘 생기므로 이 식물을 유인작물로 활용할 수 있다. 가능하면 정원에서 바람이 부는 방향 아래쪽에 따로 군집으로 심어야 진딧물이 다른 식물로 퍼지는 것을 막을 수 있다.

칼라

Zantedeschia spp.,
Zantedeschia aethiopica 'Flamingo'

칼라는 남아프리카의 습한 저지대가 원산지인 식물로 18세기 무렵 대단한 인기를 누렸다. 네덜란드의 식물학자이자 화가인 얀 코멜린은 대표적인 칼라 애호가였다. 이탈리아 식물학자 조반니 잔테데스키 역시 칼라를 사랑한 인물로 잘 알려져 있으며, 그의 이름을 기려 칼라는 잔테데스키아*Zantedeschia*라는 학명을 얻게 되었다. 그로부터 수십 년 뒤 영국 최초의 여성 식물학자인 보퍼트 공작부인 메리 서머셋도 칼라에 큰 애정을 보였다.

산부채*Calla palustris*는 칼라와 외형이 비슷한 야생화로, 아메리카 대륙에서 널리 자란다.[8] '평화의 백합'이라 불리는 스파티필룸*Spathiphyllum*도 칼라와 생김새가 유사하고 같은 천남성과 식물이지만, 둘은 완전히 다른 꽃이다.

그리스도교에서 칼라는 예수님의 부활과 부활절을 상징한다. 사람들은 나팔 모양의 꽃이 죽음을 이긴 예수님의 기쁜 부활 소식을 알린다고 생각했다. 이러한 상징성을 고려했을 때 예수성심을 묵상하는 정원이나 십자가의 길 정원 끝에 배치하면 의미가 깊어진다.

부활절과 결혼식 꽃 장식으로 사랑받는 칼라는 장례식에도 자주 사용되는데, 그리스도인이라면 그 이유를 어렵지 않게 이해할 수 있다. 칼라가 상징하는 새로운 삶, 희망, 약속은 모두 죽음 이후의 영원한 삶에 대한 우리 믿음의 일부이기 때문이다.

묵주기도 정원에는 예수님의 부활을 묵상하는 영광의 신비 1단, 예수님께서 마리아를 하늘에 불러올리심을 묵상하는 영광의 신비 4단 자리에 심으면 좋다. 칼라는 성령께 봉헌하는 흰색 톤의 정원에도 잘 어울린다. 습한 환경을 좋아하는 식물이므로 토양이 촉촉한 곳에서는 땅에 직접 심고, 건조한 곳에서는 화분에 심고 물

칼라의 상징

희망
깨어 있음
서약
부활

정원 테마

예수성심
십자가의 길
성령
묵주기도

을 자주 주도록 한다.

　가브리엘 대천사가 마리아께 예수님 잉태를 예고하는 장면을 그린 일부 미술 작품에는 백합 대신 칼라가 등장한다. 이는 백합과 칼라가 순결함, 거룩함, 믿음이라는 동일한 상징성을 공유하는 꽃이기 때문이다. 또한 칼라는 젊음과 순수를 나타내므로 대천사 가브리엘의 방문을 받은 동정녀 마리아의 특징을 표현하기에도 적합하다.

　칼라를 결혼식이나 수도자의 종신서원식 장식에 사용하면 새로운 삶에 대한 희망, 순결, 서약이라는 주제를 효과적으로 표현할 수 있다. 또한 칼라는 결혼 6주년을 상징한다.

▎칼라 가꾸기

플라밍고 *Zantedeschia aethiopica* 'Flamingo'를 비롯한 대부분의 칼라 품종은 내한성 8-10등급 지역에서 재배할 수 있다. 더운 지역에서는 온종일 햇볕이 잘 들면서 오후에는 그늘이 지는 곳에서 키우는 것이 좋다. 건물의 동쪽에 심으면 효과적이다.

　생육에 필요한 물의 양은 많은 편이며 중간 이상의 습도가 유지되는 환경을 선호하지만, 물이 고이는 곳은 피해야 한다. 유기물이 풍부하고 촉촉하면서도 물 빠짐이 좋은 시원한 토양에서 잘 자란다. 연못, 습지, 빗물 정원 근처가 가장 이상적인 재배지다.

　칼라는 뿌리줄기(땅속으로 뻗어서 자라는 줄기)에서 꽃과 잎이 올라오는 식물로 줄기가 따로 없다. 한여름에 꽃이 피며 너비는 46-51cm, 높이는 51-81cm까지 자란다. 촉촉한 토양을 선호하는 다른 식물들과 같은 화분에서 키워도 좋다.

　잔테데스키아 종은 꽃과 잎 등 모든 부분에 옥산살칼슘 성분이 있어 개, 고양이, 말 등 동물에게 독성을 일으킬 수 있으므로 동물이 접근할 수 없는 곳에서 재배하기를 권한다.

캄파눌라

Campanula rotundifolia,
Campanula medium

식물의 종교적 상징을 다룬 이야기 중에는 간혹 사소하고 보잘것없어 보이는 내용도 있지만, 사실 그런 이야기들이 거룩한 대상을 친근하게 느끼게 한다. 유럽 지역에는 전설을 통해 성모님과 관련된 식물이 많은데, 이는 우리에게 성모님과의 일체감을 느끼게 한다.

대표적으로 캄파눌라의 이야기를 살펴보자. 이 꽃의 봉긋한 모양은 여성들이 잠자리에 들기 전에 쓰던 모자를 연상시킨다. 성모님께서도 곱슬머리가 풀어지지 않도록 밤에 파란색 모자를 썼다는 전설이 있는데, 캄파눌라가 바로 그 모양을 똑 닮았다.

캄파눌라는 슬픔을 상징하는 꽃으로 중세 시대부터 무덤 주변을 장식하는 데 사용되었다. 또한 종 모양의 꽃은 과거 왕족의 장례식에서 종을 울리던 관습의 영향으로 죽음을 연상시킨다. 그러나 캄파눌라에는 영원한 사랑이라는 또 다른 상징성이 있고, 파란색이 영원을 의미한다는 점에서 하느님의 영원한 사랑을 나타내는 꽃이기도 하다.

"캄파눌라는 … '성 바울리노의 종'이라는 별칭이 있는데 바울리노는 종을 발명한 인물이다. … 종 모양의 캄파눌라 꽃은 성 바울리노를 연상시킨다. … 성 바울리노 이후 종은 교회와 수도원에 도입되어 11세기부터 유럽의 수도원에서 시간을 알리는 용도로 널리 사용되기 시작했다."[9]

캄파눌라에는 성 토마스 베케트 주교와 관련된 이야기도 전해진다. 성인의 묘가 있는 캔터베리 대성당을 방문하는 순례자들은 종이 달린 나무 지팡이를 들고, 마구에도 종을 매달았다. 그들이 지나가는 길을 따라 캄파눌라가 피어났는데, 그 모습이 마치 순례자들을 축복하며 종이 울리는 것처럼 보였다고 한다.

캄파눌라의 상징

지조
영원한 사랑
비통함
겸손

정원 테마

십자가의 길
성모 마리아
성인

캄파눌라는 블루벨처럼 유럽에서 성 게오르기우스의 축일인 4월 23일 무렵에 꽃을 피운다. 성 게오르기우스는 그리스도교와 이슬람교 모두에서 존경을 받는 인물이다.[10]

십자가의 길 정원을 장식한다면 예수님께서 성모님을 만나심을 묵상하는 제4처에 캄파눌라를 추천한다. 큰 고통 속에서도 겸손한 마음으로 하느님의 계획을 따른 성모님을 기억한다는 의미에서다.

우리가 흔히 '블루벨'이라고 하는 꽃 중 절반가량이 영국 전역의 숲과 들판, 길가에서 자란다. 전설에서 블루벨이라고 언급되는 꽃은 사실 캄파눌라인 경우가 많으며, 명칭이 혼용되면서 이러한 혼란이 빚어진 것으로 보인다.

▍캄파눌라 가꾸기

캄파눌라 메디움 *Campanula medium*은 내한성 5-8등급의 두해살이 식물이다. 해가 잘 드는 곳에서 가장 잘 자라며, 따뜻한 기후에서는 오후에 그늘이 지는 곳도 좋다. 키우기는 다소 까다로운 편인데, 물은 보통 정도로 주면 되지만 토양 온도는 반드시 시원해야 한다. 뿌리가 따뜻해지면 생육이 어려우므로 화분에서 기르는 것은 권장하지 않는다. 토양은 고르게 촉촉하고 물이 잘 빠져야 하며, 습도가 낮고 통풍이 잘되어야 한다.

캄파눌라는 품종마다 크기가 다르지만 대체로 너비는 30-41cm, 높이는 61-91cm까지 자란다. 늦봄부터 긴 꽃대에서 꽃이 피기 시작해 한여름까지 지속된다. 말뚝으로 지지대를 만들거나, 둥근 고리나 격자 형태의 지지대를 설치해 땅에 떨어진 꽃씨가 자연스럽게 군락을 이루어 자라게 하면 좋다.

패랭이꽃

Dianthus spp.,
Dianthus barbatus

패랭이꽃의 학명 디안투스*Dianthus*는 '신의 꽃'이라는 뜻의 그리스어에서 유래한 단어다. 패랭이꽃은 '사랑의 약속'을 상징하므로 정원 테마와 상관없이 대부분의 기도 정원에 두루 잘 어울린다.

패랭이꽃은 그리스도의 수난과 깊은 관련이 있으며, 특히 순수한 사랑을 상징하는 붉은색 홑겹 패랭이꽃은 십자가의 길에 더없이 잘 어울린다. 대부분의 패랭이 품종은 키가 작고 둔덕을 이루면서 자라는 습성이 있으므로 십자가의 길을 따라 심으면 아름다운 조경이 연출된다.

이탈리아의 미술사학자 루치아 임펠루소는 《자연과 상징, 그림으로 읽기*Nature and Its Symbols*》에서 패랭이꽃이 예수님의 수난을 상징한다고 언급했다. "중세 시대에는 성모님이 십자가에 못 박힌 예수님을 보며 흘린 눈물이 땅에 떨어져 패랭이꽃이 되었다는 전설이 있었다. 패랭이꽃은 봉오리 모양이 못을 닮아 키오디노*chiodino*라고 불린다. 키오디노는 이탈리아어로 '작은 못'이라는 뜻으로, 예수 그리스도의 수난을 상징한다."[11]

패랭이꽃은 묵주기도 정원에 두루 적합하며, 특히 마리아께서 예수님을 잉태하심을 묵상하는 환희의 신비 1단, 예수님께서 마리아께 천상 모후의 관을 씌우심을 묵상하는 영광의 신비 5단에서 꽃이 상징하는 의미를 잘 살릴 수 있다. 물론 고통의 신비를 묵상하는 정원과 십자가의 길에도 더없이 잘 어울린다.

카르투시아노룸 패랭이*Dianthus carthusianorum*는 고산 지대에서 자라는 야생화로, 유럽 전역의 건조한 초원 지대에서 흔히 볼 수 있다. '카르투시아노룸'이라는 이름은 11세기 프랑스 알프스 부근의 샤르트뢰즈 계곡에 세워진 카르투시오 수도원

패랭이꽃의 상징	정원 테마
하느님의 꽃	예수성심
사랑의 약속	하느님의 자비
사랑	십자가의 길
	성모 마리아, 묵주기도
	성인

에서 유래했다.[12] 이 패랭이꽃은 '성모님의 짚 더미Our Lady's Bedstraw'라고도 불리는데, 짚처럼 길쭉한 꽃대와 푹신하고 부드러운 잎이 아기 예수님의 구유에 깔렸던 짚 더미 같아서 붙은 이름이다.

수염패랭이꽃*Dianthus barbatus*은 줄기 아래 잎이 둥그스름한 형태로 자라는 모습 때문에 '성모님의 방석Our Lady's Tufts'이라 불리기도 하며, 성모님이 지나간 길을 따라 이 꽃이 자란다는 전설도 전해진다.

패랭이꽃 가꾸기

패랭이꽃속은 한해살이, 두해살이, 여러해살이의 야생종과 재배종을 아우르는 광범위한 식물 속이다. 여기서는 '스위트 윌리엄sweet William'이라 불리는 수염패랭이꽃을 소개한다.

이 꽃은 내한성 3-9등급 지역에 적합한 식물로, 햇볕이 잘 들거나 오후에만 볕이 드는 곳을 좋아한다. 물은 보통 정도로 필요로 하며, 유기물 함량이 높고 배수가 원활한 토양에서 잘 자란다. 토양이 너무 축축하면 관부가 썩기 쉬우니 특히 겨울에 흙이 젖어 있지 않도록 주의한다.

수염패랭이꽃은 너비 13-30cm, 높이 10-46cm까지 자란다. 꽃은 늦봄부터 서리가 내리는 가을 무렵까지 피고, 잎과 꽃에서 톡 쏘는 강한 향이 나는 특징이 있다. 두해살이 식물이지만 땅에 떨어진 씨가 자연 발아하면 매년 꽃이 피고, 화단에 한번 자리를 잡으면 몇 년 동안 지속적으로 꽃을 피운다.

꽃 색깔은 빨간색, 분홍색, 연보라색, 흰색 등으로 다양하고, 꽃잎 테두리에만 색깔이 나타나는 피코티 종류도 있다. 일부 품종은 꽃잎에 주름이 지며, 대부분 꽃잎 중심부가 진한 색을 띠어 꽃잎과 강한 대조를 이룬다.

시든 꽃을 제거하면 새로운 꽃이 계속 올라와 더 오래 감상할 수 있다. 다만 두해살이 식물은 한여름에 시든 꽃을 모두 떼어 내면 씨앗을 맺지 못하므로, 꽃을 일부 남겨 씨앗이 생기도록 한다.

매발톱꽃

Aquilegia spp.,
Aquilegia × *hybrida* 'Songbird Cardinal'

매발톱꽃은 그리스도교에서 상징적 의미를 지닌 식물로 자주 언급된다. 매발톱꽃의 영어 이름 콜럼바인columbine은 '작은 새'를 뜻하는 그리스어 콜림보스 *kolymbos*를 라틴어식으로 표기한 콜룸바columba에서 온 단어다. 콜룸바는 '비둘기'라는 의미로, 거꾸로 뒤집힌 모양의 꽃잎이 옹기종기 모여 있는 모습이 작은 새, 특히 비둘기 다섯 마리를 닮았다 하여 붙은 이름이다(오늘날 일부 품종은 비둘기 목처럼 보이는 돌기가 길쭉하게 변해 예전처럼 새를 연상시키는 이미지가 약해졌다). 이 때문에 매발톱꽃은 '비둘기 꽃'이라고도 불리며, 그리스도교에서는 성령을 상징한다.

매발톱꽃의 속명 아킬레지아*Aquilegia*는 라틴어로 '물이 모이다'라는 뜻으로, 세 장의 잎에 맺힌 물방울이 줄기를 타고 아래로 흘러내리는 모습에서 유래한 이름이다.[13] 이때 잎 세 장은 삼위일체를 암시하며, 세례의 물이 흘러내려 단단한 신앙의 뿌리를 내리는 모습을 나타낸다. 이는 네 복음서 저자들이 예수님의 세례 장면에서 성령이 "비둘기처럼" 내려왔다고 묘사한 것과도 일맥상통한다.

매발톱꽃은 보통 하나의 꽃대에서 일곱 송이 꽃이 핀다. 이는 칠성사, 성령칠은, 성모칠고, 예수님의 마지막 일곱 말씀 등 가톨릭 신앙에서 숫자 7이 갖는 완성과 충만의 의미를 부각한다.

미술 작품에서 예수님과 함께 그려진 자주색 매발톱꽃은 승리를 상징한다. 그러므로 이 꽃으로 십자가의 길이 끝나는 자리를 장식해 보자. 한편 고뇌와 두려움을 상징하는 붉은색 매발톱꽃은 예수님께서 예루살렘 부인들을 위로하심을 묵상하는 십자가의 길 제8처의 분위기에 잘 어울린다.

묵주기도 정원에는 예수님께서 십자가에서 돌아가심을 묵상하는 고통의 신비 5단에 자주색 매발톱꽃을, 예수님께서 세례 받으심을 묵상하는 빛의 신비 1단에

매발톱꽃의 상징

고통
승리
평화

정원 테마

하느님의 자비
십자가의 길
성령
묵주기도

흰색 매발톱꽃을 추천한다.

흰색 꽃은 성령께 봉헌하는 정원에 잘 어울리는데, 정원을 흰색 식물로만 꾸미면 어둠 속에서도 꽃이 달빛이나 조명을 받아 마치 빛이 나는 듯한 환상적인 아름다움을 연출한다. 꽃잎이 희고 꽃뿔이 붉은 매발톱꽃은 자비로우신 주님께 봉헌하는 하느님의 자비 정원 장식으로도 적합하다.

매발톱꽃 가꾸기

매발톱꽃속 식물은 재배종이든 자생종이든 대부분 유사한 생육 환경에서 잘 자란다.[14] 자생종은 꽃 유형이 대체로 비슷하지만, 꽃의 색과 모양, 꽃이 피는 위치, 꿀주머니의 형태 등이 가루받이를 하는 곤충이나 새에 따라 조금씩 다르게 진화해 왔다.[15]

아킬레지아 '송버드'*Aquilegia* × *hybrida* 'Songbird' 품종은 내한성 3-9등급 지역의 식물이다. 뿌리덮개를 잘 덮어 주면 양지에서도 생육 가능하지만, 반음지에서 키우는 것이 가장 이상적이다. 적당한 양의 물을 필요로 하고, 유기물 함량이 높고 촉촉하며 물이 잘 빠지는 토양에서 잘 자란다. 뿌리가 축축해질 수 있는 곳은 피한다. 이 품종은 점토질 토양에서 잘 자란다고 알려졌지만, 내 경험에 따르면 다른 품종에서는 그렇지 못하다.

'송버드'는 너비 46-61cm, 높이 51-71cm까지 자란다. 다른 품종과 마찬가지로 봉우리가 생길 때 꽃잎이 뒤집어진 모양으로 피다가 만개하면 위로 고개를 든다. 꽃잎과 꽃뿔이 각각 다른 색으로 피며, 지름이 8cm에 달하고, 늦봄에 개화하기 시작해 초여름까지 핀다. 시든 꽃을 자주 제거하면 꽃을 더 오래 볼 수 있다.

수레국화 · 치커리

Centaurea cyanus & *Cichorium intybus*,
Centaurea montana

수레국화Centaurea cyanus와 치커리Cichorium intybus는 서로 다른 식물이지만, 꽃의 형태와 자라는 방식이 유사해 상징하는 바가 비슷하다.

치커리는 가뭄이 들거나 염분이 많거나 척박한 토양 또는 내리쬐는 햇볕 등의 열악한 환경에서도 잘 견디고, 잎을 솎아 내도 금세 새잎이 돋아난다. 강한 믿음을 가진 신앙인의 모습이 바로 이런 것 아닐까? 이처럼 강인하고 끈질긴 생명력 때문에 치커리는 그리스도교에서 다양한 상징성을 지닌다.

치커리와 수레국화는 전통적으로 농경지, 특히 밀밭에서 자라는 식물로 잘 알려져 있다. 밀알은 예수 그리스도를, 파란 꽃잎은 천국을 상징한다는 점에서 이 식물들은 자연스럽게 예수님을 나타내는 꽃이 되었다.

수레국화의 종소명 시아누스는 '파란색'이라는 뜻으로, 파란 수레국화와 치커리는 영원과 새로운 생명을 상징한다. 영국, 캐나다, 호주, 미국에서 전사자를 추모할 때 양귀비꽃을 사용하듯이 프랑스에서는 고인을 기리기 위해 옷에 파란 수레국화를 다는 풍습이 있다.

두 꽃의 또 다른 상징성은 신앙 안에서의 인내와 용기다. 이 둘은 현세의 삶을 마치고 내세로 나아갈 때 그리스도인에게 반드시 요구되는 덕목이기도 하다. 수레국화의 이 같은 상징성은 청동기 시대 이전으로 거슬러 올라간다. "기원전 4천 년에 지어진 것으로 추정되는 고대 이집트 무덤에서 수레국화 모양의 부장품이 발견되었다. … 당시 사람들은 수레국화로 무덤을 장식하고 … 고인이 저승길에 가지고 가도록 꽃을 무덤에 넣어 주었다."[16]

수레국화는 식물 전체가 약재로 쓰이며, 특히 뱀에 물린 상처를 치료하는 데 활용된다. 그리스도교에서 뱀은 악의 상징이고, 악에 대한 '치료제'는 죄를 이기신 그리스도이시다. 그러므로 이 꽃은 또다시 악을 이기고 생명을 주시는 예수 그리스

수레국화와 치커리의 상징

천국
성모 마리아의 왕관
인내

정원 테마

예수
성모 마리아
묵주기도

도를 떠올리게 한다.

수레국화와 치커리는 왕관 모양의 화형과 파란 꽃잎 덕분에 일부 지역에서는 '성모님의 왕관'으로 불린다. 예수님께서 마리아께 천상 모후의 관을 씌우심을 묵상하는 영광의 신비 5단 자리에 수레국화나 치커리를 가꾸어 보자.

수레국화 가꾸기

몬타나 수레국화 *Centaurea montana*는 정원 재배용 품종으로, 생육 조건은 다른 수레국화 품종과 비슷하지만 꽃의 색상과 크기에서 차이가 있다.

이 꽃은 내한성 3-8등급 지역에 적합하며, 햇볕이 충분히 드는 곳에서 잘 자란다. 비교적 가뭄에 강하며, 공기가 잘 통하고 물이 잘 빠지기만 하면 그다지 비옥한 토양이 아니어도 잘 자란다.

몬타나 수레국화는 너비가 46-61cm, 높이가 30-61cm까지 자란다. 딸기처럼 땅 위로 길게 뻗는 기는줄기로 번식하며, 자리를 잡으면 자연스럽게 군락을 이룬다. 3년마다 한 번씩 포기나누기를 해 주는 것이 좋다.

이 여러해살이 식물은 초여름부터 꽃봉오리를 맺기 시작해 자주색, 자홍색, 파란색, 흰색 등 다양한 색상의 꽃을 오랫동안 피운다. 봉오리는 여러 겹의 단단한 비늘처럼 겹겹이 싸여 있고, 그 윗부분에서 지름이 3.8-6.3cm쯤 되는 깃털처럼 가벼운 꽃잎이 핀다. 꽃 중앙부는 꽃잎보다 진한 색을 띠어 대조된다.

시든 꽃을 잘라 주면 꽃을 더 오래 볼 수 있고, 군락이 지나치게 커졌을 경우 2/3가량은 가지치기한다. 꽃이 핀 후 잎이 마르면서 외관이 지저분해질 수 있으므로 가지치기를 해서 새잎이 돋아나도록 관리하는 것이 좋다.

왕패모

Fritillaria imperialis,
Fritillaria imperialis var. *rubra-maxima*

왕패모는 예수님의 수난 전날 밤, 겟세마니 동산에서 유래한 전설로 잘 알려져 있다. 예수님께서 고뇌 속에서 기도하며 동산을 거니실 때 모든 꽃들이 고개를 숙여 경의를 표했지만, 왕관 모양의 흰 꽃을 단 왕패모만은 고개를 빳빳이 들고 있었다. 그러자 예수님께서 그 꽃에 손을 얹고 말씀하셨다. "들꽃아, 교만하지 말거라." 순간 왕패모는 부끄러움에 꽃 머리를 붉히며 고개를 떨궜고, 꽃잎에는 눈물 같은 이슬이 맺혔다. 그때부터 왕패모는 순수함을 상징하는 흰색 대신 붉은색 꽃을 피우기 시작했다고 전해진다(현재는 노란색 품종도 있다). 지금도 고개를 숙인 꽃 안쪽에는 진주 같은 이슬방울이 맺혀 있어 겸손과 회개의 상징으로 여겨진다.[17]

이 이야기를 생각하며 십자가의 길이 시작되는 자리나 예수님께서 겟세마니에서 기도하심을 묵상하는 고통의 신비 1단에서 왕패모를 가꾸어 보자. 또한 왕패모는 하느님의 영예를 상징하므로 환희의 신비 모든 단이나 예수님께서 마리아께 천상 모후의 관을 씌우심을 묵상하는 영광의 신비 5단에도 잘 어울린다.

이 식물의 학명은 꽃의 독특한 형태에서 유래했다. 속명 프리틸라리아*Fritillaria*는 주사위 또는 제비를 담는 통을 뜻하는 라틴어 프리틸루스*fritilus*에서, 종소명 임페리얼리스*imperialis*는 제국, 국왕, 왕관을 뜻하는 임페리움*imperium*에서 파생했다. 이 이름은 빌라도의 군사들이 예수님의 겉옷을 가지려 제비를 뽑았던 장면(마태 27,35)과 임금들의 임금으로 칭송받는 예수님(1티모 6,15; 묵시 17,14;19,11-16)을 떠오르게 한다.

성인과 관련된 또 다른 프리틸라리아 품종으로는 작고 아담하며 꽃잎에 체크 무늬가 있는 사두패모*Fritillaria meleagris*가 있다. 이 꽃은 '박해'라는 꽃말을 지니므로, 순교 성인에게 봉헌하는 정원의 장식으로 적합하다.

왕패모의 상징

영예
영광

정원 테마

십자가의 길
성모 마리아
묵주기도

왕패모 가꾸기

왕패모는 내한성 5-8등급 지역에서 재배할 수 있으나 일부 품종은 4등급인 곳에서도 자란다. 햇볕이 드는 곳에서 잘 자라지만, 오후의 가벼운 그늘 정도는 견딜 수 있다. 적당한 양의 물을 필요로 하며, 토양의 수분 상태에 민감한 편이다.

토양은 유기물이 풍부하고 촉촉하면서 물이 잘 빠져야 한다. 과습한 곳에서는 알뿌리가 썩기 쉽다. 왕패모 알뿌리는 윗부분이 움푹 파여 있어, 세워서 심으면 파인 부분에 물이 고여 썩을 수 있으므로 반드시 옆으로 눕혀서 심어야 한다.

'루브라 *Fritillaria imperialis var. rubra-maxima*'는 너비가 20-25cm, 높이가 61-91cm까지 자라는 대형 품종이라 화단 뒤쪽에 배치하면 눈에 잘 띄면서도 균형감을 연출한다. 다른 봄 구근식물과 마찬가지로 꽃이 진 뒤 잎이 시들고 여름에는 휴면기에 들어가므로 뒤쪽에 심는 것이 좋다.

왕패모 알뿌리는 크기가 크지만 연약하므로 생육 조건이 적합한 곳에 신중하게 심고, 한 번 심으면 되도록 옮기지 않는 편이 좋다.

시클라멘

Cyclamen persicum,
Cyclamen hederifolium

페르시아 시클라멘 *Cyclamen persicum*은 성지에 자생하며, 중동 대부분과 유럽 중남부 지역에서 야생으로 서식한다. 수명이 긴 여러해살이 식물로, 숲이나 관목 지대, 산비탈에서 자란다. 보통 11월 초에 넓은 군락을 이루며 꽃을 피우기 시작해, 일부 지역에서는 5월까지 이어진다. 지중해 지역의 긴 여름 동안에는 휴면기에 들었다가, 겨울비가 내리면 다시 생장을 시작한다.

붉은색과 흰색 시클라멘은 포인세티아와 더불어 크리스마스 시즌에 특히 인기가 많다. 가톨릭 전례색에 근거해 흰색 시클라멘으로 거룩함을, 붉은색 시클라멘으로 고통을, 그리고 녹색 잎으로 새로운 생명을 상징할 수 있다.

시클라멘은 성경에 그 이름이 직접 언급되지는 않지만, 마태 6,28의 "들에 핀 나리꽃"에 포함된다고 여겨진다. 한편 시클라멘은 하늘을 향해 위로 휜 곡선 모양의 꽃잎 때문에 '솔로몬의 왕관'이라고도 불리며, 솔로몬 임금의 영화로운 삶을 연상시킨다.

시클라멘은 여러 이유로 상징 면에서 성모님과 깊이 연관된다. 고개를 살짝 숙인 시클라멘의 꽃 모양은 가브리엘 대천사가 주님 탄생을 예고했을 때 성모님의 겸손한 마음가짐을 나타낸다. 흰색 시클라멘 가운데 꽃잎이 줄기로 이어지는 부분이 붉은 품종이 있는데, 여기서 흰색은 티 없이 깨끗한 성모성심을, 붉은색은 고통의 성모를 상징한다.

시클라멘은 국화처럼 장례식장과 묘지 장식에도 종종 활용된다. 이는 가톨릭교회가 모든 성인 대축일을 기념하기 위해 11월 초에 꽃이 피는 시클라멘을 묘지와 성당 장식에 사용한 전통에서 유래했다.

시클라멘의 상징

수용
순명
겸손
성모칠고

정원 테마

성모 마리아
묵주기도
성경

시클라멘 가꾸기

다음에 소개하는 두 종류의 시클라멘은 모두 겨울을 견디는 내한성 품종으로, 하나는 가을에, 다른 하나는 늦겨울부터 초봄 사이에 꽃을 피운다. 추위에 강하지만, 비바람을 피할 수 있는 공간에서 키우는 것이 좋다. 두 품종 모두 땅을 덮으며 군락을 이루기 때문에 숲처럼 그늘지고 습한 정원이나 자연스럽게 번식하도록 설계된 정원에서 키우는 것이 적합하다. 두 품종 모두 여름이 되면 휴면기에 들어간다.

헤데리폴리움 시클라멘*Cyclamen hederifolium*은 재배하기 쉬운 품종으로, 내한성 5-9등급 지역에서 잘 자란다. 그늘진 곳을 좋아하지만 오전에 드는 햇살 정도는 견딜 수 있다. 생육에 필요한 물의 양은 보통이거나 그보다 적어도 괜찮다. 일반 토양에서도 자랄 수 있지만, 유기물이 풍부하고 촉촉함이 고르게 유지되며 물이 잘 빠지는 토양에서 가장 풍성하고 화려하게 꽃을 피운다. 흙이 너무 습하면 알뿌리가 썩을 수 있다. 이 품종은 너비 15-30cm, 높이 10-15cm까지 자라며 새로운 터전에 쉽게 적응해 군락을 이룬다. 향기로운 꽃은 초가을부터 늦가을까지 핀다.

코움 시클라멘*Cyclamen coum*은 내한성 4-9등급 지역에 적합하며, 그늘진 곳을 좋아하지만 오전에 드는 약한 직사광선 정도는 받아도 무방하다. 여름에는 물을 거의 주지 않아도 되지만, 초가을에는 잠들어 있던 알뿌리를 깨워야 하므로 적당량의 물이 필요하다. 토양 조건은 헤데리폴리움 품종과 같다. 높이는 10cm 정도로, 지면을 덮으며 옆으로 퍼지면서 자란다. 늦겨울에서 초봄 사이에 피는 꽃은 향기가 좋고, 설강화와 함께 심으면 잘 어울린다. 늦가을 무렵 잎을 내고, 스스로 씨를 퍼뜨려 시클라멘 특유의 군락을 형성한다.

가을에 피는 헤데리폴리움 시클라멘과 봄에 피는 코움 시클라멘을 같은 자리에서 키우지 않도록 주의해야 한다. 헤데리폴리움이 코움보다 우세종이기 때문에 서로 가까이 있으면 코움이 자리를 잡지 못할 수 있기 때문이다.

제비고깔

Delphinium spp. (*Delphinium* × *cultorum*),
Delphinium grandiflorum

북아프리카, 남유럽, 중앙아시아 등지에서 자생하는 제비고깔*Delphinium* spp.은 겉모습이 비슷한 비연초(참제비꽃, *Consolida ajacis*)와는 다른 식물이다. "전문가들마저 종종 혼동하지만, 실제로 비연초는 최근 델피니움속에서 별도의 종으로 재분류될 만큼 둘의 차이는 크다. 또한 제비고깔은 여러해살이지만, 비연초는 한해살이 식물이다. … 제비고깔은 약 300종, 비연초는 약 40종이 존재한다."[18] 이처럼 명확한 특징에도 불구하고, 외형이 비슷한 두 꽃은 역사적으로 중동과 유럽 전역에서 그 상징들이 서로 뒤섞이게 되었다.

학명 델피니움(*Delphinium*, 제비고깔속)은 꽃봉오리의 형태가 돌고래를 닮았다는 이유로, 이를 뜻하는 그리스어에서 유래했다. 예로부터 돌고래는 바다에 나간 어부들을 안전한 항로로 인도하고, 긴 항해에 지친 선원들에게 기쁨을 주는 존재로 여겨졌다. 단순한 곡선 2개로 그린 물고기 형태의 익투스*ichthys* 역시 순례자들을 안식처로 안내하는 이정표 역할을 했다. 이렇듯 돌고래가 지닌 경쾌함과 밝음의 상징성이 제비고깔과 이 꽃을 닮은 식물로 이어졌다.

돌고래는 그리스도교 회화에서 물고기보다 더 자주 등장한다. 화가들은 돌고래가 부활과 구원을 상징한다는 믿음을 반영해 인간의 영혼을 태운 돌고래가 이승의 바다를 건너 영원한 세상으로 향하는 모습을 그리곤 했다. 돌고래 옆에 닻이나 배가 그려져 있다면 이때 돌고래는 인간의 영혼을, 닻과 배는 그리스도를 상징한다. 초기 그리스도인들 사이에서 비밀 표식 같은 역할을 했던 익투스는 오늘날 그리스도교의 대표적인 상징이 되었다.

이 꽃이 성모님을 상징하는 것은 파란빛이 마리아의 색이기 때문만은 아니다. 그 상징성은 성모님의 눈물이 떨어진 자리에 제비고깔이 피었다는 전설과 '강한

제비고깔의 상징

밝은 기운
기쁨
익투스
사랑의 결속

정원 테마

성경
성모 마리아

사랑의 결속'이라는 꽃말이 더해져 완성된다. 성모님의 깊은 모성애야말로 강한 사랑 그 자체이기 때문이다. 예수님의 수난을 눈물로 함께하고, 예수님의 사명과 하느님 뜻에 순종한 그분의 모습에서 우리는 위대한 사랑을 엿볼 수 있다.

▎제비고깔 가꾸기

'퍼시픽 자이언트Pacific Giant', '뉴밀레니엄New Millennium', '매직파운틴Magic Fountain' 등의 품종을 포함하는 재배종 델피니움 쿨토룸*Delphinium × cultorum*은[19] 키가 크고 꽃이 하나씩 달리는 편이다. 한편 제비고깔*Delphinium grandiflorum* var. *chinensis*은 꽃대가 여러 갈래로 갈라지고 키가 작으며, 약간 건조한 환경에서도 잘 견딘다.

전자는 내한성 3-8등급, 후자는 4-9등급 지역에 적합하다. 다만 습도가 높고 눈이나 비가 자주 내리는 곳에서는 줄기 밑동이 썩을 수 있으니 주의해야 한다. 이 식물들은 양지에서 잘 자라지만, 더운 지역에서는 오후에 반그늘이 있으면 좋다. 물은 보통 수준으로 주되, 규칙적인 관리가 필요하다. 제비고깔은 다소 건조한 조건도 잘 견디지만, 가뭄에는 약하다. 유기물이 풍부하고 배수가 잘되며, 일정하게 촉촉한 토양이 이상적이다.

델피니움 쿨토룸은 너비 46-61cm, 높이 91-150cm까지 자라는 대형 품종이며, 바람을 막을 수 있는 자리에 심고, 꽃대가 무거우므로 지지대를 세워야 한다. 반면 제비고깔은 너비 20-30cm, 높이 30-46cm로 더 작고 가지가 잘 갈라진다.

두 종 모두 초여름에서 한여름 사이에 파랑, 보라, 분홍, 흰색 등의 꽃을 피운다. 꽃이 진 뒤에는 꽃대를 제거하는 것이 좋으며, 자연 상태에서 종자를 맺거나 순종으로 자가 번식하는 일은 드물다. 이들은 수명이 짧은 여러해살이 식물이므로, 2년에 한 번씩 포기나누기하는 것이 좋다. 비료는 희석한 액체 비료나 효과가 천천히 나타나는 알비료를 사용하고, 봄에 새싹이 나기 전에 알칼리성 영양제를 고르게 뿌려 주면 좋다.

비슷한 분위기를 원한다면 비연초를 키워 보자. 비연초는 튼튼한 한해살이 식물로, 스스로 씨를 떨어뜨려 다시 자라며 제비고깔보다 까다롭지 않다. 내한성은 2-11등급이며, 햇빛이 잘 들고, 배수가 잘되는 촉촉한 토양을 좋아한다. 물은 적당히 주면 된다. 너비 30-46cm, 높이 61-91cm까지 자라며 초여름에 개화한 뒤 무더위가 오면 시든다. 따라서 늦여름이나 가을에 꽃을 피우는 다른 식물을 옆에 심으면 좋다.

잉글리시데이지

Bellis perennis,
Bellis perennis 'Pomponette'

흰색 꽃이 소담하게 피는 모습이 인상적인 잉글리시데이지는 예로부터 어린아이들이 머리에 쓰는 화관을 만들 때 애용하던 꽃이다. 셰익스피어의 《햄릿》에서 오필리어가 흰 데이지를 엮어 화관을 만드는 장면이 나오는데, 여기서 데이지는 오필리어의 순수함을 상징한다.

오늘날 '데이지'라는 이름이 붙은 꽃만 100여 종에 달하지만, 이 모든 데이지의 조상은 벨리스 페레니스*Bellis perennis*라는 작고 흰 꽃이다. 이 꽃은 11세기 문헌에 '태양의 눈Day's eye'이라는 이름으로 기록되어 있다.[20] 이 이름은 낮에는 꽃잎을 열어 노란 중심부를 드러내고 밤에 꽃잎을 접는 개폐 운동에서 비롯되었다. 시간이 지나면서 '데이즈 아이'가 축약되어 '데이지'가 되었으며, 영어의 '생기발랄하다 fresh as a daisy'라는 표현은 이 꽃의 화사하고 생기 있는 모습에서 유래했다.

잉글리시데이지는 진주처럼 둥근 흰색 꽃봉오리 덕분에 유럽 일부 지역에서는 '마거리트데이지Marguerite daisy'로 불린다. 데이지와 마거리트는 모두 '진주'라는 뜻의 그리스어에서 유래한 단어다.[21] 마거리트데이지는 안티오키아의 성녀 마르가리타를 상징하는데, 이는 마거리트라는 이름 때문이기도 하고, 동시에 빛을 보면 하늘로 꽃잎을 활짝 여는 꽃의 습성 때문이기도 하다.

그리스도교에서는 성녀 마리아 막달레나의 눈물이 땅에 떨어져 데이지가 피었다는 전설이 전해진다. 그녀는 자신의 죄에 대한 슬픔과 영혼의 구원, 사랑하는 예수님의 수난을 생각하며 눈물을 흘렸고, 예수님께 향료를 바르러 무덤으로 가는 길에도 눈물을 흘렸다. 이를 기억하며, 예수님께서 예루살렘 부인들을 위로하심을 묵상하는 십자가의 길 제8처, 예수님께서 무덤에 묻히심을 묵상하는 제14처

잉글리시데이지의 상징

순수
부활
새로운 시작
안티오키아의 성녀 마르가리타
성녀 마리아 막달레나

정원 테마

십자가의 길
성인

에 심으면 이 꽃의 상징을 효과적으로 표현할 수 있다.

잉글리시데이지의 속명 벨리스는 '예쁘다', '아름답다'라는 뜻의 라틴어 벨루스 bellus에서, 종소명은 '영원하다'라는 뜻의 페레니스 perennis에서 유래했다. 잉글리시데이지가 순수, 부활을 상징하게 된 배경에는 켈트족 전설이 있다. 그 이야기에 따르면 유산으로 세상의 빛을 보지 못한 아기들이 황금빛 꽃술과 은빛 꽃잎의 데이지로 환생한다고 한다.[22] 들판을 가득 메운 데이지 물결을 보면, 태어나기도 전에 세상을 떠난 아일랜드의 수많은 아기들을 떠올리게 된다.

▎잉글리시데이지 가꾸기

잉글리시데이지는 아담하고 예쁜 관상용 식물로 사랑받기도 하지만, 들판에서 무더기로 자라는 잡초로 여겨지기도 한다.

잉글리시 '폼폰' 데이지는 가정 정원에서 흔히 볼 수 있는 품종이다. 두해살이로 분류되지만, 추위와 더위에 민감해서 북미에서는 한해살이로 자란다. '폼폰'이라는 품종명은 짧은 꽃잎이 빽빽하게 핀 모습이 마치 옷에 다는 작은 양모 공 장식을 닮아 붙은 이름이다.

이 품종은 내한성 4-8등급으로, 햇볕이 바로 들거나 오후에만 잠깐 그늘이 지는 곳에서 잘 자란다. 생육에 필요한 물의 양은 보통 정도지만, 가뭄에는 약하다. 토양은 물이 잘 빠지고 항상 고르게 촉촉하되 질척거리면 안 된다.

보통 너비 13-18cm, 높이 10-15cm까지 크는데, 초여름에 필 때는 약간 더 높이 자라기도 한다. 지름이 2.5cm에 이르는 분홍색, 빨간색, 흰색, 연보라색 등 다양한 색의 꽃이 피며, 겹꽃이 풍성하게 피어 노란 중심부가 거의 보이지 않는다. 시든 꽃을 잘라 주면, 꽃이 더 오래 지속된다.

데이지는 여름철 더위에 쉽게 시들 수 있으므로, 작은 그룹으로 나눠 심으면 꽃이 지고 난 뒤 정원이 한꺼번에 비는 것을 방지할 수 있다. 늦여름에 피는 여러해살이 식물 앞쪽에 데이지를 키우면 공간을 효율적으로 활용할 수 있다.

프리틸라리아

Fritillaria meleagris

체크무늬 꽃잎이 매력적인 프리틸라리아(사두패모)는 유럽 지역의 범람원에서 자생하는 여러해살이 식물로, 봄이면 대규모 군락을 이루며 꽃을 피운다.

프리틸라리아의 꽃말은 '박해'로, 고개를 푹 숙인 진홍색 꽃을 보면 그런 말이 붙은 이유를 쉽게 짐작할 수 있다. 프리틸라리아는 신앙을 지키기 위해 목숨을 바친 순교자들의 희생을 기억하기에 더없이 적절하다.

"화가들은 정물화를 그릴 때 화려한 튤립 옆에 고개를 떨군 자줏빛 체크무늬 프리틸라리아를 배치하곤 했다. 이는 삶과 죽음을 암시하는 장치였다. 이 꽃은 '죽음의 종', '라자로의 종', '나병 환자의 백합'이라는 이름으로도 불린다. 프리티탈리아라는 이름은 라틴어 프리틸러스(fritillus, '주사위를 넣는 상자'라는 뜻)에서 유래했으며, 꽃이 그 상자 모양을 닮았다 하여 '우연'이나 '운명'을 뜻하기도 한다."[23]

네 복음서는 로마 군인들이 예수님의 옷을 가지려고 제비를 뽑았다고 전하며, 시편 22,19의 예언이 실현되었음을 보여 준다. 이러한 상징성을 고려해 예수님께서 십자가에 못 박히심을 묵상하는 십자가의 길 제11처를 프리틸라리아로 장식하고, 주님의 고통을 깊이 묵상해 보아도 좋겠다.

프리틸라리아는 묵주기도 정원에서 고통의 신비 모든 단에 다 잘 어울리며, 특히 예수님께서 우리를 위하여 십자가에 못 박혀 돌아가심을 묵상하는 5단에 적합하다.

프리틸라리아와 그 사촌 격인 왕패모에는 비슷한 전설이 하나 있는데, 여러 문헌에 언급되고 있음에도 불구하고, 그 기원은 다소 불분명하다. 전설에 따르면, 예수님의 수난 전 프리틸라리아는 줄기를 똑바로 세우고 하늘을 정면으로 바라보던 순백색 꽃이었다. 프리틸라리아는 예수님께서 수난을 당하실 때도 꽃꽂이 서 있었는데, 예수님께서 돌아가시자 온 땅에 어둠이 덮이고 모든 피조물이 슬픔에 잠긴

프리틸라리아의 상징

박해
순교

정원 테마

십자가의 길
묵주기도
성인

모습을 보았다. 그제서야 프리틸라리아는 애도를 표하기 위해 고개를 숙이고 꽃을 어둡게 물들였으며, 예수님의 죽음을 슬퍼하며 울기 시작했다. 지금도 프리틸라리아는 어두운 옷을 입고 고개를 떨구고 있으며, 꽃잎 끝에 눈물방울이 맺혀 있다.

종소명 멜레아그리스 *meleagris*는 뿔닭, 칠면조를 의미하는 그리스어에서 유래한다. 이는 어두운 체크무늬 꽃잎이 뿔닭의 줄무늬 깃털을 닮아 붙여진 이름으로, 영어권에서는 프리틸라리아를 '뿔닭꽃'이라는 이름으로 부른다.

프리틸라리아 가꾸기

프리틸라리아는 내한성 3-8등급 지역에 적합하며, 그늘이 지는 곳을 좋아한다. 기온이 낮은 지역에서는 햇볕이 조금 강해도 무리 없이 자라지만, 대신 토양이 적절한 수분을 유지해야 한다.

생육기든 휴면기든 촉촉하고 유기물 함량이 높으며, 배수가 양호한 토양에서 잘 자란다. 다만 프리틸라리아는 늪에서 자라는 식물이 아니므로 물에 잠기거나 푹 젖은 상태는 피해야 한다.

이러한 환경에서 외형은 가녀리지만 너비는 8-15cm, 높이는 25-38cm까지 자란다. 환경이 잘 맞는다면 종자 번식을 통해 자생지를 넓혀 가면서 오래도록 자란다.

이 독특한 체크무늬의 꽃은 길이가 약 5cm에 달하며, 초봄부터 봄 중반쯤에 핀다. 색상은 암적색과 담자색 계열 또는 흰색과 회색이 섞인 무늬로 나타난다.

주요 품종으로는 순백색 꽃잎 아래에 초록빛이 도는 프리틸라리아 '알바' *Fritillaria meleagris* 'Alba', 와인색 꽃잎에 끝부분과 가장자리에 진한 노란빛을 띠는 프리틸라리아 우파-불피스 *Fritillaria uva-vulpis*, 잎이 넓고 한 꽃대에서 연노란색 꽃이 여러 송이 피는 프리틸라리아 팔리디플로라 *Fritillaria pallidiflora* 등이 있다.

제라늄

Pelargonium spp.,
Pelargonium × *hortorum*

제라늄과 펠라고늄의 이름과 속을 혼동하는 경우가 많아 먼저 이를 짚고 넘어가고자 한다. 우리가 화단에서 흔히 키우는 제라늄은 사실 펠라고늄속 식물이며, 여기에는 수많은 품종이 있다(이 글에서 소개하는 꽃도 펠라고늄속 식물이다). 펠라고늄은 원래 남아프리카에서 자생하던 식물로 유럽에는 17세기 무렵에 도입되었으며, 번식이 쉽고 실내에서도 잘 자라서 인기를 끌었다.

흔히 '야생 제라늄'이라고 부르는 꽃이 실제 제라늄속 식물인데, 여기에도 전 세계적으로 다양한 종이 있다. 영어권에서는 펠라고늄을 이질풀(storksbills; '황새 부리'라는 뜻-옮긴이), 제라늄을 쥐손이풀(cranesbills; '두루미 부리'라는 뜻-옮긴이)이라는 별칭으로 부르는데, 여기서 혼란이 시작된 것으로 보인다.

학명 펠라고늄 *Pelargonium*은 '황새'를 의미하는 그리스어 펠라르고스 *pelargos*에서 유래했다. 제라늄 역시 그리스어에서 왔으며 '두루미'를 뜻한다. 두 식물 속의 이름은 모두 씨앗을 둘러싼 열매껍질 모양이 각각 황새와 두루미의 부리를 닮은 데서 붙었다. 조날 제라늄을 비롯한 펠라고늄 식물은 잎에 생기는 어두운 원형 무늬가 외형적으로 가장 두드러진다.

조날 제라늄(zonal geranium, *Pelargonium* spp.)은 품종, 색상, 향기, 잎 모양에 따라 상징하는 바가 조금씩 다르고, 지역마다 조금씩 차이가 있다.

흰색 제라늄은 다른 흰 꽃들과 마찬가지로 순결과 영적인 삶을 상징하며, 동시에 행복한 결혼과 다산을 의미해 결혼식 장식으로 두루 활용된다. 또 '아름다운 여인'이라는 별칭 덕분에 신부의 부케 소재로 인기가 좋다. '신부를 위한 축복'이라는 흰 제라늄의 상징성은 마리아가 하느님의 선택을 받고 성령으로 잉태한 사실을

제라늄의 상징

행복한 가정
가정의 보호
호의, 품위
신부에 대한 축복
아름다운 여인

정원 테마

성모 마리아

연상시킨다. 성경은 요셉이 하느님의 말씀을 듣고 마리아와 태중의 예수님을 사랑으로 보호했다고 전한다. 우리는 마리아와 요셉의 성가정을 묵상하면서, 성가정을 본받아 항상 하느님을 우리 삶의 중심에 두고 가정의 평온을 위해 노력해야 한다.

어떤 색이든, 어디에서 자라든 제라늄은 행복한 가정을 상징한다.

제라늄 가꾸기

제라늄에는 조날 제라늄 *Pelargonium × hortorum* cvs., 아이비 제라늄 *Pelargonium × peltatum* cvs., 리갈 제라늄 *Pelargonium × domesticum* cvs., 향 제라늄 등 크게 네 종류가 있다. 조날 제라늄은 화단용으로 인기가 많고, 향 제라늄은 종류가 다양하지만 꽃이 화려하지는 않다. 이들은 모두 여러해살이 식물로 분류되며, 너무 덥거나 추운 환경에서는 잘 자라지 못한다.

조날 제라늄은 내한성 9-11등급 지역에서 잘 자라고, 햇볕이 잘 드는 곳을 좋아하고 따뜻한 지역에서는 오후에 적당한 그늘이 필요하다. 습하고 비가 많이 내리는 기후에서는 잎에 곰팡이가 피거나 뿌리가 썩기 쉬우므로 주의한다.

이 품종은 흙이 약간 마른 뒤에 규칙적으로 물을 주는 것이 좋다. 가뭄에는 약하므로 토양이 지나치게 건조해지지 않도록 주의한다. 유기물이 풍부하고 촉촉하면서도 배수가 원활한 흙에서 잘 자라며, 필요에 따라 비료를 보충해 주면 생육이 더욱 좋아진다.

크기는 품종마다 조금씩 다르지만, 보통 너비 25-38cm, 높이 15-61cm 정도다. 꽃은 여름부터 서리가 내릴 때까지 피고, 흰색부터 산호색, 분홍색, 빨간색, 연보라색까지 다양하다. 꽃잎은 단색이거나 두 종류의 색이 섞인 것도 있으며, 홑꽃과 겹꽃이 있다. 모두 헤아리기 힘들 정도로 품종 수가 많다.

흔히 종자 제라늄이라고 하는 F_1 교배종은 크기가 더 작고, 훨씬 풍성한 꽃을 피우는데 대부분 홑꽃이다. 대개 작은 화분이나 모판에 심은 채로 판매된다.

삽목 제라늄은 크기가 더 크고, 꽃이 많이 피지는 않지만 반겹꽃부터 겹꽃까지 더 풍성하고 화려한 꽃을 피운다. 줄기를 일찍 순지르기하면 땅에서든 화분에서든 더 튼튼하게 자랄 수 있다. 꽃을 계속 피우도록 시든 줄기는 옆쪽부터 제거해야 한다.

글라디올러스

Gladiolus spp.,
Gladiolus × *hortulanus* Grandiflora hybrids

글라디올러스의 어원은 '칼'을 의미하는 라틴어 글라디우스gladius로, 글라디올러스 잎이 칼처럼 길고 뾰족하다는 데서 기인한 이름이다(검투사를 뜻하는 '글래디에이터gladiator'도 이 단어에서 유래했다). 글라디올러스의 또 다른 이름은 '칼의 백합sword lily'이다.

잎 모양이 뾰족한 붓꽃도 글라디올러스와 마찬가지로 칼을 상징하는데, 특히 붓꽃은 성모칠고의 칼을 의미한다. 그림에서 아기 예수님이 날카롭고 긴 식물을 손에 쥐고 있는 경우 이를 글라디올러스라고 보는 견해가 많으며, 이때 글라디올러스는 예수님께서 이 세상의 왕이자 구세주이심을 상징한다.

이러한 상징성을 고려할 때 글라디올러스는 아기 임금이신 예수님의 유년 시절을 묵상하는 환희의 신비에 두루 잘 어울린다. 더 엄숙한 분위기의 십자가의 길이라면, 예수님께서 십자가에서 돌아가심을 기억하는 제12처에서 글라디올러스를 통해 예수님의 옆구리를 찔렀던 창을 상징할 수 있다.

글라디올러스는 창과 검을 들고 세상을 수호하는 성 미카엘 대천사에게 봉헌하는 정원에도 적합하다. 특히 미카엘 천사의 상징색인 금색, 주황색 계열의 글라디올러스를 추천한다.

신앙을 지키기 위해 칼을 들고 싸운 수호성인이나 칼로 죽임을 당한 순교자들은 각종 예술 작품에서 칼을 든 모습으로 묘사된다. 그리스도인들에게 "하느님의 무기"로 무장하라는 교훈을 남기고(에페 6,10-17 참조) 참수형으로 순교한 사도 바오로나, 잔다르크 같은 성인을 기억하는 정원에 칼을 상징하는 글라디올러스를 심으면 그 의미를 묵상하기에 적합하다.

글라디올러스의 상징

칼
성실
도덕성
선의

정원 테마

예수
성령의 열매
묵주기도
성인
천사

글라디올러스 가꾸기

글라디올러스 × 호툴라누스 그랜디플로라 *Gladiolus × hortulanus* Grandiflora는 가장 흔하게 볼 수 있는 품종이다. 알줄기(알처럼 생긴 땅속줄기)는 내한성 8-11등급 지역에서 잘 자란다. 햇볕이 드는 곳이 가장 좋지만, 따뜻한 지역에서는 오후에 그늘이 지는 곳을 선호한다.

적당한 양의 물을 필요로 하지만, 생육기에는 꾸준히 주어야 한다. 토양은 촉촉하고 물 빠짐이 좋으며 유기물 함량이 높아야 한다. 크기는 품종마다 다르며, 그랜디플로라는 왜성(생물의 크기가 그 종의 표준 크기에 비해 작게 자라는 특성-옮긴이) 품종을 포함해 너비 20-46cm, 높이 91-150cm까지 자란다.

글라디올러스 꽃은 향기가 좋아 벌새와 나비에게 인기가 많다. 꽃은 단색이거나 2가지 색이 섞인 것이 있으며, 꽃잎 모양은 매끈하거나 레이스처럼 주름진 것 등이 있다. 30cm에서 1.2m까지 자라는 꽃대 한쪽 면에 꽃이 달리고, 18-26송이가 아래쪽부터 핀다. 서늘한 지역에서는 한여름부터 초가을에 꽃이 피고, 봄부터 2주 간격으로 알줄기를 심으면 서리를 맞기 전까지 꽃을 피운다. 글라디올러스는 묵은 꽃대에서 다시 꽃이 피지 않으므로 꽃이 지면 줄기를 잘라 준다.

꽃을 실내로 들이고 싶다면 되도록 이른 아침에 자른다. 날이 잘 선 칼과 미지근한 물이 담긴 통을 준비하고, 꽃이 두세 송이 핀 줄기를 대각선으로 잘라 바로 물에 담근다. 글라디올러스가 겨울을 날 수 있는 지역이라면, 꽃을 자를 때 줄기에 잎을 네 장 이상 남겨 이듬해 알줄기에서 줄기가 다시 자라도록 한다. 자른 꽃을 시원하고 어두운 곳에 몇 시간 두었다가 실내로 들여오면 숨어 있던 벌레를 잡기 쉽다. 꽃병에 꽂아 둔 글라디올러스는 며칠에 한 번씩 시든 꽃을 정리하고, 줄기 끝부분을 2.5cm 정도 자른 다음 물을 갈아 준다.

글라디올러스는 가늘고 긴 줄기 위쪽에 무겁고 큰 꽃이 피기 때문에 바람이 들지 않는 곳에 심는다. 봄에 알줄기를 심을 때는 땅을 15cm가량 깊게 파서 심고, 그 위에 흙을 5cm 정도 덮는다. 싹이 나면 흙을 5cm 더 덮고, 이후 한 번 더 반복한다. 흙이 마르지 않도록 짚이나 비닐로 뿌리 주변을 두껍게 덮어 주는 것이 좋다.

천일홍

Gomphrena globosa

천일홍은 꽃을 말린 후에도 색과 모양이 거의 그대로 유지되어 오랫동안 감상할 수 있으므로 '불멸의 꽃'이라 불린다. 한때 유행처럼 묘지 장식으로 활용되기도 했으나 원래부터 장례식 꽃 장식이나 무덤 주변에 심는 등 장례 목적으로 사용되는 꽃은 아니다.

가톨릭교회에서는 주님 승천 대축일에 천일홍으로 성당을 장식하는 관습이 있다. 이는 보통 5월 중하순인 주님 승천 대축일과 천일홍의 개화 시기가 맞물리기 때문인데, 천일홍이 영원한 삶의 기쁨을 상징하게 된 유래와도 관련이 있다.

19세기 후반에는 새로운 풍습이 시작되었다. 시골뿐 아니라 도시 지역에서도 쉽게 시들지 않는 꽃으로 만든 화환으로 무덤을 장식하는 모습을 흔히 볼 수 있었다. 하지만 이러한 '소박한 풍습'을 두고 세련되지 못하다고 여기는 시선도 있었다. 당시 한 작가는 파리 외곽에 있는 공동묘지 근처의 상점들에 '불멸의 꽃' 화환이 가득했다는 기록을 남겼다.[24] 사람들은 기념일, 축일 또는 고인을 기리는 날에 이 화환을 구매했다. 그리고 때로는 여기에 생화를 섞어서 군데군데 화려한 색감을 더하기도 했다.

천일홍은 영원한 생명을 상징한다는 점에서 가톨릭 정원에 다양하게 활용할 수 있다. 묵주기도 정원에는 빛의 신비 모든 단과 예수님께서 승천하심을 묵상하는 영광의 신비 2단에 잘 어울린다. 십자가의 길은 예수님께서 수난을 통해 우리에게 영원한 생명을 주심을 묵상하는 기도이므로, 모든 처에 두루 적합하다.

천일홍은 약용 및 식용으로 널리 쓰이는 아마란투스*Amaranthus*와 같은 비름과 식물이지만, 속屬은 서로 다르다. 아마란투스속의 일부 종은 정원에서 관상용으로 재배되는데, 그중 색비름*Amaranthus tricolor*은 눈에 띄게 화려한 잎 덕분에 영어권

천일홍의 상징	정원 테마
불멸의 사랑, 영원한 사랑	예수
불멸	십자가의 길
불변	하느님의 자비
자비	묵주기도

에서 '요셉의 저고리'라는 이름으로 불린다. 또 다른 종인 줄맨드라미*Amaranthus caudatus*는 피처럼 붉은 꽃이 아래로 길게 늘어지며 자라는 모습 때문에 그리스도의 성혈을 상징한다.

▎천일홍 가꾸기

천일홍은 내한성 9-11등급 지역에서만 여러해살이로 자라며, 대부분의 지역에서는 씨앗으로 번식하는 한해살이 식물이다. 하루 종일 햇볕이 잘 드는 곳이 필요하다. 적당량의 물을 필요로 하지만, 완전히 성장한 후에는 가뭄도 견딜 수 있다. 일반 토양에서 잘 자라고, 배수만 잘된다면 가벼운 점토도 무방하다. 다만 뿌리가 물에 잠기는 과습한 환경은 견디지 못한다.

일반적으로 너비는 15-31cm, 높이는 30-61cm까지 자란다. 줄기 말단에서 꽃이 피기 때문에 성장 중일 때 순지르기를 하면 꽃과 잎을 더 풍성하게 볼 수 있다. 클로버를 닮은 둥근 꽃은 흰색부터 빨간색, 자주색, 분홍색, 보라색, 라일락색, 주황색(신품종) 등으로 다양하며, 두 종류의 색이 혼합된 품종도 있다. 여름에 피는 꽃은 서리가 내리기 전까지 볼 수 있고, 잘라서 화병에 꽂거나 드라이플라워로도 활용할 수 있다.

천일홍은 발아율이 매우 낮으므로 직접 채종하든 구입하든, 파종할 때 과하다 싶을 정도로 씨앗을 많이 뿌려야 한다. 씨앗부터 직접 키우기보다는 모종을 사서 심는 것이 실패 없이 키울 수 있는 방법이다.

천일홍류의 꽃을 말릴 때는 식물에 물기가 없는 늦은 오전이나 이른 오후에 수확한다. 꽃줄기를 자르고 잎을 제거한 다음, 꽃이 서로 눌리지 않도록 층지게 묶는다. 줄기가 연약하니 고무줄보다는 끈으로 소량씩 묶으면 좋다. 그다음에는 건조하고 어둡고 통풍이 잘되는 곳에 거꾸로 걸어 말린다. 직사광선을 피해야 색이 오랫동안 유지된다.

옥잠화

Hosta plantaginea,
Hosta sieboldiana 'Frances Williams'

영어로 '성모 승천 백합assumption lily'이라 불리는 꽃이 있다. 사실 이 꽃은 비비추속 식물 옥잠화로, 백합과는 아무 관련이 없다. 그러나 이름에 '성모 승천'이라는 표현이 들어갈 정도로 성모님과 깊은 연관이 있으며, 그리스도교에서 특별한 상징성을 갖는 꽃이다.

가톨릭교회는 매년 8월 15일을 성모 승천 대축일로 기념한다. 하느님께서 마리아의 육신과 영혼이 부패하지 않도록 영원한 하늘 나라로 들어 올리심을 기억하는 날로, 가톨릭교회의 의무 축일 가운데 하나다. 1950년 11월 1일, 교황 비오 12세는 성모 승천을 가톨릭 신앙의 핵심 교리이자 믿을 교리로 선포했다.

그런데 마리아의 승천 이후 마리아를 모셨던 무덤이 완전히 비어 있지 않았다는 이야기가 전해진다. 예루살렘의 주교 성 유베날리스는 기원후 451년 개최된 칼케돈 공의회에서 토마스 사도가 마리아의 무덤에 갔을 때 시신은 이미 사라졌으며, 무덤 안에는 아름다운 장미와 백합이 가득 차 있는 것을 보았다고 증언했다.

옥잠화는 이 모든 이야기와 어떤 관련이 있을까? '성모 승천 백합'이라는 옥잠화의 별칭은 호스타 플란타기네아*Hosta plantaginea*라는 자생종과 관련이 있다. 이 꽃은 8월 중순 무렵에 꽃을 피우며, 최대 약 120cm 높이로 자라는 꽃대에 나팔 모양의 순백색 꽃들이 총상꽃차례를 이루며 향기를 풍긴다. 부활절 백합이나 마리아 백합을 축소한 듯한 모양이며, 향기도 그에 못지않게 그윽하다.

옥잠화의 상징을 기억하면서 묵주기도 정원의 영광의 신비 4단 자리에 이 꽃을 심고, 예수님께서 마리아를 하늘에 불러올리심을 묵상해 보기를 추천한다.

옥잠화의 상징

헌신

정원 테마

성모 마리아
묵주기도

옥잠화 가꾸기

옥잠화는 약 70종의 원종과 3천 가지 이상의 재배 품종이 있다. 높이가 13cm밖에 안 되는 아담한 '블루 마우스 이어스Blue Mouse Ears'부터 1.2m에 달하는 '젠틀 자이언트 Gentle Giant'까지 크기도 다양하다. 잎은 표면이 매끈하거나 골이 파인 것이 있고, 색상은 선명한 연두색부터 진녹색까지 다양하며, 흰색이나 청록색 무늬가 있는 변종도 있다. 옥잠화는 이처럼 종류가 다양하고, 북부 지역의 강한 햇볕도 견딜 수 있는 품종이 있기 때문에 마리아 정원이나 묵주기도 정원에 심을 옥잠화를 고르는 일은 어렵지 않을 것이다.

프랜시스 윌리엄스Hosta sieboldiana 'Frances Williams'는 내한성이 3-8등급이며, 완전한 그늘이나 반쯤 그늘진 곳이 필요하지만 기온이 낮은 북부 지역에서는 오전에 드는 햇볕은 어느 정도 견딜 수 있다. 적당량의 물이 필요하며, 다른 옥잠화 품종과 마찬가지로 토양이 고르게 촉촉하고 물이 잘 빠지는 환경을 선호한다. 점토질을 포함한 거의 모든 토양에서 자랄 수 있지만, 유기물이 풍부한 임야 토양이 가장 이상적이다. 단, 흙이 계속 젖어있지 않도록 물이 잘 빠져야 한다. 이 옥잠화 품종은 성숙하면 가뭄도 어느 정도 견딘다.

다 자라면 너비는 1.2-1.5m, 높이는 46-61cm이며, 꽃대가 올라오는 크기는 최대 76cm에 달한다. 초여름부터 한여름 중반까지 총상꽃차례를 따라 흰색(때로는 옅은 연보라색) 꽃이 피는데 이 품종은 꽃에 향기가 없다. 꽃이 지고 나면 시든 꽃대를 제거해 주는 것이 좋다. 넓고 주름진 잎에 있는 독특한 잎맥은 길이가 최대 30cm, 폭은 최대 28cm까지 자라며, 청록색 바탕에 노란빛 무늬가 가장자리를 따라 있다. 대부분의 옥잠화처럼 단독으로 심어도 좋고, 무리 지어 심어서 그 존재감을 더 살릴 수도 있다.

붓꽃

Iris spp.,
Iris × *germanica* 'Lovely Senorita'

성모 마리아의 정원에 다채로운 색의 '무지개'를 더해 보면 어떨까?

붓꽃의 영어 이름 아이리스iris는 '무지개'를 뜻하는 그리스어에서 온 단어로, 붓꽃속 식물의 다채로운 색깔이 무지개를 연상시켜 붙은 이름이다. 형형색색의 아름다운 붓꽃은 하느님께서 노아를 통해 인류와 맺은 '계약'인 무지개를 상징한다. 동시에 하느님의 계약이 마리아를 통해 실현되었다는 점에서 붓꽃은 원죄 없는 잉태를 통해 참하느님이자 참인간이신 예수님을 낳아 하느님의 구원 계획에 협력한 성모 마리아와도 깊은 연관이 있다.

네덜란드 화가들은 붓꽃을 '성모님의 꽃'이라고 여겨 예수님 잉태를 예고받는 마리아를 묘사한 장면에 백합 대신 붓꽃을 그려 넣기도 했다.[25] 이는 잎이 칼처럼 뾰족한 붓꽃이 '칼의 백합'이라 불리는 데서 비롯하며, '당신의 영혼이 칼에 꿰찔리게'(루카 2,35 참조) 되리라는 시메온의 예언과 연관된다. 가톨릭교회에서는 시메온의 예언에서 출발한 성모님의 7가지 슬픔, 즉 성모칠고를 묵상하는 신심이 발전했다. 이후 스페인 화가들은 붓꽃을 믿음, 희망, 하느님의 보호, 지혜, 빛을 상징하는 꽃으로 여겨 붓꽃으로 천상의 여왕인 성모님을 표현했다.[26]

프랑스 왕실을 상징하는 '플뢰르 드 리스fleur-de-lys'는 페르시아 붓꽃Iris persica에서 모티프를 얻어 만들어졌다. 원래 이 문양은 프랑스의 루이 7세가 페르시아 붓꽃이 만발한 벌판에서 승리를 거둔 것을 기념해 '플뢰르 드 루이'라고 불렸으나, 이후 '플뢰르 드 리스'라고 명명되었다.[27]

노랑꽃창포Iris pseudacorus는 성지 지역이 원산지인 식물로, 수로 주변 습지에서 주로 자란다. 욥 8,11에 왕골과 함께 물가에서 자라는 갈대로 언급된 식물이 바로 이 꽃이다. 영어로는 '야곱의 칼' 또는 '세그segg'라고 하는데, 세그는 '작은 칼'이라

붓꽃의 상징

성모성심의 칼
성모칠고
원죄 없는 잉태

정원 테마

십자가의 길
성모 마리아
묵주기도
성경

는 뜻의 앵글로색슨어에서 유래한다.[28]

시메온의 예언을 떠올리며, 예수님께서 성모님을 만나심을 묵상하는 십자가의 길 제4처를 붓꽃으로 장식해 보자. 묵주기도 정원에서는 성모님의 아픔을 기억하며 예수님께서 십자가에 못 박혀 돌아가심을 묵상하는 고통의 신비 5단, 마리아께서 예수님을 성전에 바치심을 묵상하는 환희의 신비 4단, 예수님께서 마리아에게 천상 모후의 관을 씌우심을 묵상하는 영광의 신비 5단 자리에 붓꽃을 가꾸어 보자. 노랑꽃창포가 잘 자라는 습지 환경이라면 붓꽃의 금빛 꽃잎으로 천상의 여왕이신 성모님을 상징해도 좋다.

붓꽃 가꾸기

독일붓꽃 *Iris × germanica* cvs.은 꽃잎에 잔털 같은 수염이 나는 독특한 품종으로, 재배하기 어렵지 않아 인기가 높다. 이 품종은 내한성 3-10등급 식물로 양지를 좋아한다. 생육에 필요한 물의 양은 보통 수준이고 가끔은 가뭄도 견딜 수 있다. 유기물 함량이 높고 배수가 원활한 토양에서 잘 자라며, 점토질 토양에서는 재배하기 어렵다. 또한 축축한 땅에서는 뿌리줄기가 썩기 쉽고, 뿌리줄기의 생장점에는 적당한 공기와 빛이 필요하므로 지표면에 뿌리덮개를 하지 않는 것이 좋다.

수백 가지 품종이 있는 독일붓꽃은 보통 너비 30-61cm, 높이 61-91cm까지 자란다. 향이 진한 꽃은 늦봄부터 초여름까지 두꺼운 꽃대에 달린다. 시든 꽃을 제거해야 보기에도 좋고, 뿌리줄기로 가야 할 에너지도 보존할 수 있다. 미주리 식물원에 따르면 (1) 뿌리줄기를 너무 깊게 심은 경우, (2) 음지에서 자라는 경우, (3) 비료 공급이 과다한 경우, (4) 식물이 너무 밀집되어 포기나누기가 필요한 경우에는 꽃이 피지 않거나 듬성듬성 필 수 있다.[29]

독일붓꽃을 심는 시기는 한여름에서 늦여름 사이가 가장 좋다. 뿌리줄기를 심을 때는 땅을 1.3cm 정도로 얕게 파서 윗부분이 살짝 드러나게 하고, 뿌리줄기마다 30-46cm씩 간격을 둔다. 뿌리 끝에 있는 생장점에서 성장이 이루어지므로 생장점은 화단이 아닌 정원 쪽을 향하게 한다. 3-4년에 한 번씩 포기나누기를 하면 좋다.

수레동자꽃

Silene chalcedonica
(*Lychnis chalcedonica*)

사랑하고 사랑받는 이들의 마음속에서 뜨겁게 타오르는 감정과 서로를 위한 헌신. 강렬한 붉은색 수레동자꽃의 상징으로 이보다 더 적합한 것이 있을까? 수레동자꽃을 보면 예수님의 희생과 사랑, 아들의 곁을 지키는 성모님의 사랑과 용기, 하느님께서 주신 사명을 실천하고자 우리 마음 안에 불타오르는 성령의 지혜가 떠오른다.

수레동자꽃은 꽃대 끝에서 산형꽃차례(꽃자루가 한 지점에서 갈라져 방사형으로 퍼지는 형태-옮긴이)로 핀다.[30] 일반적으로 다섯 장의 꽃잎이 피지만, 간혹 네 장인 꽃도 볼 수 있는데, 이 꽃잎 구조가 몰타 십자가 디자인에 영감을 준 것으로 알려져 있다.

몰타 기사단(정식 명칭은 '성 요한의 예루살렘과 로도스와 몰타의 주권 군사 병원 기사단')은 1048년 창설된 평신도 수도회로, 예루살렘에 정착한 아말피 상인들이 성지를 방문하는 순례자들을 돌보기 위해 병원을 세우면서 시작되었다. 훗날 로마 교황청은 이 수도회에 성지의 그리스도인을 보호하는 군사적 임무를 부여했다.[31]

몰타 기사단이 성지에서 임무를 마치고 고국인 유럽으로 돌아갈 때 이 수레동자꽃을 가져갔다고 전해진다.[32] 수도사들은 1126년 수레동자꽃의 꽃잎을 닮은 몰타 십자가를 만들고, 십자가의 꼭짓점에 기사단의 8가지 의무를 상징적으로 대입했다. 몰타 십자가는 현재 소방관을 상징하는 문장으로 널리 사용되고 있다.

수레동자꽃이 만개해 꽃잎 다섯 장이 완전히 벌어지면 마치 별처럼 보이는데, 이는 하느님께서 베푸시는 뜨거운 사랑, 우리 삶을 비추는 한 줄기 별빛을 연상시

수레동자꽃의 상징

불타오르는 사랑
용기

정원 테마

예수성심
십자가의 길
성령, 덕
성모 마리아
성모성심
묵주기도

킨다. 하느님께서는 예수님과 예수성심을 통해 당신의 사랑을 우리에게 보여 주시고, 우리 마음 안에 머무시는 성령을 통해 우리와 그 사랑을 나누신다.

수레동자꽃은 이처럼 상징성이 풍부하기 때문에 십자가의 길 모든 처와 묵주기도 정원의 고통의 신비 모든 단에서 그 의미를 효과적으로 표현할 수 있다. 진실한 사랑의 원형이자 티 없이 깨끗한 성모성심을 묵상하며 성모님께 봉헌하는 정원을 장식하기에도 더없이 좋은 꽃이다.

수레동자꽃 가꾸기

수레동자꽃은 내한성 3-8등급 지역에 적합한 여러해살이 식물로, 햇볕이 잘 드는 곳이 좋으나 오후에 약간 그늘이 지는 곳에서도 살 수 있다. 생육에 필요한 물의 양은 보통 수준이며, 고르게 촉촉하고 물 빠짐이 좋은 땅에서 잘 자란다. 뿌리가 깊이 발달해 가뭄을 잘 견딘다.

너비는 25-30cm, 높이는 61-120cm까지 자란다. 개체 하나하나는 수명이 짧은 편이지만, 종자나 뿌리줄기로 번식해 큰 군락을 형성한다. 불꽃처럼 강렬한 붉은색 꽃은 지름 10cm의 산형꽃차례를 이루며 여름 내내 핀다.

꽃대 끝에서 피는 식물이므로 봄에 곁순을 잘라 내면 꽃대 수를 늘릴 수 있다. 꽃이 시들면 꽃대의 1/3 정도를 잘라 주면 2차 개화를 촉진하고, 씨앗 생성으로 에너지가 낭비되는 것을 막을 수 있다.

수레동자꽃은 키가 큰 식물이기 때문에 바람에 꺾이지 않도록 보호해야 한다. 봄에 순을 잘라 주면 더 튼튼하게 자라고, 강풍 피해를 줄일 수 있다. 또한 염분에 꽤 강한 편이므로, 해변이나 해안 정원, 배수로 주변이나 산책로에 심어도 잘 자란다.

램스이어

Stachys byzantina

온유함이란 가톨릭 교리의 기본 덕목에 어긋나는 소심하거나 비겁한 태도와 본질적으로 다르다. 오히려 온유는 그 기본 덕목들을 더 군건히 해 준다. 이 단어는 원래 군마 훈련에서 유래한다. 어원에 따르면 온유는 위협적인 상황에서도 평정심을 유지하며, 자발적으로 순종하는 태도, 곧 자신감 있으면서도 유순한 상태를 뜻한다. 고대 그리스인들은 전쟁터에 나갔을 때 군인의 명령에 잘 따르는 군마를 키우기 위해 강인한 힘과 통제에 따라 순종하도록 군마를 훈련시켰다.

온유를 상징하는 대표적인 식물은 램스이어 lamb's ear다. 잎이 양의 귀처럼 폭신하고 부드러운 램스이어는 하느님의 어린양 예수 그리스도와 연관된다.

세상에 오신 예수님께서 사탄과 맞설 때 온유함을 보이셨듯, 우리 그리스도인들도 살아가며 온갖 악에 부딪힐 때 온유한 태도를 가져야 한다. 온유하고 겸손하다는 것은 악에 맞설 때 하느님께 온전히 의탁하고 하느님을 신뢰함을 의미한다. 그렇다면 악에 맞선다는 것은 무엇일까? 이는 사탄의 끊임없는 방해 공작에 굴하지 않고 행동으로 복음을 실천하며 하느님의 말씀대로 살아감을 말한다.

온유한 사람은 적절한 시기에 적절한 방법으로 자신의 소신을 밝힐 줄 알며, 소심하고 비겁하게 도망치지 않는다. 또한 "온유하고 겸손"(마태 11,29)한 예수님과 함께 멍에를 메고 하느님의 뜻에 순종하며, 모든 영광을 하느님께 돌린다.

성모님은 온유함과 겸손함의 모범이신 분이다. 하느님께 모든 것을 의탁했던 성모님의 온유함을 묵상하며, 우리 역시 어떤 상황에서도 하느님을 신뢰하는 단단한 마음을 가질 수 있도록 청하자.

마리아께서 예수님을 잉태하심을 묵상하는 환희의 신비 1단, 예수님께서 우리를 위하여 피땀 흘리심을 묵상하는 고통의 신비 1단에 램스이어를 키우면 온유함

램스이어의 상징

온유
겸손

정원 테마

십자가의 길
덕
성모 마리아
묵주기도

을 상징적으로 표현할 수 있다. 십자가의 길이 시작되는 입구나 제1처에 풍성하게 심어도 식물의 상징성에 잘 부합한다.

램스이어 가꾸기

램스이어 *Stachys byzantina*는 '비잔티나'라는 종소명에서 짐작할 수 있듯 고대 도시 비잔티움(튀르키예의 이스탄불)이 원산지다. 내한성 4-8등급 지역에서 잘 자라는 식물로, 햇볕이 충분히 드는 곳에 심는 것이 가장 좋으나 덥고 건조한 기후에서는 오후에 그늘이 지는 곳도 적합하다. 물은 적게 주고, 습기가 과하면 잎이 썩기 쉬우므로 건조하게 키우는 편을 추천한다. 습도가 높은 지역에서는 통풍에 신경 써야 한다.

뿌리가 얕게 뻗는 지피식물인 램스이어는 척박한 땅에서는 배수와 지반 안정에 특히 신경 써야 수월하게 기를 수 있다. 유기물 함량이 높은 토양에서는 번식력이 지나치게 강해져 마구 번질 수 있다.

식물 하나의 평균 크기는 너비 30-61cm, 높이 10-20cm이며, 잎이 없는 꽃줄기는 30-46cm까지 자란다. 이 식물은 쉽게 자연적으로 번식한다. 다만 여름에 비가 많이 내리고 습도가 높으면 말라 죽을 수 있다.

초여름이 되면 꽃대에서 밝은 자주색 꽃이 피는데, 램스이어가 인기 있는 이유는 사실 꽃보다는 솜털이 보송보송한 두꺼운 은빛 잎 때문이다. 속명 스타키스 *Stachys*는 '옥수수 이삭'이라는 뜻으로, 꽃대 끝에 피는 꽃차례가 옥수수 이삭을 닮아서 붙은 이름이다.

크리스마스로즈

Helleborus spp.,
Helleborus × *hybridus* 'Grape Galaxy'

아기 예수님께서 이 세상에 오신 날, 가브리엘 대천사는 예수님의 탄생을 축하하기 위해 바삐 움직였다. 이날 가브리엘 천사가 예수님을 위해 피워 낸 꽃이 바로 순백색 크리스마스로즈이며, 이런 이유로 이 꽃은 '그리스도의 꽃'이라 불리게 되었다.

전설에 따르면, 한 양치기 소녀가 아기 예수님이 태어났다는 소식을 듣고 동방박사들을 따라 마구간으로 찾아갔다. 그러나 가난한 소녀는 아기 예수님께 드릴 선물을 마련하지 못해 들어가지 못하고 밖에서 눈물만 흘렸다고 한다. 소녀는 예수님께 꽃이라도 드리고 싶었지만, 겨울이라 얼어붙은 땅에는 한 송이의 꽃도 보이지 않았다. 결국 소녀는 자신의 마음밖에는 드릴 것이 없다며 흐느꼈다.

그때 가브리엘 대천사가 울고 있는 소녀 앞에 나타났다. 천사는 마구간에서 가까운 들판으로 소녀를 데리고 가 지팡이로 땅을 두드렸다. 그러자 놀랍게도 서리로 뒤덮인 땅에서 크리스마스로즈 몇 송이가 피어났다. 소녀는 울음을 그치고, 기쁨 가득한 마음으로 꽃을 꺾어 아기 예수님께 달려가 선물로 바쳤다.

양치기 소녀의 전설을 떠올리며 마리아께서 예수님을 낳으심을 묵상하는 환희의 신비 3단, 마리아께서 예수님을 잉태하심을 묵상하는 환희의 신비 1단 자리에 크리스마스로즈를 심어 보자. 이 꽃은 마리아의 정원에도 아주 잘 어울린다.

순결을 상징하는 크리스마스로즈는 '성녀 아녜스의 꽃'이라는 별칭도 가지고 있다. 3세기 로마의 동정 순교자 성녀 아녜스는 크리스마스로즈가 피어나는 1월 말, 열세 살의 어린 나이로 목숨을 잃었다(축일은 1월 21일). 이탈리아 라벤나의 성 아폴리나레 누오보 성당에는 성대한 행렬을 모자이크로 표현한 벽화가 있다. 그 가운데 '동정녀들의 행렬'에서 성녀 아녜스는 흰옷을 입고 손에 붉은 왕관을 들고 있다. 그녀의 발치에는 그녀를 올려다보며 따르는 어린 양 한 마리가 있는데, 이 흰

크리스마스로즈의 상징

순수
겸손

정원 테마

성모 마리아
묵주기도
성인

양 역시 아녜스의 순결을 상징한다.

    크리스마스로즈의 속명 헬레보루스 *Helleborus*는 이 식물에 독성이 있음을 알려 준다. 그리스어 헬레 *hele*는 '없애다' 또는 헬레인 *helein*은 '해치다'를 뜻하고, 보라 *bora*는 '음식'을 의미한다. 이를 종합하면 '몸을 해치는 음식' 정도로 해석할 수 있으며, 실제로 크리스마스로즈는 사람과 동물 모두 먹을 수 없다.

▎크리스마스로즈 가꾸기

크리스마스로즈에는 다양한 종이 있지만, 생육 요건은 대부분 비슷하다. 가장 흔하고 관리하기 쉬운 품종은 내한성 4-9등급의 헬레보루스 오리엔탈리스 *Helleborus orientalis*로, 그늘진 곳을 선호한다. 직사광선을 몇 시간만 받아도 잎이 얼룩덜룩해지고 바싹 마르므로 햇볕이 드는 곳은 피해야 한다. 적당한 양의 물을 필요로 하며, 물 빠짐이 좋고 유기물 함량이 높으며 촉촉한 토양에서 잘 자란다. 여름에는 식물이 건조해지지 않도록 주의해야 한다.

    크리스마스로즈는 개체당 너비와 높이가 대략 30-46cm로 비슷하며, 자라면서 군락을 이루면 그 폭이 최대 61cm에 달한다. 고개를 푹 숙인 채 피는 꽃은 지름이 8-10cm 정도로, 암술과 수술이 크고 꽃 모양이 독특하다. 초봄에 한 줄기에서 2-5송이의 꽃이 피는데, 헬레보루스 오리엔탈리스는 다른 품종보다 개화가 이른 편이다. 꽃은 흰색, 연두색, 분홍색, 진한 와인색 등 다양하다. 겹꽃잎이 피거나 꽃잎의 색이 2가지거나 반점 무늬가 있는 품종도 있다.

    이 식물은 잎이 땅에 떨어져 자연스레 형성하는 뿌리덮개와 촉촉하면서도 질척하지 않은 서늘한 토양을 좋아한다. 크기가 크고 사계절 푸른 잎 덕분에 나무와 나무 사이에 심으면 여름 내내 푸릇푸릇한 풍경을 연출할 수 있다. 시든 꽃대는 제거하고, 새순이 돋기 전에 오래된 잎도 잘라 내야 한다.

    본문에 실린 꽃 그림은 헬레보루스 × 히브리두스 '그레이프 갤럭시' *Helleborus × hybridus* 'Grape Galaxy'다. 헬레보루스 오리엔탈리스보다 1-2주 늦게 개화하고, 높이는 46-56cm까지 자란다. 짙은 포도색 꽃잎에 반점 무늬가 있으며, 수술이 밤하늘의 '별자리'처럼 모여 있는 것이 특징이다.

은방울꽃

Convallaria majalis,
Convallaria majalis var. *rosea*

은 방울꽃의 영어 이름은 '골짜기의 백합lily of the valley'이지만, 사실은 백합과가 아닌 아스파라거스과 식물이다. 은방울꽃에 얽힌 전설은 창세기의 하와 이야기로 거슬러 올라간다. 선악과를 따 먹은 하와는 에덴동산에서 추방되고 나서야 뒤늦게 후회의 눈물을 흘렸는데, 그녀가 지나간 길을 따라 땅에 떨어진 눈물이 은방울꽃이 되었다고 한다.

한편 새로운 하와인 성모 마리아의 눈물이 은방울꽃이 되었다는 또 다른 전설도 있다. 마리아가 예수님이 받은 사형 선고와 수난을 지켜보며 흘린 눈물이 땅에 떨어졌고, 그 자리에 은방울꽃이 피어났다는 것이다. 이에 은방울꽃은 '성모님의 눈물'이라는 별칭으로 불린다. 성모님의 눈물을 상징하는 은방울꽃은 십자가의 길 어느 곳에나 두루 어울리며, 특히 예수님께서 사형 선고 받으심을 묵상하는 제1처, 예수님께서 성모님을 만나심을 묵상하는 제4처에 소규모로 모아 심으면 그 상징성이 더욱 돋보인다.

온화한 해안성 기후에서는 주님 탄생 예고 대축일이 있는 이른 봄에 꽃이 핀다. 은방울꽃은 그리스도의 강생과 재림을 상징하므로 묵주기도 정원에서 환희의 신비, 특히 1단이나 3단 자리에 잘 어울린다.

은방울꽃은 흰 백합과 유사한 상징성을 공유하며, 화가들은 마리아의 순결, 정결, 겸손을 표현하기 위해 마리아가 등장하는 그림에 은방울꽃을 자주 그려 넣었다. 이러한 상징 덕에 은방울꽃은 유럽 왕족들 사이에서 신부 부케 소재로 인기가 높다.

은방울꽃은 그리스도교 성인이자 은수자인 성 레오나르도와도 인연이 깊다(축일은 11월 6일). "6세기의 성 레오나르도는 중세 전설에서 용을 물리친 최초의 영웅

은방울꽃의 상징

정결
순결
주님 탄생 예고/강생

정원 테마

십자가의 길
성모 마리아
묵주기도
성인

으로, 당시 그의 활동 지역인 잉글랜드에서는 '이교적' 토착 신앙이 그리스도교화되고 있었다. … 전설에 따르면 레오나르도 성인은 서식스 숲에서 용과 싸우다 부상을 당했는데, 그의 피가 떨어진 자리에서 은방울꽃이 피어났다. 오늘날에도 그 숲에는 '릴리 베드(Lily Beds; '백합꽃 화단'이라는 뜻-옮긴이)'라 불리는 곳이 남아 있으며, 지금도 은방울꽃이 지천으로 자란다."[33]

은방울꽃 가꾸기

은방울꽃은 북반구가 원산지인 야생화로, 온대 기후에서 자라며 무더운 환경을 싫어한다. 내한성 3-7등급 지역에서 잘 자라고, 반그늘이나 완전히 그늘진 곳을 좋아한다.

유기물이 풍부하고 물 빠짐이 좋은 촉촉한 삼림 토양에서 잘 자라며, 낙엽으로 뿌리덮개를 해 주면 도움이 된다. 점토를 비롯한 대부분의 토양에서도 잘 자라기 때문에, 일부 지역에서는 침입종으로 여기기도 한다. 물은 적당히 주되 너무 건조하면 말라 죽을 수 있다.

지피식물인 은방울꽃은 긴 뿌리줄기가 옆으로 뻗으면서 번식한다. 높이는 평균 15-20cm로, 그늘진 경사지에 심으면 토양 침식을 막을 수 있다.

향기가 진하며, 봄이 되면 잎과 잎 사이에서 단단한 꽃줄기가 올라와 한쪽 면을 따라 흰색 종 모양의 꽃이 고개를 숙인 모양으로 핀다. 잘 시들지 않아서 꽃꽂이용으로도 좋다. 자를 때에는 꽃줄기 밑부분을 살짝 집어 곧게 위로 당겨 꺾은 뒤 미지근한 물에 곧바로 담근다. 품종에 따라 겹꽃과 홑꽃이 있으며, 꽃 색은 흰색, 분홍색, 흰 테두리가 있는 장미색(본문 그림 참조) 등으로 다양하다. 잎에 무늬가 있는 품종은 상대적으로 번식력이 약하다.

가을이 되면 잎이 금빛으로 변해 정원에 금빛 양탄자가 깔린 듯한 근사한 풍경을 즐길 수 있다. 짙은 주황색 열매가 열리지만, 독성이 있어 섭취해서는 안 된다.

백합

Lilium candidum,
Lilium longiflorum

백합은 마리아를 상징하는 대표적인 꽃이자 성 요셉과 가브리엘 대천사와도 깊은 연관이 있다. 또한 하느님의 선택과 순결한 영혼을 상징한다.

구약성경에서는 아름다움, 다산, 영적 충만, 영혼의 순결을 의미하는 식물로 여러 차례 등장한다. 마태오복음과 루카복음에서 백합(나리꽃)은 세상일을 걱정하기보다 하느님께 의탁해야 함을 가르치시는 예수님의 비유를 통해 언급된다.

그리스도교에는 백합과 관련된 몇 가지 전설이 있다. 하나는 가브리엘 대천사가 마리아에게 주님 탄생을 예고하면서 백합을 건넨 이야기다. 그 외에는 성 요셉과 그의 지팡이에 대한 것인데, 성전의 처녀인 마리아의 배필을 구하기 위해 남자들을 성전으로 불러들였을 때 요셉의 지팡이에서 백합이 피어나 하느님께서 그를 선택하셨음을 알린 이야기다. 이후 예수님께서 태어나자, 요셉이 양부임을 입증하기 위해 지팡이에서 백합이 다시 피어났다는 전설도 있다. 이처럼 백합은 순결한 마음으로 하느님의 뜻에 순종한 마리아와 요셉 모두와 깊은 인연을 갖는다.

또한 백합은 그리스도교 성화에서 가장 중요한 소재 중 하나다. 주님 탄생 예고 장면에서 가브리엘 천사가 마리아에게 백합을 건네는 모습은 로마 가톨릭과 동방 정교회에서 축일로 기념할 만큼 중요한 사건이다. 이 외에도 백합은 예수님의 탄생이나 성모자를 그린 그림에도 자주 등장하며, 성인을 주제로 한 그림에서는 그들의 동정 또는 순결의 덕을 상징한다. 특히 그림에 수술이 없는 백합을 그리거나 제대에 장식할 꽃의 수술을 제거하는 것은, 순결한 백합을 꽃가루로 더럽히지 않으려는 뜻을 담고 있다.[34]

마리아 백합 *Lilium candidum*은 유럽과 지중해 연안에서 주로 자라는 품종으로, 91-120cm 길이의 가는 줄기에 작은 잎이 나고, 초여름이 되면 섬세한 꽃이

백합의 상징

정결
순결
순수

정원 테마

성모 마리아
묵주기도
성 요셉
대천사 가브리엘

여러 송이 연달아 피는 것이 특징이다. 아래에서 소개하는 부활절 백합*Lilium longiflorum*은 61-91cm 길이의 줄기에 넓은 잎이 나고, 늦여름에 나팔 모양의 큰 꽃이 피는 품종으로 일본과 대만이 원산지다. 백합은 색깔만 흰색이면 품종과 관계없이 성경 정원에 두루 잘 어울린다.

백합 가꾸기

부활절 백합은 내한성 4-8등급에서 잘 자라며, 잎이 햇볕을 충분히 받아야 하는 품종이다. 특히 따뜻한 지역에서는 땅에 뿌리덮개를 덮거나 그늘을 드리워 뿌리 부분을 시원하게 해 주면 좋다. 생육에 필요한 물의 양은 보통 수준이며, 가뭄에 강한 편은 아니다. 배수가 잘되고 촉촉하며 유기물이 풍부한 15cm 깊이의 토양이 이상적이지만, 너무 건조하지만 않으면 대부분의 땅에서도 잘 자란다.

부활절 백합은 부활절이 있는 이른 봄에 강제로 꽃을 피워 판매하기도 한다. 정원에 직접 심을 때에는 바람이 잘 불지 않는 곳에 알뿌리를 셋 이상 모아 심는 것이 좋다. 이 품종은 너비가 23-30cm, 높이가 61-91cm까지 자라며, 늦여름에는 향기가 짙고 커다란 흰 꽃이 핀다. 모든 식물은 종자가 형성될 때 꽃의 생장이 억제되는 화학 변화가 일어나므로 시든 꽃은 제때 잘라 주고, 개화가 끝나면 꽃대 윗부분을 자르는 것이 좋다.

절화 시 꽃대를 절반 이상 남겨 두면 알뿌리가 다음 해 개화할 때 필요한 양분을 저장하는 데 도움이 된다. 알뿌리에 양분이 부족하면 다음 해에는 꽃의 크기가 작아지고 개체수도 줄어들 수 있다. 백합은 수술에 꽃가루가 많이 묻어 있으므로 꽃을 실내로 들이기 전에 수술을 모두 떼어 꽃가루가 바닥, 옷, 피부에 묻지 않도록 한다. 이미 꽃가루가 묻었다면 테이프로 부드럽게 눌렀다가 떼어 제거한다. 이때 꽃가루를 문지르면 얼룩이 더 심해질 수 있다.

기온이 상대적으로 낮은 내한성 4-5등급 지역에서는 겨울에 알뿌리가 얼지 않도록 뿌리덮개를 덮어 보호해야 한다.

니겔라

Nigella arvensis,
Nigella damascena

니겔라(*Nigella arvensis*, 블랙 커민)의 작고 검은 씨앗은 죽음을 제외한 모든 질병을 치료한다고 전해진다. 이처럼 놀라운 효능에 대한 전승은 고대부터 이어져 왔다. "니겔라는 3천 년 전 아시리아 제국과 고대 이집트 시대부터 약초학자와 약사들이 약용으로 사용한 식물이다. 투탕카멘의 무덤에서도 니겔라 씨앗에서 채취한 기름이 담긴 병이 발견되었다. 고대 로마인들은 니겔라 씨앗을 요리에 활용했고, 중동 지역에서는 지금도 빵 반죽에 니겔라 씨앗을 넣는다."[35]

니겔라는 이사 28장 '농부의 비유'에서 언급된 식물이다. 이사야는 농부가 밭을 갈고, 씨를 뿌리고, 타작할 때를 아는 지혜가 하느님으로부터 온 것임을 전한다. 25절과 27절에 "소회향" 씨가 등장하는데, 이를 니겔라로 해석하기도 한다.

번식력이 남다른 이 한해살이 식물은 약초로도 분류된다. 니겔라 씨앗은 오래전부터 이슬람 문화권에서 죽음을 제외한 모든 질병을 치유하는 '예언자의 치료제'로 여겨졌다.[36] 현대 약용식물학에서도 이 씨앗은 항균, 항염, 진통 효과가 있으며, 천식 환자의 기도를 열고 호흡곤란을 완화한다고 알려져 왔다. 또한 위장 장애 증상을 개선하고, 신장과 간을 보호하는 등의 다양한 효능이 있다.

니겔라의 또 다른 이름인 '안개 속 사랑love-in-a-mist'은 실처럼 가느다란 잎사귀들이 무리를 이룬 모습이 부드러운 안개처럼 보이는 데서 유래했다. 이 식물은 알렉산드리아의 성녀 카타리나를 상징하기도 하는데, 신자들이 그 연한 푸른빛 꽃을 보고 성인의 순교 당시 부러졌던 수레바퀴를 떠올렸기 때문이다. 잎이 만들어낸 '안개'는 성인이 고통 속에서도 예수님에 대한 깊은 사랑을 끝까지 놓지 않았음을 상징한다.

니겔라의 상징

치유
사랑에 열린 마음

정원 테마

성경
성인

니겔라 가꾸기

니겔라 Nigella damascena는 번식력이 뛰어난 한해살이 식물로, 내한성 2-11등급 지역에서 잘 자란다. 햇볕이 잘 드는 곳을 좋아하지만, 따뜻한 지역에서는 오후에 약간 그늘이 있는 곳이 더 좋다.

촉촉하고 물 빠짐이 좋은 토양에서 잘 자라며, 물은 적당량을 필요로 한다. 척박한 환경에서 꽃을 더 풍성하게 피우기도 하지만, 가뭄에 약하므로 지나치게 건조해지면 쉽게 시든다.

생장 속도가 빨라 무리 지어 심으면 인상적인 모습을 연출한다. 식물 하나의 평균 크기는 너비 30-46cm, 높이 46-61cm이다. 꽃은 대개 파란색이지만 흰색, 분홍색, 장미색, 자주색 품종도 있다. 늦봄부터 꽃이 피기 시작해 여름 내내 이어진다.

'안개 속 사랑'이라는 이름에 걸맞게, 꽃씨가 자연스럽게 땅에 떨어져 다시 자라게 두면 자연스러우면서도 풍성한 느낌을 연출할 수 있다. 씨앗 주머니가 생기면 모아 두었다가 이듬해 봄에 얼었던 땅이 녹는 즉시 뿌린다. 서늘한 지역에서 가을까지 꽃을 보고 싶다면 파종 시기를 여러 번으로 나누어 초여름까지 뿌리는 것이 좋다.

니겔라의 씨앗 주머니는 크리스마스 장식이나 드라이플라워로 활용할 수 있다. 씨앗을 따로 받을 계획이 없다면 시든 꽃을 바로 잘라 주면 개화 기간을 연장할 수 있다. 니겔라는 옮겨심기를 권장하지 않으며, 한번 씨 뿌린 자리에서 그대로 키우는 것이 좋다.

풀모나리아

Pulmonaria officinalis,
Pulmonaria saccharata 'Mrs. Moon'

그늘진 곳에서 재배할 식물을 찾는다면 풀모나리아를 눈여겨보자. 이 식물은 잎에 난 무늬도 독특하다.

습하고 낙엽수가 우거진 삼림이라면 봄에 귀여우면서도 잔잔한 분위기의 꽃을 피우는 풀모나리아 사카라타 '미세스 문'*Pulmonaria saccharata* 'Mrs. Moon'을 심어도 좋다. 눈길을 사로잡는 잎도 매력적이지만, 고개를 숙인 종 모양의 꽃이 짙은 장밋빛으로 피다가 점차 진한 파란색으로 변하는 모습도 인상적이다. 이 때문에 붉은 꽃봉오리는 마리아를, 만개한 푸른 꽃은 요셉을 상징한다고 여겨 풀모나리아를 '마리아와 요셉'이라고 부르기도 한다.[37]

이 꽃의 색과 관련된 3가지 설화는 모두 유럽에서 유래하고, '눈물'과 관련이 있다. 첫 번째 설화는 예수님의 수난을 생각하던 성모님이 눈물을 흘리자 붉은 풀모나리아 꽃이 파랗게 변했다는 이야기다. 두 번째는 파란색은 마리아의 눈동자를, 붉은색은 눈물로 충혈된 눈을 상징한다는 해석이다.[38]

세 번째 전승도 두 번째 이야기와 비슷하다. 골고타 언덕, 예수님의 십자가 아래에 선 마리아의 눈은 풀모나리아 꽃처럼 푸르고, 눈물로 충혈된 눈시울은 봉오리처럼 붉었다고 한다. 마리아가 흘린 눈물은 풀모나리아 잎에 얼룩덜룩한 반점으로 남았다.[39]

풀모나리아는 '마리아의 모유'라는 별칭도 있는데, 마리아가 아기 예수님에게 젖을 먹이려고 그늘진 곳에 들어섰을 때 모유가 풀모나리아 잎에 떨어져 흰 반점이 생겼다는 이야기에서 유래했다. 허브류인 로즈메리와 마찬가지로 풀모나리아 역시 예수님의 탄생과 죽음에 모두 언급된다는 점에서 특별하다.

풀모나리아가 '새로운 하와'인 마리아를 상징한다는 믿음은 에덴동산을 묘사한 15세기 화가들의 작품에서 잘 드러난다. 현대 미술 작품에서도 이 꽃은 예수님 잉

풀모나리아의 상징

헌신
마리아의 눈물
마리아의 모유

정원 테마

십자가의 길
성모 마리아
묵주기도

태를 예고받는 마리아를 그린 그림에 등장한다.

    풀모나리아는 예수님께서 성모님을 만나심을 묵상하는 십자가의 길 제4처, 예수님의 십자가 죽음을 기억하는 제11-13처에 배치하면 식물이 상징하는 바를 잘 표현할 수 있다. 묵주기도 정원에는 고통의 신비 모든 단에 적합하며, 마리아께서 예수님을 낳으심을 묵상하는 환희의 신비 3단에도 잘 어울린다.

▌풀모나리아 가꾸기

풀모나리아는 품종마다 잎 색깔과 모양, 반점 형태가 다양하다. 꽃 색깔도 흰색, 짙은 장미색, 파란색 등 여러 가지가 있으며 장미색과 파란색 꽃이 동시에 피는 품종도 있다.

    여기서 소개하는 풀모나리아 사카라타 '미세스 문'은 내한성 3-8등급 지역에서 잘 자라는 식물이다. 그늘이 드는 곳을 좋아하며 강한 볕은 견디지 못한다. 물은 적당량을 필요로 한다. 촉촉하고 배수가 잘되며 유기물 함량이 높은 시원한 토양을 선호한다. 이런 환경은 습기가 많고 낙엽이 쌓인 삼림과 유사하다.

    이 품종은 너비가 46-61cm, 높이가 23-46cm까지 자라고, 늦봄 무렵 분홍색의 꽃봉오리가 피다가 시간이 지나면서 파란색으로 변한다. 이 식물은 스스로 씨를 떨어뜨려 번식하며, 낙엽이 갈린 곳 사이로 다채로운 색이 무리를 이룬다.

    잔잔한 반점 무늬가 있는 보송보송한 잎은 오랫동안 시들지 않고 남는다. 다만 건조한 환경에서는 잎이 안쪽으로 말리고 가장자리가 갈변할 수 있는데, 이때 잎과 줄기를 과감하게 잘라 주면 다시 새잎이 돋아나며 싱싱한 모습을 되찾는다.

마리골드

Tagetes spp.,
Tagetes patula 'Red Cherry'

마리골드와 금잔화('허브와 과수' 편 참조)는 모두 슬픔과 죽음을 상징한다. '마리골드'는 베네딕도회 수녀 힐데가르트 폰 빙엔이 붙인 이름으로, '마리아의 황금꽃'을 뜻하는 '메리스 골드Mary's gold'의 발음이 축약된 형태라고 알려져 있다.

라틴아메리카에서 셈파수칠cempasúchitl이라[40] 불리는 마리골드는 고대 아즈텍 신화에서 사랑으로 가득한 영원을 상징했다. 이후 과달루페 성모 발현으로 이 지역에 가톨릭 신앙이 널리 전파되면서, 마리골드의 전통적 상징은 모든 성인 대축일과 위령의 날의 영향을 받아 새로운 종교적 의미를 띠게 되었다.

아즈텍 설화에 따르면, 어릴 때부터 서로 깊이 사랑한 연인 한 쌍이 있었는데, 이들은 함께 산에 올라 태양신에게 감사 기도를 바치곤 했다. 그러나 몇 년 후 전쟁으로 두 사람은 생이별하게 되었고, 여자는 연인이 전사했다는 소식을 듣고 깊은 슬픔에 빠졌다. 그녀는 연인과 기도하던 산으로 올라가 태양신에게 자신의 비통함을 토로하면서 사랑하는 이를 마지막으로 한 번만 만나게 해 달라고 간청했다.

이들의 사랑에 감동한 태양신은 따뜻한 한 줄기 햇살을 여자의 뺨에 비추었다. 그녀는 곧 태양을 닮은 황금빛 마리골드 꽃으로 변했고, 그녀의 연인은 벌새로 환생해 마리골드 꽃을 찾아왔다. 그 둘은 그렇게 향기로운 꽃과 벌새가 되어 영원히 함께하게 되었다.

이 두 사람의 죽음과 그 너머의 위대한 사랑은, 마리골드가 망자의 날 축제에 쓰이게 된 유래로 전해진다. 마리골드는 영혼을 영원으로 인도하는 태양을 상징하며, 그 강렬한 향기는 망자를 사랑하는 이들의 곁으로 인도하는 역할을 한다.

이 이야기는 가톨릭 신앙 속으로 자연스럽게 녹아들어 하느님에 대한 믿음과 자녀를 향한 하느님의 사랑, 죽음 이후에도 이어지는 영원한 사랑의 기쁨을 상징하

마리골드의 상징

죽음
영원

정원 테마

십자가의 길
성모 마리아
묵주기도

게 되었다.

묵주기도 정원에서는 고통의 신비에, 십자가의 길에서는 제4처에 마리골드를 심으면 이 꽃의 상징성이 잘 드러난다.

마리골드 가꾸기

전 세계적으로 수백 가지 종과 품종이 있는 마리골드는 재배하기 쉬워 인기가 많은 한해살이 식물이다. 높이가 10cm 내외인 아담한 품종부터 61cm나 되는 대형 품종까지 있는데, 재배 요건은 대부분 비슷하다. 여기서 소개하는 프렌치 마리골드 *Tagetes patula*는 키가 작고, 꽃의 형태는 홑꽃, 반겹꽃, 겹꽃, 닭 볏 모양 등으로 다양하다. 색상은 노랑, 주황, 빨강 또는 이 색깔들이 섞인 것도 있다.

프렌치 마리골드는 내한성 2-11등급 식물로, 충분한 햇빛을 필요로 하며, 오후에는 약간의 그늘도 견딜 수 있다. 물은 보통 수준으로 주면 된다. 물 빠짐이 좋은 비옥한 토양이 이상적이지만, 밀도가 높은 점토질 토양에서도 생존할 수 있다. 이 품종은 너비가 15-23cm, 높이가 15-30cm까지 자란다. 성장할 때 곁순을 잘라 주면 꽃과 잎이 더 풍성하게 자란다.

화려한 꽃이 피는 마리골드는 초여름부터 서리가 내릴 때까지 많은 꽃을 피운다. 극심한 더위가 지속되면 잠시 개화량이 줄지만, 서늘한 가을이 다가오면 다시 활발해진다. 개화 기간 중에는 시든 꽃을 따 주되, 이듬해 쓸 씨앗을 받을 계획이라면 몇 송이는 꽃대에 그대로 남겨 두고 마를 때까지 기다린다.

마리골드는 텃밭이나 정원에 심기 좋다. 마리골드 뿌리는 토양 선충을 제거하는 데 효과적이고, 꽃과 잎은 민달팽이와 흰 파리를 쫓는다.

공작초

Aster amellus,
Symphyotrichum novae-angliae
'Andenken an Alma Pötschke'

"공작초는 성 미카엘의 용맹함을 기리며 / 시든 잡초들 사이에서 피어난다."[41] 대천사 미카엘의 축일과 관련된 라일락색 공작초는 북반구 전역에서 흔히 볼 수 있으며, 그 종류도 매우 다양하다. 특정한 품종 하나에 이 꽃이 상징하는 바를 국한하기는 어렵지만, 유럽에서는 아스테르 아멜루스 *Aster amellus*가 대표 종으로 꼽히곤 한다.

전설에서 중심이 되는 꽃은 가을에 피는 라일락색 공작초인 미카엘 데이지 Michaelmas daisy로, 성 미카엘 대천사 축일(9월 29일)과 연관된다. 겨울을 앞두고 황량해지는 정원에 밝은 라일락색 꽃으로 생기를 불어넣는 공작초는 악과 어둠을 물리치고 사람들을 지켜 주는 수호천사 미카엘을 닮았다. 공작초는 낮의 길이가 짧아질 때 꽃을 피우는데, 이처럼 식물이 일조 시간의 변화에 반응하는 현상을 광주기성光週期性이라고 한다.

예로부터 미카엘 축일은 이른 추수 감사 축제일로 여겨졌다. 사람들은 이날 전통 의상을 입고 춤과 놀이를 즐기며, 논밭과 정원에서 수확한 작물로 음식을 푸짐하게 준비했다. 9월 말은 블랙베리를 한창 수확하는 시기여서 이 열매를 넣은 음식이 풍성하게 마련되었다. 유럽의 독실한 그리스도교인들은 블랙베리를 하느님께서 주신 열매로 여겨, 성 미카엘 축일까지 수확해야 타락한 천사 루시퍼가 열매를 더럽히지 않는다고 믿었다. 이는 미카엘 대천사가 천국에서 루시퍼를 추방할 때 그가 지상에 있는 블랙베리 넝쿨 위로 추락했다는 전설에서 비롯되었다. 루시퍼는 자신이 떨어진 블랙베리 넝쿨에 침을 뱉으며 열매를 저주하고, 입에서 불을 뿜어 블랙베리 열매를 새카맣게 태웠다고 한다.[42]

공작초의 상징

어둠으로부터의 보호

정원 테마

성인
천사

공작초 가꾸기

공작초는 전 세계에 수백 가지 재배종과 야생종이 있다. 개인 선호도, 재배 요건, 지역 기후 등을 고려해 정원에서 심기에 적합한 품종을 골라 보자. 공작초가 성 미카엘 대천사를 상징한다는 점을 고려해 미카엘의 축일이 있는 9월 말경 꽃이 피는 품종을 선택하면 그 상징적 의미를 더 잘 음미할 수 있다.

뉴잉글랜드 아스타 *Symphyotrichum novae-angliae* 'Andenken an Alma Pötschke'는 밝은 장미색 꽃이 피는 품종이다. 내한성 4-8등급 지역에 적합하며, 양지에서 잘 자라지만 따뜻한 기후에서는 오후에 약간의 그늘도 견딜 수 있다.

공작초는 일반적으로 가뭄에 약하므로 자주 물을 주어야 하며, 유기물이 풍부하고 촉촉한 흙에서 키우는 것이 좋다. 다만 이 품종은 가뭄에 비교적 강하고, 배수가 양호하다면 점토질을 비롯한 대부분의 토양에서 잘 자라며 염분도 견딜 수 있다.

생장 속도가 빠르고 수명이 긴 편이며, 너비는 61-91cm, 높이는 76-91cm까지 자란다. 잎곰팡이병을 예방하려면 통풍이 잘되는 곳에서 키우는 것이 좋지만, 키가 크기 때문에 바람이 강한 곳은 피하는 것이 바람직하다.

지름 5cm 정도의 장밋빛 꽃은 초가을부터 첫서리 내릴 무렵까지 볼 수 있으며, 늦가을에도 꽃을 찾아다니는 나비와 벌들에게 인기가 많다.

성장 초기에 필요하지 않은 순을 두 번 정도 잘라 내면 키는 작아지지만, 꽃이 더 풍성하고 튼튼하게 자란다. 시든 꽃이 남아 있는 꽃대를 자르면 보기에도 깔끔할뿐더러 2차 개화를 촉진하고, 무분별한 번식을 막을 수 있다.

공작초는 흐린 날이나 어두운 저녁에 꽃잎을 오므리고 고개를 숙이는 독특한 습성이 있다.

나팔꽃

Convolvulus spp.,
Ipomoea purpurea 'Heavenly Blue'

인생은 짧다. 생에 미련이 남아 있을 때는 너무 짧게 느껴지지만, 반대로 극심한 고통을 겪고 있을 때는 아득하고 길게만 느껴진다. 나팔꽃은 영어로 '아침의 영광morning glory'이라고 하는데, 이는 새벽에 활짝 피었다가 한낮이 되면 금세 시들어 버리는 나팔꽃의 개화 습성에서 유래한 이름이다. 이처럼 쉽게 피고 지는 나팔꽃은 그리스도교에서 삶의 덧없음과 죽음을 상징한다.

그러나 식물이 지닌 의미는 시대마다 조금씩 달라졌다. 예전에는 나팔꽃과 서양메꽃*Convolvulus arvensis*과 같은 덩굴식물이 덧없는 인생을 떠올리게 했다. 나팔꽃은 영국 빅토리아 시대에는 허무하고 짧은 사랑을 의미하게 되었고, 이후에는 사별이나 다른 이유로 사랑하는 이를 더 이상 만나지 못해 표현할 수 없는 애틋함을 상징하게 되었다. 그러나 다시 죽음, 그리고 죽음도 갈라놓을 수 없는 영원한 사랑의 이미지를 떠올리게 하는 꽃이 되었다.

전통적으로 붉은색은 사랑의 색으로 여겨지며, 붉은 나팔꽃은 예수성심이나 성모성심께 봉헌하는 정원에 잘 어울린다.

파란색은 예로부터 성모 마리아의 푸른 옷자락을 떠올리게 하며, 영원을 상징했다. 파랗고 큰 꽃을 피우는 둥근잎나팔꽃 '헤븐리 블루'*Ipomoea purpurea* 'Heavenly Blue'는 이름 그대로 '천국의 파란색'을 띤 꽃으로 마리아 정원에 심기 좋다.

흰색은 영원, 순수, 동정을 상징한다. 마리아 정원이나 묵주기도 정원에 심을 꽃이라면 순백의 밤메꽃*Ipomoea alba*을 추천한다. 향기가 그윽한 밤메꽃은 달빛 아래 희게 빛나는 꽃이 아름다워 어두운 밤에도 감상하기 좋은 식물이다.

나팔꽃은 색깔과 관계없이 묵주기도 정원의 4가지 신비에 두루 잘 어울린다. 십

나팔꽃의 상징

죽음
영원한 사랑

정원 테마

예수성심
십자가의 길
성모성심
성모 마리아
묵주기도

자가의 길에도 조화롭게 연출할 수 있는데, 특히 예수님께서 사형 선고 받으심을 묵상하는 제1처에서 나팔꽃을 통해 부서진 희망과 곤경을 표현하고, 예수님께서 무덤에 묻히심을 묵상하는 제14처에서 죽음과 부활을 상징하는 매개체로 활용하면 좋다.

나팔꽃의 독특한 습성은 우리에게 묵상할 거리를 여럿 제시한다. 쉽게 시들어 버리는 연약한 꽃은 인생의 부질없음을 상기시키면서도, 지지대에 의지해 힘차게 뻗어 나가는 덩굴은 예수 그리스도께 의탁하며 신앙을 가꾸어 나가는 신앙인의 모습을 떠올리게 한다.

나팔꽃 가꾸기

둥근잎나팔꽃 Ipomoea purpurea은 내한성 2-11등급의 한해살이 덩굴식물이다. 종자로 번식하며, 무엇이든 감고 올라가는 특성 때문에 따뜻한 지역에서는 잡초처럼 무성하게 자라거나 침입종으로 분류되기도 한다.

나팔꽃은 햇볕이 드는 곳에서 잘 자라고, 볕이 약하면 듬성듬성 피거나 꽃의 개체수가 적을 수 있다. 생육에 필요한 물의 양은 보통 수준이고, 가뭄에는 약하다.

토양은 물 빠짐만 좋으면 가벼운 모래흙, 일반 토양, 점토 등 종류를 크게 가리지 않는다. 다만 지나치게 비옥하거나 거름을 많이 주면, 덩굴줄기만 무성해지고 꽃이 피지 않는 경우도 있다.

덩굴줄기는 주변의 구조물을 감으면서 빠르게 자라는데, 한 계절에만 너비가 61cm-1.8m, 높이가 1.8-3m까지 자란다. 줄기에 달리는 하트 모양의 커다란 잎은 꽃의 풍성함을 더 돋보이게 한다.

트럼펫 모양의 꽃은 늦봄부터 서리가 내리기 전까지 핀다. 꽃은 흰색, 분홍색, 빨간색, 자홍색, 자주색, 파란색 등 여러 가지가 있고, 꽃잎 끝부분만 다른 색이거나 얼룩무늬, 줄무늬가 있는 품종도 있다. 대부분의 나팔꽃은 향이 없지만 향기가 있는 품종도 몇 있다.

국화

Chrysanthemum spp.,
Chrysanthemum 'Ruby Mound'

오늘날 국화라 부르는 꽃은 본래 유럽 북동부와 동아시아 지역에서 자생하던 노란 데이지꽃이었다. 이 수수하고 소박한 들꽃이 중국과 일본에서 2천 년에 걸쳐 재배되고, 이후 지속적으로 개량되면서 지금처럼 다양한 형태와 색을 지닌 국화로 발전했다.

이처럼 역사가 긴 만큼 국화에 얽힌 이야기도 문화권마다 다양하게 존재한다. 그리스도교에서는 국화가 그리스도를 통한 영원한 생명을 상징하며, 동시에 영원으로 떠난 자들을 그리워하는 남겨진 이들의 비통함을 표현하는 꽃으로 여겨진다.

꽃쑥갓(*Glebionis* 또는 *Leucanthemum coronarium*)은 이스라엘에 흔한 황금빛 국화로, 외형이 데이지와 비슷하며 수명이 짧다. 봄철 파스카 시기에 꽃이 피다 보니 예수님께서 돌아가시고 묻히셨을 때 꽃쑥갓이 만개했다는 이야기가 퍼졌다. 이에 따라 국화는 지난 수백 년 동안 장례식장과 무덤을 장식하는 데 활용되었다.

국화에 얽힌 전설은 문화권마다 다양한데, 그중 대부분은 동양에서 비롯한다. 하지만 흰 국화에 관한 이야기 하나는 독일에서 전해진다.

눈보라가 치던 크리스마스이브 저녁, 검은 숲Black Forest의 작은 오두막에서 한 농부 가족이 소박한 식사를 준비하고 있었다. 그들이 식탁에 막 앉으려는데 밖에서 울음소리가 들려왔다. 처음에는 바람 소리려니 했지만, 울음은 잦아들지 않았다. 무엇 때문에 나는 소리인지 알 수 없어 망설이던 그들이 문을 열자, 추위로 파랗게 질린 거지 소년이 집 앞에 서 있었다. 농부 가족은 그 소년을 집 안으로 데려와 불을 쬐게 하고, 담요를 덮어 주고, 얼마 없는 음식을 나누어 주었다.

음식을 건네받은 소년은 일어나 두르고 있던 담요를 벗었다. 그러자 그 자리에는 후광에 둘러싸인 예수님이 눈부신 흰옷을 입고 서 계시다가 순식간에 사라지셨다. 이튿날 아침, 소년이 서 있던 문 밖에는 새하얀 국화꽃이 눈 속에 피어 있었

국화의 상징

영원한 생명
비통

정원 테마

십자가의 길
성모 마리아
묵주기도

다. 지금도 많은 독일인은 크리스마스이브에 흰 국화꽃으로 집 안을 장식하며 아기 예수님을 보호하는 상징으로 삼는다.[43]

▎국화 가꾸기

국화에는 수천 가지 품종이 있고 꽃 모양만 해도 열세 종류라 어떤 품종을 선택해야 할지 고민할 수 있다(실제로 국화속은 그 범위가 너무 방대해 20세기에 여러 속으로 갈라졌다. 이때 쑥갓*Glebionis*과 레우칸테뭄*Leucanthemum*이 국화속에서 분리되고 혼동되는 명칭도 바뀌었다). 품종마다 내한성이 조금씩 다르고 크기도 30cm 미만부터 91cm 이상까지 다양하지만, 재배 요건은 품종과 관계없이 대부분 비슷하다.

여기서 소개하는 '루비 마운드Ruby Mound'는 튼튼하고, 꽃 모양이 쿠션처럼 봉긋한 정원 재배용 품종이다. 좁은 공간에서도 잘 자라고 강렬한 진홍색 꽃이 피는 것이 특징이다. 내한성 5-9등급 지역에 적합하며, 해가 잘 드는 곳을 가장 좋아하나 따뜻한 지역에서는 오후에 그늘이 지는 곳도 무난하다. 음지에서는 줄기가 가늘게 웃자라고 꽃이 적게 필 수 있다.

생육에 필요한 물의 양은 보통 수준으로, 물을 너무 많이 주면 아래쪽 잎이 썩기 쉽다. 배수가 양호한 일반 토양에서 잘 자라며, 겨울철에도 토양이 축축하지 않고 환기가 원활한 곳이 적합하다. '루비 마운드'는 다른 품종보다 점토질 토양에 잘 적응한다.

'루비 마운드'는 꽃 모양이 둥글고 꽃잎이 촘촘하게 피는 품종으로 높이(41-61cm)와 너비(41-51cm)가 비슷하게 자란다. 지름 8cm 정도의 꽃이 초가을부터 서리가 내리기 전까지 핀다. 여러 갈래로 갈라진 줄기 끝마다 꽃이 피며, 꽃뿐만 아니라 잎에서도 은은한 향기를 풍긴다.

대부분의 국화는 봄에 3-4주 간격으로 두 번 순지르기를 하면 건강하게 자란다. 국화는 말단에서 꽃이 피는 식물이므로 순지르기를 자주 할수록 새 가지가 많이 분화해 꽃이 풍성하게 피며 줄기도 튼튼해진다.

수선화

Narcissus poeticus,
Narcissus poeticus 'Actaea'

수선화는 유럽 원산의 봄꽃으로, 그리스도교에서 예수님의 탄생 예고부터 부활에 이르기까지 새로운 생명에 대한 다양한 상징성을 갖는다.

예수 탄생 예고 장면에 등장하는 수선화는 하느님의 사랑이 이룬 위업과 죽음을 넘어선 영원한 생명을 상징한다.[44] 한편 예수님께서 부활하신 영광스러운 날 아침에 수선화가 일제히 꽃을 피웠다는 전설이 있다. 여기서 드러나는 다시 태어남은 죽음 이후의 영원한 삶을 암시한다.

루이스 겜밍어 신부는 《마리아의 꽃 Flowers of Mary》에서 수선화의 상징을 상세하게 묘사했다. 그에 따르면, 수선화의 곧은 꽃줄기는 성모 마리아가 모후로 계신 하늘을 향해 있음을 가리키고, 아래로 숙인 꽃의 형태는 하늘에서 우리를 바라보시는 성모님의 시선이자 그분의 겸손함을 상기시킨다. 순백색 꽃잎은 성모성심의 깨끗함을, 꽃 중앙의 황금색 부화관(꽃잎과 수술 사이에 위치한 관 모양 구조-옮긴이)은 성모님의 머리에 얹어진 영광스러운 왕관을 상징한다. 수선화의 향기는 죄인의 피신처이신 성모님의 역할과 그분의 사랑에서 배어 나오는 향기를 떠올려 주고, 매년 봄 풍성하게 피는 꽃은 성모님의 덕이 가득 펼쳐지고 있다는 생각을 불러일으킨다.[45]

영어권에서는 수선화를 '성모 마리아의 별'이라고 부르기도 한다. 이는 부화관 안쪽에 있는 6개의 수술이 다윗의 별을 구성하는 여섯 꼭짓점을 이루기 때문에 붙여진 이름이다. 또는 왕관 모양의 부화관이 성경에 언급된 "열두 개 별로 된"(묵시 12,1) 성모님의 왕관을 연상시키기 때문이라고 본다.

수선화의 상징

새로운 생명
용서
죽음 이후에도 계속되는
하느님의 사랑

정원 테마

하느님의 자비
십자가의 길
덕
성모 마리아
묵주기도
성경/성인

겹수선화의 별칭인 '다피다운딜리Daffydowndilly'는[46] 성녀 콜레타(축일은 3월 6일)와 성 다윗(축일은 3월 1일)과 관련이 있는데, 개화 시기가 이 둘의 축일과 겹치기 때문이다. 하느님의 강생을 통한 구원의 목적은 파스카 신비를 통해 우리 안에 하느님을 회복하는 데 있다. 수선화는 그에 얽힌 여러 상징 덕분에 어느 기도 정원에 심어도 잘 어울리는 꽃이다.

수선화 가꾸기

시인수선화 '악타이아'*Narcissus poeticus* 'Actaea'는 내한성 3-9등급 지역에서 잘 자라며, 해가 잘 들거나 약간 그늘진 환경을 좋아한다. 이른 봄에 꽃이 피는 다른 식물과 마찬가지로, 나무에 잎이 무성해지기 전 직사광선이나 아롱거리는 빛을 빛이 드는 자리에 알뿌리를 심는 것이 좋다.

물은 보통 수준이면 충분하지만, 생육기에는 흙을 촉촉하게 유지해 준다. 잎이 모두 말라 죽은 뒤에는 가뭄에도 견딜 수 있다. 대부분의 토양에서 잘 자라지만, 유기물 함량이 높고 배수가 원활하며 촉촉한 곳에서 더욱 잘 자란다. 다른 수선화와 달리 점토질 토양이나 배수가 원활하지 않은 연못, 하천 근처의 습한 환경에서도 무난하게 자란다.

식물 하나의 평균 크기는 너비 5-8cm, 높이 30-46cm 정도며, 보통 알뿌리 6-7개를 한 무리로 심어 자리를 잡고 군락을 이루게 한다.

시인수선화는 봄의 중반부터 늦봄까지 향기로운 꽃을 피우며, 지름은 최대 8cm에 달한다. 이른 봄 먹이를 찾는 꿀벌에게 훌륭한 꿀 공급원이 되며, 작은 군락에서는 꽃이 진 뒤에 바로 꽃대를 잘라 주도록 한다.

옥스아이데이지 · 샤스타데이지

Leucanthemum vulgare,
Leucanthemum × superbum 'Alaska'

옥스아이데이지와 샤스타데이지는 겉모습이 잉글리시데이지와 유사해 그리스도교에서 비슷한 상징성을 갖는다. 앞서 소개한 잉글리시데이지는 넓게 퍼져 자라는 줄기에 동글납작한 꽃이 피는 식물로, 아담하고 귀여운 관상용 꽃이라는 평가도 있지만, 무성하게 자라는 잡초로 취급되기도 한다. 반면 옥스아이데이지는 줄기가 곧고 꽃송이도 커서 단정하고 깔끔한 정원에서 돋보이는 존재감을 연출할 수 있다.

중세 교회에는 평신도들이 정해진 시간마다 바치는 기도문을 엮은 기도서가 있었는데, 특히 15세기 플랑드르에서는 페이지 여백마다 데이지꽃을 정교하게 그린 필사본을 사용했다.[47] 기도서에 그려진 각종 동식물은 그리스도교적인 삶의 덕을 상징했으며, 당시 사람들은 특히 성모님과 아기 예수님 옆에 데이지를 주로 많이 그려 넣었다.

데이지는 겸손, 순결, 정결, 순수함을 뜻하므로 예전부터 마리아와 연관된 꽃으로 여겨졌다. 이러한 덕목은 예수님께서 지니신 속성이기도 했기에 데이지는 자연스럽게 예수님을 상징하고 구원이라는 의미를 갖게 되었다.

마태 2,1-12에는 동방박사들이 유대인들의 임금으로 태어나신 아기 예수님을 찾아가는 장면이 나오는데, 여기에 얽힌 흥미로운 전설이 하나 있다. 동방박사들이 밤하늘에 뜬 별을 보고 아기 예수님을 찾아 떠났지만, 아침 해가 뜨자 별빛이 희미해졌다. 그런데 땅을 보니 지난밤 별이 가리켰던 방향으로 길 위에 작고 하얀 꽃들이 피어 있었다. 눈부시게 하얀 데이지가 별을 대신해 예수님께 가는 길을 안내한 것이다.

데이지의 상징

인내
순수
정결
겸손
구원

정원 테마

하느님의 자비
성령
성모 마리아

한편 데이지는 강인한 여성성을 나타내는 꽃으로, 우리의 보호자이신 성모 마리아의 꽃이다.[48] 각종 채색 필사본과 회화, 태피스트리, 건축물에서 성모님 곁에 데이지가 활짝 피어 있는 모습이 자주 등장한다.

데이지 가꾸기

데이지는 품종에 따라 크기, 개화 시기, 개화 기간, 꽃 크기가 다르고 겹꽃과 홑꽃 등 꽃의 외형에도 차이가 있다. 계획만 잘 세우면 몇 달 동안 화사한 꽃이 만발한 정원을 즐길 수 있다.

여기서는 샤스타데이지 '알래스카'*Leucanthemum × superbum* 'Alaska'를 소개한다. 오밀조밀하게 모여 자라는 이 품종은 내한성 3-9등급으로, 볕이 잘 드는 곳을 가장 좋아하지만, 따뜻한 기후에서는 오후 그늘진 곳에서도 무난하게 자란다.

생육에 필요한 물의 양은 보통 이하다. 뿌리가 오래 젖어 있으면 금방 썩기 때문에 물이 잘 빠지는 곳에서 키워야 한다. 배수가 원활히 이루어지면 어떤 토양에서도 잘 자란다.

이 품종은 너비가 46-61cm, 높이가 51-76cm까지 크며, 줄기가 튼튼하고 빽빽하게 자라기 때문에 다른 데이지처럼 지지대가 없어도 쉽게 꺾이지 않는다. 지름이 8cm 정도 되는 큼직한 꽃이 줄기 끝에 피며, 성장 초반 순지르기를 하면 새로운 줄기가 많이 나와 꽃이 풍성하게 피고 웃자람도 방지할 수 있다.

꽃이 시든 후 세 번째나 네 번째 잎이 난 곳까지 줄기를 자르면 개화 기간이 더 길어진다. 3년에 한 번씩 포기나누기를 하면 건강하게 성장한다.

늦가을에는 줄기를 절반 정도만 남기고 잘라 준다. 속이 빈 데이지 줄기는 겨울철에 작은 꿀벌이나 수분 매개 곤충들이 파고들어 쉬는 공간이 된다.

작약

Paeonia officinalis,
Paeonia lactiflora 'Bowl of Beauty'

성당 회중석에 서서 〈오소서, 성령이여 *Veni Sancte Spiritus*〉를 듣고 있다고 상상해 보자. 성가가 절정에 이르면 성령의 불꽃을 상징하는 향기로운 작약 꽃잎이 공중을 수놓고, 성령이 내 영혼을 어루만지는 듯한 순간 온몸에 전율이 인다.

교회의 시작을 알리는 성령 강림 대축일에 꽃비를 내리는 전통은 10세기부터 지금까지 로마 판테온에서 이어져 오고 있는데, 이 영광스러운 순간에 흩뿌려지는 꽃이 바로 작약(성령강림절 장미)이다. 꽃비는 불꽃 모양의 혀를 형상화한 것으로, 오늘날에는 붉은 꽃잎(주로 장미)에 흰색 꽃잎을 섞어 뿌린다.

작약의 원산지는 아시아와 남유럽으로, 꽃은 늦봄부터 초여름까지 피어난다. 다양한 품종이 있지만 그중 적작약 *Paeonia lactiflora*은 북반구에서 5월부터 꽃이 피기 시작해 성령 강림 대축일쯤 만개한다. 5월은 성모 성월이므로 이때 피는 작약을 '성모 마리아의 장미'라고도 부른다.

작약은 지난 수백 년 동안 약재로도 널리 쓰였다. 이처럼 성모 마리아와 관련이 있고 치유의 속성도 있어서 초기 그리스도인들은 작약이 약용으로 유익할 뿐만 아니라 악령으로부터 사람을 보호하는 힘이 있다고 생각했다.

성지에서 자생하는 발칸작약 *Paeonia mascula*은 4월 초에 진한 빨간색 홑꽃을 피우는 품종으로, 안타깝게도 현재 멸종 위기에 놓여 있다. 성경에 직접 언급되지는 않지만, 이 꽃은 파스카 기간에 활짝 피었을 것으로 추정된다. 따라서 짙은 자홍색이나 진한 적갈색의 작약이라면 성경 정원에 두루 잘 어울린다.

묵주기도 정원에는 예수님께서 성령을 보내심을 묵상하는 영광의 신비 3단에 흰색이나 붉은색 작약을 추천한다. 작약은 하느님을 향한 열렬한 사랑을 상징하므로 색에 상관없이 환희의 신비 1-3단이나 빛의 신비 모든 단에 잘 어울린다.

작약의 상징

하느님에 대한 열렬한 사랑
치유
성령강림절 장미
성모 마리아의 장미

정원 테마

성령
성모 마리아
묵주기도
성경

작약 가꾸기

작약은 재배 방법이 까다롭지 않아 초보자도 쉽게 키울 수 있다. 나는 본문에 실린 '보울 오브 뷰티' *Paeonia lactiflora* 'Bowl of Beauty' 품종을 정원에서 키우고 있다.

내한성 4-7등급으로, 햇볕이 충분히 드는 곳에서 잘 자라지만 오후에 약간 그늘이 지는 환경을 선호한다. 기온이 높은 지역에서는 정원의 동쪽에 심어 강한 햇살에 꽃이 타지 않도록 보호하는 것이 좋다. 생육에 필요한 물의 양은 보통 수준으로, 꽃이 필 때는 지면에 직접 주는 것이 이상적이다. 유기물이 풍부하고 물만 잘 빠지면 점토질을 포함해 거의 모든 토양에서 잘 자란다.

이 품종은 높이와 너비가 모두 61-91cm까지 자라며, 화단 가장자리에 심으면 꽃이 없을 때도 짙은 초록빛 잎이 화단을 아름답게 만든다. 향기로운 꽃은 늦봄부터 초여름까지 피고, 만개한 꽃의 지름은 최대 20cm에 달한다. 맨뿌리묘(흙 없이 뿌리가 드러난 상태로 유통되는 묘목–옮긴이)를 심으면 꽃이 피기까지 최대 2년 정도 걸릴 수도 있다.

이른 아침에 자른 꽃을 찬물에 꽂아 두면 4-5일 정도 감상할 수 있고, 서늘한 그늘에 한 시간 정도 두면 개미를 자연스럽게 쫓을 수 있다. 분홍색 꽃의 향기가 가장 진하고, 꽃 색깔이 진할수록 향이 약해진다.

작약은 다른 나무들과 뿌리 경쟁을 하지 않아도 되는 곳에서 가장 잘 자라며, 줄기와 잎이 부드럽고 나무처럼 단단하지 않은 다른 식물과 함께 정원 중간에 배치하는 것을 추천한다. 작약은 튼튼하고 대부분의 병해에 잘 견딘다.

초본 작약은 따뜻한 기후에서는 개화가 어려울 수 있다. 꽃봉오리가 형성되려면 4.4℃ 이하의 낮은 온도가 6주 이상 유지되어야 하기 때문이다. 반면 목본 작약은 따뜻한 기후에서도 꽃을 피우며, 초본 작약보다 개화 시기도 몇 주 더 빠르다. 목본 작약은 약간 그늘이 지는 곳을 선호하고, 휴면기가 필요하다.

미나리아재비

Ranunculus,
Ranunculus asiaticus 'Tecolote Gold'

들판에서 꺾은 꽃으로 작은 꽃다발을 만들어 엄마에게 건네는 아이를 본 적이 있는가? 독자들 중에도 어렸을 때 설레는 마음으로 꽃을 꺾어 엄마에게 선물한 기억이 있을지도 모른다. 이탈리아에는 어머니에게 꽃으로 사랑을 전한 아들의 이야기를 담은 아름다운 설화가 있다(기원은 분명하지 않다).

설화의 주인공은 다름 아닌 예수님으로, 부활절 아침이 배경이라는 설과 예수님 승천 이후라는 설이 있다. 예수님은 어머니 마리아에게 당신의 사랑을 표현하고자 하늘에서 가장 작은 별들을 모아 다섯 장의 꽃잎을 지닌 미나리아재비로 바꾼 뒤, 어머니가 어디서든 볼 수 있도록 이 꽃들을 지상에 흩뿌리셨다. 이 설화의 영향으로 지금도 지중해 여러 나라에서는 성주간이 되면 샛노란 미나리아재비로 성당을 장식한다.

라눙쿨루스 밀레폴리우스*Ranunculus millefolius*는 지중해 동부 전역에 자생하는 미나리아재비 품종으로, 어원은 '빛을 주고, 빛을 발하다'라는 뜻의 히브리어다. 이 밖에도 습지를 뒤덮으며 탁 트인 곳에서 자라고, 늦겨울부터 초봄 사이에 꽃이 피는 여러 종류의 미나리아재비가 있다. 이 꽃 역시 성경에서 예수님께서 말씀하신 '들에 핀 나리꽃' 가운데 하나로 여겨진다.

한편 미나리아재비가 하느님께서 노아에게 계약의 표징으로 보여 주신 무지개와 연관된다는 이야기도 전해진다. 미나리아재비의 황금빛 꽃은 무지개가 닿는 곳이라면 어디든지 자란다고 하며, 이것이 무지개 끝에 '황금 항아리'가 있다는 이야기로 이어졌다는 설도 있다.

미나리아재비의 상징

빛

정원 테마

성모 마리아
성경

미나리아재비 가꾸기

야생 미나리아재비는 잡초처럼 번식력이 강하고, 침입성 식물로 분류되기도 한다.

라눙쿨루스 아시아티쿠스 *Ranunculus asiaticus*는 화훼 업계에서 인기가 많으며, 대개 '라넌큘러스'라는 이름으로 유통된다. 티슈처럼 얇은 꽃잎이 겹겹이 피며, 언뜻 보면 작은 작약과 비슷하다. 연한 파스텔 색조부터 짙은 적갈색까지 색상 폭이 넓고, 따뜻한 계열의 고채도 색도 함께 어우러져 다채로운 색감을 이룬다.

라눙쿨루스를 비롯한 미나리아재빗과 식물은 내한성 8-10등급 지역에 적합한 여러해살이 식물로, 가정집 정원에서 기르기 좋다. 서늘한 지역에서는 봄에 알줄기를 심어 한해살이처럼 재배할 수 있다.

이 꽃은 햇볕을 좋아하지만 고온에는 약하며, 따뜻한 지역에서는 늦봄, 서늘한 지역에서는 초여름까지 꽃을 피운다. 해안 지역에서 특히 잘 자란다. 생육에 필요한 물의 양은 보통 수준으로, 촉촉하고 물 빠짐이 좋은 사질양토가 이상적이다. 토양이 너무 축축하면 알줄기가 쉽게 썩을 수 있다.

라눙쿨루스 '테콜로테Tecolote'는 높이와 너비가 모두 36-41cm에 달하는 품종이다. 알줄기를 심기 전에 3-4시간 동안 상온의 물에 담가 둔다. 이때 물을 약하게 흘려 산소가 잘 공급되도록 하는 것이 좋다. 불린 알줄기는 크기가 두 배 가까이 증가한다. 알줄기를 심고 약 90일이 지나면 8-15cm 크기의 꽃이 피기 시작하는데, 봄부터 초여름까지 5-6주 동안 피다가 여름철 더위가 시작되면 휴면기에 들어간다. 시든 꽃을 잘라 주면 꽃이 더 오래 핀다.

이 아름다운 꽃들은 최대 2주까지 꽃병에서 신선하게 유지된다. 꽃봉오리가 통통하게 올라와 색이 드러나기 시작하면, 이른 아침에 꽃줄기를 자르고 물속에 잠길 잎은 제거한 다음 꽃병에 꽂는다.

피튜니아

Petunia,
Petunia × atkinsiana

남미가 원산지인 야생화 피튜니아 파르비플로라Petunia parviflora는 척박한 환경에서도 아담하고 향기로운 꽃을 풍성하게 피운다. 강인한 생명력과 매혹적인 향기로 인해 이 지역 원주민들은 이 꽃에 악을 물리치는 힘이 있다고 믿었다.

이러한 신념은 훗날 그리스도교에 영향을 미쳐 피튜니아를 희망, 깨어 있음, 약속을 상징하는 꽃으로 여기게 되었다. 르네상스 시대에 유럽에 도입된 피튜니아는 정물화의 단골 소재로 활용되었으며, 이는 주로 기대감이나 영원한 생명을 갈망하는 깨어 있는 삶을 표현하는 데 쓰였다.

그러나 꽃말에서는 하나의 꽃이 상반된 의미를 지니거나 정반대의 감정을 불러일으키기도 한다. 영국 빅토리아 시대에는 꽃의 의미를 해석할 때 꽃 자체뿐만 아니라 그 꽃이 표현되는 방식도 매우 중요하게 여겼는데, 피튜니아도 여기에 해당한다. 빅토리아 시대에는 피튜니아가 희망을 상징하면서도 분노나 원망 같은 감정을 나타내기도 했다. 사랑하는 사람과 꿈꾸던 미래에 대한 희망이 좌절되었을 때, 그 마음은 실망으로 바뀌어 부정적인 의미를 띠게 된 것으로 풀이된다.

마리아 정원이나 묵주기도 정원의 4가지 신비 자리에 피튜니아를 심어, 하느님께 모든 것을 의탁하고 그분의 뜻을 기다리는 우리의 희망을 표현해 보자(피튜니아는 묵주기도의 모든 신비에 두루 적합하다). 붉은색과 짙은 보라색 피튜니아는 예수님께서 무덤에 묻히심을 묵상하는 십자가의 길 제14처에도 잘 어울린다.

피튜니아는 성모 마리아와 천국을 상징하는 엷은 파란색, 하느님의 자비를 의미하는 흰 줄무늬가 있는 붉은색, 준비와 참회를 의미하는 벨벳 질감의 짙은 보라색 등 다양한 색과 무늬가 있으므로 기도의 정원에서 폭넓게 활용할 수 있다.

피튜니아의 상징

희망
깨어 있음
약속

정원 테마

십자가의 길
성모 마리아
묵주기도

피튜니아 가꾸기

원예용으로 재배되는 피튜니아 *Petunia* × *atkinsiana*(*Petunia hybrida*) 품종은 크게 4가지 범주로 나뉘며, 재배 요건은 대부분 비슷하다. 내한성 9-10등급의 한해살이 식물로, 햇볕이 잘 드는 곳이 이상적이나 하루에 5-6시간 정도 직사광선을 받을 수 있다면 오후에 지는 그늘도 견딜 수 있다. 비료를 많이 주지 않아도 되며, 물이 잘 빠지고 촉촉한 토양을 좋아하므로 건조해지지 않도록 주의한다.

꽃에는 대부분 향기가 있으며, 향의 진하기는 품종별로 차이가 있다. 생육 초기에 순지르기를 하면 줄기가 더 풍성하게 자라고, 웃자랐을 때도 중간에 순을 잘라 수형을 다듬는 것이 좋다. 나팔 모양의 꽃은 벌새와 나비를 끌어들인다.

그랜디플로라Grandiflora 품종은 지름이 최대 13cm에 달하는 큰 꽃을 피우지만, 꽃의 수는 적다. 높이는 30-38cm까지 자라기 때문에 바람에 줄기가 꺾이지 않도록 보호해야 한다. 큰 꽃은 물에 젖는 것은 특히 싫어하므로 물은 줄기 밑부분에서 주는 것이 좋다.

중형종 멀티플로라Multiflora는 지름 5-6cm의 꽃이 풍성하게 피며, 대형종보다 꽃이 오래가고 줄기가 튼튼해 바람에 쉽게 꺾이지 않는다. 화단에 군락으로 심거나 걸이식 화분에서 벽을 따라 흐르듯 연출하면 화려한 색감을 자랑한다.

소형종 밀리플로라Milliflora는 이름 그대로 지름 2.5-3.8cm의 작은 꽃이 무수히 피는 품종으로, 둥글게 솟아오르면서 땅 위로 18-23cm 정도 넓게 퍼진다. 다른 품종보다 더 빨리 꽃을 피우며, 크기가 작아 작은 화분에서 키우기에 적합하다. 칼리브라코아 *Calibrachoa* 꽃과 생김새가 비슷하다.

지피종인 스프레딩Spreading은 지면을 덮으며 자라는 품종으로, 높이는 10-15cm에 불과하지만 너비는 1.5-1.8m까지 넓게 퍼진다. 줄기를 따라 지름 5-8cm의 꽃이 오밀조밀하게 피며, 더위와 습도에 강하다. 헤지플로라Hedgiflora라고 부르기도 한다.

양귀비

Papaver rhoeas,
Papaver orientale

양귀비의 그리스도교적 상징은 예수님께서 유다 지파의 후손이라는 데서 출발한다. 니산Nisan은 유대교 종교력에서 한 해가 시작되는 첫 달로, 봄과 맞물린다. 니산은 '꽃봉오리'라는 뜻의 히브리어 니찬nitzan에서 유래한 것으로 추정된다. 아랍어 니산nissan은 양귀비를 비롯해 아네모네, 튤립, 라눙쿨루스, 복수초 등 봄에 차례로 피는 붉은 꽃들을 총칭한다.⁴⁹

니산 달은 예수님께서 십자가에 못 박히신 시기이기도 하다. 이에 양귀비를 비롯해 '니산'이라 불리는 선홍색 봄꽃들은 예수님의 성혈을 상징해 왔다. 전해지는 이야기에 따르면 십자가에 못 박힌 예수님께서 흘리신 피가 떨어진 자리에서 개양귀비Papaver rhoeas 또는 꽃양귀비Papaver umbonatum가 피어났다고 한다.

척박하고 갈아엎은 땅에서도 잘 자라는 양귀비는 밀밭에서 흔히 볼 수 있다. 사람들은 밀밭에 가득 핀 양귀비를 보며 그리스도의 성체(밀)와 성혈(양귀비)을 떠올렸고, 이에 따라 양귀비는 성찬례를 상징하게 되었다.

'아편꽃'이라고도 하는 진홍색의 터키양귀비Papaver somniferum는 아시아 전역에서 자라며, 수면과 몽환 상태를 유도하는 성분 외에도 여러 가지 용도로 오래전부터 쓰여 왔다. 그리스도교 미술에서 이 양귀비는 영면과 죽음을 상징하며, 종종 새로운 생명을 표현하는 대상과 대비되어 정물화에 등장한다.

죽음이라는 상징성은 전투가 끝난 후에 피어난 양귀비꽃 때문에 유럽 전역으로 퍼졌다. 전장의 흙이 파헤쳐지면서 싹을 틔운 양귀비꽃이 벌판을 붉게 물들인 모습이 마치 전사자들의 피로 덮인 것처럼 보였기 때문이다. 지금도 서양에서는 현충일이나 재향군인의 날에 종이 양귀비꽃을 옷에 달고 전쟁에서 희생된 이들을 추모하는 풍습이 이어지고 있다.

양귀비의 상징	정원 테마
그리스도의 수난 영원한 안식/죽음 희생	십자가의 길 묵주기도 성경

양귀비 가꾸기

오리엔탈양귀비*Papaver orientale*는 정원에서 인기 있는 품종으로, 내한성 3-7등급 지역에서 잘 자란다. 이 지역에서는 여름의 온도와 습도도 잘 견디지만, 그보다 더운 지역에서는 재배가 어렵다. 양귀비는 생육 과정에서 반드시 휴면기가 필요하다.

이 품종은 햇볕이 잘 드는 곳에서 자라며, 적당량의 물이 필요하다. 토양은 유기물 함량이 높고 물이 잘 빠지는 촉촉한 곳이 좋다. 배수가 원활하면 점토질 토양에서도 잘 자라지만, 그렇지 않으면 겨울철 생육에는 치명적이다.

이 양귀비는 너비가 46-61cm, 높이가 61-91cm까지 자라며 한여름에 꽃을 피운다. 솜털이 난 튼튼한 줄기 끝에 구겨진 종이 같은 질감의 꽃이 화려하게 피는데, 품종에 따라 다르지만 큰 꽃은 지름이 최대 15cm에 달한다.

양귀비는 스스로 씨앗을 맺을 수 있지만, 순종으로 자가 번식하는 일은 드물다. 모본 특성을 유지하려면 늦여름에 잎이 시든 뒤 포기나누기를 하는 편이 좋다. 꽃이 시들고 씨앗 꼬투리가 생기기 전에 시든 꽃을 제거하면 개화 기간이 길어진다. 생장이 끝날 무렵에 남은 씨앗 꼬투리를 말려서 드라이플라워 장식으로 활용하기도 한다.

정원에서 오리엔탈 양귀비를 키울 때는 미리 계획을 세우는 것이 좋다. 꽃이 진 뒤에는 잎이 금방 시들어 정원에 꽤 넓은 공간이 생기기 때문이다. 이 자리는 양귀비보다 개화가 늦은 여러해살이나 한해살이 식물로 메우면 좋다.

늦가을에는 지면 가까이에 양귀비의 잎이 무성하게 자라 겨울에도 시들지 않고 남아 있다. 잎 주변에 뿌리덮개를 해 주면 추위를 막을 수 있다.

앵초

Primula vulgaris

앵초는 남유럽, 서아시아, 북아프리카의 습한 삼림 지대에서 자생하는 야생화로, 작고 연노란색 꽃이 특징이다. 앵초의 사촌 격인 황화구륜초*Primula veris*는 여러 전설에서 열쇠와 관련하여 언급된다. 황화구륜초는 얼핏 보면 앵초와 비슷하지만, 앵초처럼 꽃이 하나씩 피지 않고 굵은 꽃대 끝에 여러 송이가 꽃차례를 이루면서 핀다. 만개한 황화구륜초의 꽃은 열쇠 꾸러미처럼 아래로 축 늘어진다.

"(황화구륜초에는) 흥미로운 이야기가 전해진다. 고대 북유럽에서는 이 꽃이 프레이야 여신의 보물 궁전을 여는 열쇠를 상징했다. 그리스도교가 전파되면서 '성모 마리아의 열쇠'로 불렸고, 이후 가장 유명한 '하늘 나라의 열쇠'라는 상징을 얻은 베드로 사도와 연관되었다. 북유럽의 전설에 따르면, 베드로가 하늘 나라의 열쇠가 하나 더 있다는 소문에 깜짝 놀라 손에 쥐고 있던 열쇠를 떨어뜨렸는데, 그 자리에서 황화구륜초가 피어났다고 한다."[50]

황화구륜초의 꽃은 성 베드로가 떨어뜨린 열쇠처럼 줄기 한쪽에 매달려 있어 고독을 상징한다. 또한 고개를 숙이고 땅에서 가까이 피어나는 모습은 겸손의 덕을 의미한다. 19세기의 한 시인은 이를 두고 "고요한 숲 속에서 홀로 자라며 / 그늘 아래서 덕을 드러내는 꽃"이라고 표현했다.[51]

학명 프리뮬라*primula*는 라틴어로 '가장 먼저' 또는 '처음'을 의미하며, 이는 앵초가 이른 봄에 꽃을 피우는 습성에서 비롯했다. 가톨릭교회에는 주님 승천 대축일 전 며칠간 기도와 금식을 실천하는 '탄원의 날Rogation Days'이 있는데, 앵초속 식물들이 바로 이때 핀다. 이 때문에 유럽에서는 다른 지역의 부활절 백합이 그러하듯이, 이 시기 제대 장식에 앵초를 사용하는 전통이 지금도 이어지고 있다.

곧게 뻗은 튼튼한 꽃대와 한데 모인 꽃송이는 '성모 마리아의 초'라는 별명을 얻었다. 여기서 성모님은 예수님 부활 전까지 어두웠던 나날 동안 믿음과 확신을 보

앵초의 상징

겸손
신뢰
확신

정원 테마

성모 마리아
성인

여 주는 모범인 '초'가 되셨고, 예수님의 강생부터 승천까지 그분의 곁에서 빛을 비추셨다. 봄에 피는 앵초는 시에나의 성녀 카타리나, 성녀 아가타, 성녀 엘레이다, 성 베드로 등 여러 성인을 상징하기도 한다.

앵초 가꾸기

앵초에는 다양한 품종이 있으며, 꽃 색상도 단색부터 2-3가지 색이 섞인 것, 파스텔 또는 진한 색조까지 매우 다양하다. 일부 품종은 향기가 사라졌거나 수명이 짧아 한해살이 식물로 여겨지기도 한다. 대체로 노란색이나 크림색 꽃이 더 향기롭다. 내한성은 품종마다 다르고, 크기는 보통 너비와 높이가 모두 8-23cm 정도로 자란다.

이 꽃은 그늘진 환경에서 잘 자라며, 촉촉하고 비옥하면서 배수가 원활한 토양을 좋아한다. 가뭄에 약하므로 뿌리 주변에 뿌리덮개를 충분히 덮어 주는 것이 좋다. 오늘날 일부 품종은 바람이 잘 통하는 환경에서 키워야 건강하게 자란다.

앵초는 뿌리 쪽에서 잎이 무더기로 자라며, 그 가운데로 솟은 꽃줄기 끝에서 꽃이 핀다. 보통 늦겨울에서 초봄에 꽃이 피기 시작해 한여름까지 지속되지만, 개화 기간은 품종마다 다르다. 시든 꽃은 제때 제거하는 것이 좋다.

상사화

Lycoris, Lycoris squamigera

먼저 '부활 백합Resurrection lily'이라는 이름에 대한 혼란부터 바로잡도록 하자. 영어권에서는 이 이름을 가진 식물이 여럿 있으며, 각각 다른 이름도 몇 개씩 가지고 있다. 하지만 그 어떤 것도 실은 백합과에 속하지 않는다. 그러나 모두 그리스도를 통한 새 생명과 주님의 부활을 상징하는 데 쓰일 수 있다.

'부활 백합'으로 가장 널리 알려진 꽃은 우리말로 상사화*Lycoris squamigera*다. 중국 원산으로, 다양한 기후 조건에서 잘 자란다. 여섯 장의 꽃잎 가운데 아래쪽이 더 넓게 벌어진 모양은, 하느님께서 여섯째 날 창조하신 인간이 예수 그리스도를 통해 새 생명을 얻기 전까지는 불완전하다는 점을 상징한다. 꽃잎 중앙의 노란색 잎맥은 우리를 인도하는 그리스도의 빛을 뜻하고, 푸른빛의 꽃잎 테두리는 우리가 추구하는 영원한 세상을 나타낸다.

아마릴리스 벨라돈나*Amaryllis belladonna*도 '부활 백합'이라고 불린다. 아프리카 원산으로 따뜻한 기후에서만 자란다. 여기서 말하는 아마릴리스는 크리스마스 시즌에 흔히 볼 수 있는 히페아스트룸속*Hippeastrum* 아마릴리스와는 다른 종이다. 생김새는 비슷하지만 꽃 형태가 다르며, 새로운 생명 외에 특별히 상징하는 바는 없다.

세 번째 '부활 백합'은 콜치쿰*Colchicum autumnale*이다. 키가 작고 가을에 꽃이 피는 구근식물로, 마치 크로커스(붓꽃과에 속하며 작은 튤립 같은 꽃이 피는 식물-옮긴이)를 크게 키운 듯한 꽃이다.

대부분의 식물은 보통 꽃과 잎이 동시에 나는데, 상사화, 아마릴리스, 콜치쿰은 잎이 시들고 몇 달 후에 꽃이 피는 독특한 습성이 있다.

잎이 떨어지고 줄기만 남은 상사화의 모습에서 우리는 예수님이 돌아가신 후 어

상사화의 상징

새로운 생명
부활

정원 테마

예수성심
하느님의 자비
묵주기도
성경

둠의 심연으로 내려가신 순간을 묵상할 수 있다. 예수님께서 무덤에 묻히셨을 때 세상 사람들은 그분이 완전히 죽었다고 생각했지만, 제자들은 그분의 부활을 희망하고 기다렸다. 죽은 것처럼 보이는 앙상한 가지 끝에서 꽃이 피어나기를 바라는 기다림은, 비록 그 크기는 덜할지라도 예수 그리스도의 부활을 고대했던 그 마음과 닮아 있지 않을까.

상사화 가꾸기

상사화는 내한성 5-9등급 지역에 적합한 식물이다. 냉대 기후 지역에서는 겨울철 강풍 피해를 막기 위해 구조물 근처에 심고, 뿌리덮개를 두껍게 깔아 주는 것이 좋다. 햇볕이 잘 드는 곳을 선호하지만, 오후에 드리우는 은은한 그늘에서도 잘 자란다.

상사화는 유기물이 풍부하고 물이 잘 빠지는 건조한 토양에서 가장 잘 자라며, 배수에 문제가 없다면 느슨한 점토에서도 무리 없이 자란다. 잎이 돋을 때는 보통 수준의 물이 필요하지만, 여름에는 건조하게 관리하는 것이 좋다. 초가을에 꽃이 피기 시작하면 다시 적당량의 물을 주어야 한다. 꽃은 매우 빠른 속도로 핀다.

너비가 46-61cm, 높이가 30-46cm까지 자라며 늦봄에 잎이 돋아 초여름이 되면 모두 시든다. 이후 초가을에 꽃대가 올라와 최대 61cm까지 뻗는다.

각각의 꽃대 끝에는 향기로운 나팔 모양의 꽃이 산형꽃차례로 4-7송이 피고, 꽃 지름은 최대 8cm이다. 꽃대가 돋아난 순간부터 나흘이나 닷새 만에 61cm까지 자라며 완전히 만개한다. 꽃은 보통 2주 동안 피어 있지만, 어떤 경우는 3주까지도 지속된다.

상사화는 환경에 잘 적응해 군락을 이루지만, 한번 자리 잡으면 옮겨 심지 않는 것이 좋다. 알뿌리를 나누거나 새로 심으면 다시 꽃이 피기까지 2-3년이 걸릴 수 있다.

잎이 모두 시들어 사라지면 정원에 빈자리가 남으므로, 식물을 건드리지 않도록 위치를 표시해 두고, 꽃대가 올라오는 것을 방해하지 않는 자리에 한해살이 식물을 심어 공간을 채우면 좋다. 식물이 풍해를 입지 않도록 바람을 잘 막아 주는 것도 도움이 된다.

우단동자꽃

Lychnis coronaria (Silene coronaria)

세상의 빛인 예수님께서 오시기 전, 먼저 이 세상에서 밝게 타오르던 빛이 있었다. 바로 복되신 성모 마리아와 예수님 오심을 예고한 세례자 요한이다.

우단동자꽃이 빛을 상징하는 이유는 그 학명에서 찾을 수 있다. 속명 리크니스 *Lychnis*는 그리스어로 '등불'을 뜻하는데, 고대 그리스의 의사 디오스코리데스(40-90년)가 붙인 이름이다. 당시 그리스에서는 솜털이 돋은 우단동자꽃 잎을 말려 등불 심지로 사용했다.[52] 종소명 코로나리아 *coronaria*는 '왕관'을 의미한다.

등불의 심지가 된다는 것은 곧 빛을 밝힌다는 뜻이며, 이는 세례자 요한의 사명을 상징한다. 그는 예수님의 길을 마련하기 위해 먼저 파견된 사람이다(마태 3,1-6 참조). 바로 여기서 우단동자꽃과 요한과의 관련성이 드러난다. "다홍색 우단동자꽃은 그리스도교에서 세례자 요한을 상징한다. 사람들은 '어둠 속에 앉아 있는 백성들을 비추는 빛'이라는 표현을 글자 그대로 받아들여, 불꽃처럼 붉은 이 꽃이 세례자 요한의 축일에 맞춰 핀다고 여겼고, 이 때문에 이 꽃을 '큰 촛대'라고 불렀다."[53] 19세기의 한 시인도 이렇게 노래했다. "정원의 자랑 붉은 동자꽃 / 세례자 요한의 축일에 불꽃처럼 불타오르네."[54]

예수님께서 세례자 요한에게 세례 받으심을 묵상하는 빛의 신비 자리에 우단동자꽃을 심어 보자. 또는 마리아께서 엘리사벳을 찾아보심을 묵상하는 환희의 신비 2단이나 예수님의 탄생을 묵상하는 3단에서 아기 예수님께서 성가정에 비추시는 밝은 '빛'을 표현해도 좋다.

우단동자꽃이 상징하는 또 다른 인물로는 성모 마리아와 성 요셉이 있다. 벨벳 같은 질감에 은빛이 도는 푸른 잎은 마리아께서 우리를 인도하시는 영원한 세상을, 왕관 모양의 꽃은 천상 모후이신 마리아께 씌워진 왕관과 후광을 상징한다. 세

우단동자꽃의 상징	정원 테마
사랑으로 불타는 빛	성모 마리아
성모 마리아의 장미	묵주기도
성 요셉	성인
세례자 요한	

상의 빛이신 예수님을 보살핀 성 요셉 또한 예수님의 양부로서 성인 칭호를 부여받았다.

우단동자꽃 가꾸기

우단동자꽃 Lychnis coronaria은 내한성 4-8등급 지역에 적합한 두해살이 식물로, 종자를 통해 쉽게 번식한다. 햇볕이 잘 드는 곳을 선호하며, 그늘은 견디지 못한다. 하루 중 몇 시간만 햇빛이 드는 반음지도 피하는 것이 좋다. 다만 기후가 따뜻한 지역에서는 오후의 반음지나 그늘도 괜찮다.

이 식물은 물을 많이 필요로 하지 않고, 오히려 습하거나 비가 많이 오면 쉽게 썩을 수 있다. 바위가 많은 정원이나 자갈이 있는 경사면에서 잘 자라고, 토양이 건조할수록 잎이 두꺼워지고 은빛 솜털이 선명하고 보송하게 자란다. 겨울철에는 물이 잘 빠지는 무난한 토양 환경을 유지하는 것이 중요하다.

잎은 지면 가까이에 모여 나고, 잎 가운데서 꽃줄기가 여러 갈래로 뻗어 자란다. 너비는 30-46cm, 높이는 61-91cm까지 자란다. 두해살이 식물이므로 매년 씨앗을 뿌려야 한다. 개화 기간을 늘리려면 시든 꽃을 잘라 주는 것이 좋지만, 좋은 씨앗을 얻기 위해서는 개화 중반 이후에 시든 꽃을 그대로 두어 씨앗을 맺도록 한다.

우단동자꽃을 비롯한 두해살이 식물을 화분으로 구매할 때는 꽃이 피는 주기를 맞추기 위해 2년에 걸쳐 구입하는 것이 좋다. 화분에 심은 두해살이 식물은 보통 개화기 중에 판매되기 때문에, 첫해에는 꽃이 피지 않을 수 있다. 씨앗을 심을 때에도 두 해에 걸친 주기를 고려해야 매년 꽃을 볼 수 있다. 꽃은 선명한 장밋빛이며, 개화 기간은 늦봄부터 한여름까지로 긴 편이다.

이 식물은 사람에 따라 호불호가 갈릴 수 있다. 어두운 상록수 앞에 작은 군락으로 심으면 화려한 색이 대비되어 정원에 생동감을 주고, 시든 잎만 잘 정리하면 깔끔하게 유지할 수 있다. 그러나 군락이 너무 커지면 정원이 지저분해 보일 수 있고, 썩어 가는 잎이 땅을 덮어 씨앗이 퍼지는 것을 방해해 생육에도 좋지 않다.

에린지움

Eryngium spp.,
Eryngium planum

에린지움은 유럽 중부와 남동부, 중앙아시아에서 자생하는 식물이다. 겉보기에는 날카로울 듯하지만 실제로는 가시가 없어 엉겅퀴보다 덜 위협적이다. 가시관을 떠올리게 하는 이 두 식물은 기도 정원에서 예수님의 수난을 묵상하는 데 쓰인다.

에린지움이 지닌 상징은 모두 예수님의 십자가 수난으로 이어진다. 예수님께서 얼마나 큰 고통을 겪으셨는지를 떠올려 보면, 그분이 십자가 위에서 끝까지 인내할 수 있었던 힘과 용기는 인성만으로는 설명되지 않는다. 그것은 오직 신성에서 비롯된 것이었다.[55]

성경은 예수님의 수난이 빌라도의 군사들에 의한 잔혹한 고문으로 시작되었다고 전한다(요한 19,1-2 참조). 그들은 예수님의 머리에 가시나무로 엮은 관을 씌웠는데, 조롱과 치욕의 도구였던 이 가시관과 십자가는 인류 구원을 이루신 예수님의 승리, 악에 대한 승리를 나타낸다.

에린지움과 엉겅퀴('허브와 과수' 편 참조)는 가시관을 연상시키는 데서 그치지 않는다. 에린지움의 푸른색은 영원을, 엉겅퀴의 자주색은 애도, 참회, 그리고 준비를 의미한다.

묵주기도 정원에서 에린지움은 고통의 신비 어느 지점에 두어도 의미가 깊다. 십자가의 길에도 마찬가지인데, 특히 예수님께서 사형 선고 받으심을 묵상하는 제1처에 모아 심고, 옆에 붉은 꽃을 함께 심으면 예수 그리스도의 수난과 희생을 더욱 선명히 묵상할 수 있다.

에린지움의 상징
도덕적인 용기와 힘
인내
용기
승리

정원 테마
십자가의 길
묵주기도
성경

에린지움 가꾸기

에린지움에는 다양한 품종이 있는데 모두 겉모습이 거칠고 억세다. 품종마다 자라는 크기와 색깔은 조금씩 다르지만, 재배 요건은 대부분 비슷하다.

여기서 소개하는 에린지움 플라눔*Eryngium planum*은 내한성 4-8등급 지역에서 잘 자라는 튼튼한 여러해살이 품종이다. 햇빛이 잘 드는 곳을 좋아하며, 볕이 강하게 내리쬐는 메마른 토양에서도 살 수 있다.

물은 많이 주지 않아도 되며, 오히려 토양이 축축하면 뿌리가 쉽게 썩을 수 있다. 모래 함량이 많고 물이 잘 빠지는 건조하고 척박한 곳이 좋다. 너무 비옥한 토양에서는 웃자랄 수 있어 지지대를 설치해 쓰러지지 않도록 해야 한다. 에린지움은 염분이 많은 환경에서도 잘 자란다.

에린지움은 무리 지어 자라며 꽃대가 넓게 뻗어 나가고, 너비 30-61cm, 높이 30-91cm까지 큰다. 여름 내내 푸른빛이 도는 보라색 꽃대와 은빛 잎을 감상할 수 있으므로 정원 가장자리에 배치하면 인상적인 조경을 연출할 수 있다.

넓게 각진 줄기 끝에 피는 검푸른 꽃은 초여름부터 피기 시작해 여름 내내 지속된다. 꽃과 함께 보이는 화려한 포엽(잎이 변형된 부분)을 포함하면 지름은 최대 5cm에 달한다. 드라이플라워로 활용할 계획이 없다면 시든 꽃을 수시로 잘라 주어 개화 기간을 늘릴 수 있다.

에린지움이 가뭄에 강한 이유는 땅속 깊게 뻗은 중심뿌리 덕분이다. 하지만 이 때문에 한번 자리 잡은 식물을 옮겨 심기는 어렵다.

재배 환경이 좋은 곳에서는 종자 번식을 통해 작은 군락을 이루며, 엉겅퀴와 달리 침입성이 없어 주변 식물의 생육을 방해하지 않는다.

설강화

Galanthus nivalis

수도원을 짓기 위해 고국 이탈리아를 떠나 잉글랜드로 향한 수도사들은 그들이 아끼던 알프스 설강화를 함께 가져갔다. 15세기 무렵, 그들은 수도원을 지은 뒤 알뿌리들을 정원에 심었고, 설강화는 온난한 기후에 적응해 가며 잉글랜드에 뿌리를 내렸다. 봄을 알리는 이 작고 사랑스러운 꽃은 오랜 세월 가톨릭교회와 깊은 인연을 맺었고, 지금도 오래된 교회와 수도원 유적지 주변에서 널리 자라고 있다.

설강화는 늦겨울부터 꽃을 피우기 시작하는데, 개화 시기가 종종 주님 봉헌 축일과 고대 켈트족의 봄맞이 축제인 임볼크Imbolc와 맞아떨어진다. 또 성녀 아일랜드의 브리지다 축일(2월 1일)과도 시기적으로 맞물린다. 주님 봉헌 축일은 매년 2월 2일, 예수님의 성전 봉헌과 마리아의 정결례를 기념하는 날이다. 성경에서는 이날 시메온이 아기 예수님을 "계시의 빛"이라 칭송했다고 전해진다(루카 2,29-32 참조).

춥고 밤이 긴 겨울이 지난 뒤 눈을 뚫고 피어나는 고개 숙인 작은 설강화 꽃과 연약한 잎은 고난을 이겨 낸 승리와 다가오는 영원한 생명을 떠올리게 한다. 설강화를 재배하기 좋은 환경의 정원에 십자가의 길을 마련한다면, 예수님께서 무덤에 묻히심을 묵상하는 제14처를 추천한다. 이 꽃은 죽음을 넘어선 희망과 부활이라는 의미를 나타낸다.

설강화는 '캔들마스 종Candlemas bells'이라고도 불리는데, 이는 마리아와 요셉이 아기 예수님을 성전에 봉헌하러 갈 때 설강화가 피어 있었다는 이야기에서 유래했다. 따라서 묵주기도 정원에는 환희의 신비 4단이 어울린다. 또 영광의 신비 2단에서는 희망을 품은 이들에게 주어지는 위로의 상징으로 심을 수 있다.

설강화의 또 다른 별명은 '2월의 아가씨'다. 이 이름은 2월 초에 열리던 정결례 축제에서 처녀들이 흰옷을 입고 행렬하던 관습에서 유래한다.[56] 지금도 유럽의 여

설강화의 상징

희망의 위로
깨어 있음
약속

정원 테마

십자가의 길
묵주기도

러 도시에서는 설강화가 한창 피는 1월부터 3월 사이 설강화 축제가 열린다.

1819년, 영국의 시인 윌리엄 워즈워스는 설강화가 피기를 기다리는 마음을 이렇게 표현했다.

설강화에 부쳐
외로운 꽃, 눈과 어울려 눈 속에 피어 있고 눈처럼 하얀,
하지만 훨씬 더 단호하네, 구부린 네 모습을 다시 한번 보니
너의 이마가, 마음을 다치게 할까 봐 두렵다는 듯,
초대받지 않은 손님처럼.
날마다 / 폭풍이, 산꼭대기에서 튀어나와
떠오르는 태양을 맞받아치고, 들판으로 내리닫을지라도,
너는 환영받네, 환영받네, 친구로.[57]

설강화 가꾸기

설강화속 *Galanthus*은 약 20가지의 종과 700여 가지의 품종이 있지만, 그 차이는 미묘하다.[58] 모든 설강화는 자생지에서 군락을 이루며 자랄 때 가장 돋보이며, 대개는 자연스럽게 무리 지어 자란다.

대표종인 설강화 *Galanthus nivalis*는 내한성 3-7등급 지역에 적합하고, 양지에서나 반음지에서나 잘 자란다. 하지만 보통 늦겨울에 꽃을 피워 나뭇잎이 나오기 전인 이른 봄에 지므로 햇빛 조건은 큰 의미가 없다.

적당한 양의 물이 필요하고, 낙엽이 땅을 덮어 고르게 습한 삼림 환경에서 잘 자란다. 삼림 지대 토양은 유기물이 풍부하고 물이 잘 빠지며, 부엽토(낙엽 등이 분해되면서 유기물이 공급된 흙)가 많아 설강화가 자라기에 적합하다. 설강화 무리는 높이 15-23cm, 너비 8-15cm까지 자라며, 적합한 환경에서는 알뿌리나 씨앗을 통해 번식한다.

은은한 향기를 지닌 흰 꽃은 늦겨울부터 초봄까지 피며, 잔디 같은 잎은 여름이 오기 전에 모두 시든다. 기후가 따뜻한 지역에서는 알뿌리의 수명이 짧고, 무덥고 건조한 고온 지대에서는 군락 규모가 작아질 수 있다.

둥굴레

Polygonatum spp.,
Polygonatum odoratum var.
pluriflorum 'Variegatum'

솔로몬 임금의 반지에는 정삼각형 2개가 겹쳐져 꼭짓점이 6개인 별 모양이 새겨져 있었다고 한다. 유대인 전통에서 '다윗의 별'로 알려진 이 문양은 19세기 이후 메노라(유대교 의식에 사용되는 가지가 7개 달린 촛대-옮긴이)와 함께 유대인의 정체성을 나타내는 상징으로 자리 잡았다.

둥굴레에 '솔로몬의 인장Solomon's seal'이라는 영어 이름이 붙은 유래에서는 여러 설이 있다. 한 이야기에 따르면, 둥굴레 잎자루가 떨어진 자리에는 마치 인장으로 눌러 찍은 듯 평평하고 둥근 자국이 생기는데, 일부 품종에서는 그 자국이 육각의 별 모양처럼 보이기도 한다. 또 다른 설에 따르면 둥굴레 줄기를 가로로 잘랐을 때 그 단면의 구조가 꼭짓점이 6개인 별 모양을 이루기 때문이라고 한다.

솔로몬이라는 이름은 '평화'를, 그의 또 다른 이름 여디드야는 '주님YHWH께서 사랑하시는 이'를 뜻한다. 성경에 따르면, 하느님께서 솔로몬의 꿈에 나타나 그에게 원하는 것을 물으시자(1열왕 3,5-13 참조), 그는 하느님의 백성을 다스리는 데 필요한 지혜만을 청했다. 솔로몬 임금은 마음으로 하느님의 말씀을 경청했고, 자신의 막대한 재산과 저술 활동을 통해 하느님의 평화와 번영을 백성에게 전하고자 했다.

솔로몬이 하느님의 법을 지키며 이스라엘의 상처를 치유하는 데 기여했다는 점에서, 치유 효능이 있는 약용 식물 둥굴레가 솔로몬의 인장이라는 이름을 갖게 되었다는 해석도 있다.

한편 둥근 곡선을 그리는 둥굴레 줄기는 대성당의 아치형 구조와 회랑을 연상시킨다. 또 덮개 모양의 잎은 그 아래 꽃을 보호하여 더 풍성한 결실을 맺게 하는데, 이는 교회가 신자들을 보호하고 그들이 영적 열매를 맺도록 돕는 모습을 은유적으로 보여 준다.

둥굴레의 상징

치유
성모님의 머리칼

정원 테마

성모 마리아
성경

둥굴레는 독특한 꽃 모양 때문에 '성모 마리아의 머리칼'이라고도 불린다. 둥굴레꽃이 피었을 때 아래에서 올려다보면, 그 식물의 형태가 마치 성모님이 사용했을 법한 머리빗처럼 곡선을 이루고 있다. 설화에서는 이 꽃이 성모님의 머리카락이 물결치는 듯한 형태를 닮았다고 전한다.

둥굴레 가꾸기

소형 둥굴레 품종인 무늬둥굴레 *Polygonatum odoratum* var. *pluriflorum* 'Variegatum'는 내한성 3-8등급 지역에서 재배할 수 있는데, 9등급 같은 따뜻한 곳에서도 잘 자란다는 주장도 있다. 둥굴레속 식물은 반음지 환경을 좋아하고, 물은 평균 정도 필요로 한다. 빗물 정원에 심으면 다른 식물들과 잘 어우러져 조화로운 모습을 연출할 수 있다.

이 식물은 삼림에서 잘 자라며, 정원에서 키울 때는 촉촉하고 물 빠짐이 좋고 유기물이 풍부한 토양이어야 한다. 낙엽으로 뿌리덮개를 두껍게 덮어 주면 더욱 건강하게 자란다.

화분에 한 그루만 심을 때는 너비 25-30cm, 높이 51-61cm까지 자란다. 둥굴레속 식물은 뿌리줄기로 성장하며, 생육 조건이 적절하면 군락을 형성한다. 단, 뿌리줄기가 퍼질 공간이 필요하므로 화단 가장자리에 심기에는 적합하지 않다.

무늬둥굴레는 늦봄부터 초여름에 꽃이 핀다. 꽃은 끝부분이 연녹색으로 물든 크림색 종 모양으로, 아치형 줄기 아래에 2개씩 단아하게 매달린다. 또한 한쪽 방향으로 뻗는 특성이 있어 형태가 독특하다. 잎은 진녹색 바탕에 연녹색 줄무늬와 크림색 가장자리가 어우러져 있으며, 다른 품종보다 잎이 넓고 풍성하다. 가을에는 녹색이던 잎이 은은한 금빛으로 물든다.

무늬둥굴레 줄기는 꽃꽂이 소재로 사용할 수 있다. 줄기 끝이 아직 완전히 펼쳐지지 않은 가지를 골라, 물속에 잠길 아래쪽 잎은 모두 떼어 낸다. 꽃 없이 줄기 몇 대만 꽂아도 아름답게 장식할 수 있다.

오르니토갈룸

Ornithogalum spp.,
Ornithogalum umbellatum

오르니토갈룸은 '베들레헴의 별'이라는 이름으로 널리 알려져 있는데, 이는 순백색 꽃이 예수님께서 태어나신 날에 나타났던 별을 닮았기 때문이다. 다른 흰 꽃들과 마찬가지로, 이 꽃도 순수, 순결, 희망을 상징한다.

성지에서 자라는 오르니토갈룸은 다섯 종류이다. 그중에서도 오르니토갈룸 트리코필룸*Ornithogalum trichophyllum*은 이스라엘 전역에 흔히 자생하며, 12월부터 2월까지 꽃을 피운다. 이 시기는 성탄절부터 주님 봉헌 축일까지 이어지는 40일의 기간과 맞아떨어진다.

전설에 따르면, 갓 태어난 아기 예수님이 포대기에 싸여 구유에 눕혀지자, 작은 식물이 기쁨에 넘쳐 온 땅에 꽃을 피웠다고 한다. 또 다른 이야기에서는 낮에는 동방박사들의 길을 인도한 옥스아이데이지가, 밤에는 별처럼 빛나는 오르니토갈룸이 피어나 예수님의 탄생을 알렸다고 한다. 이 작은 꽃은 마리아와 요셉이 성전에서 예수님을 하느님께 봉헌하고 마리아가 정결례를 치를 때까지 시들지 않았다고 한다.

한편 오르니토갈룸은 마리아의 눈물을 상징하기도 하는데, 이와 관련된 품종은 2가지로, 그중 하나는 앞에서 언급한 오르니토갈룸 트리코필룸이다. 마리아가 구유 곁에서 갓 태어난 예수님을 보며 흘린 기쁨의 눈물이 떨어진 자리에서 이 꽃이 피었다고 한다. 또 다른 품종인 오르니토갈룸 나르보넨세*Ornithogalum narbonense*는 3월에서 4월 사이에 꽃이 피며 예수님의 수난 사건과 관련된 이야기가 전해진다. 하나는 마리아가 예수님의 수난을 지켜보며 눈물을 흘렸는데, 십자가의 길을 따라 핀 오르니토갈룸에 그 눈물이 떨어지자, 꽃이 마리아의 슬픔에 공감하며 활

오르니토갈룸의 상징	정원 테마
순수	성령의 열매
순결	묵주기도
희망	성경
마리아의 눈물	성인
성 요셉	

짝 핀 꽃잎을 접었다는 이야기다. 또 하나는 그 눈물이 떨어진 자리에 오르니토갈룸이 뿌리를 내리면서, 예수님의 탄생 예고 때 일러 주신 하느님의 계획을 일깨워 주며 마리아를 위로했다는 것이다.

오르니토갈룸은 요셉 성인의 꽃이기도 하다. 이 꽃이 요셉의 축일인 3월 19일 무렵에 피기 때문이다. 전승에 따르면 하느님께서는 요셉이 동정 마리아의 배필이자 예수님의 양부로 선택된 인물임을 보여 주기 위해 그의 지팡이에서 백합이 두 번 피어나게 하셨다. 오르니토갈룸은 모양이 백합과 매우 흡사해 백합의 축소판이라 불릴 정도다.

오르니토갈룸 가꾸기

미국의 일부 주에서는 오르니토갈룸을 유해 잡초 또는 외래 침입종으로 분류한다. 심고 난 뒤에는 없애는 것이 거의 불가능할 뿐 아니라, 가축이나 반려동물, 어린이에게는 독성이 있다. 그런데도 이 책에서 소개하는 이유는 순전히 이 꽃의 명칭과 전설이 가톨릭교회와 연관되기 때문이다. 정원 식재로 추천하지 않지만, 만약 관심이 있다면 해당 지역의 재배 허가 요건 등을 반드시 확인해야 한다.

오르니토갈룸 움벨라툼 *Ornithogalum umbellatum*은 내한성 4-9등급의 품종으로, 완전히 그늘진 곳만 제외하면 대부분의 환경에서 잘 자란다. 생육에 필요한 물은 보통 수준이며, 습한 상태를 좋아하지 않는다. 점토질 토양을 비롯해 물이 잘 빠지고 유기물 함량이 높은 토양을 선호한다.

식물 하나의 평균 크기는 높이 15-25cm, 너비 5-10cm다. 알뿌리와 종자를 통해 번식하며, 그 속도가 빨라 금세 대규모 군락을 이룬다. 지피식물이라 숲 경계, 떨기나무 아래, 경사면에 심으면 하얀 꽃이 땅을 덮으며 자라는 아름다운 풍경을 볼 수 있다.

꽃은 흰 꽃잎 여섯 장으로 이루어져 있으며, 10-15cm의 꽃대 끝에 3-15송이가 우산 모양의 총상꽃차례로 달린다(그래서 '우산'을 가리키는 학명인 *umbellatum*이 붙었다). 초여름에 꽃이 피고, 감광성이 있어 어두운 밤이나 흐린 날에는 꽃잎을 닫는다. 대부분의 구근식물과 마찬가지로 개화 후에는 잎이 시든다.

밀짚꽃

Xerochrysum bracteatum

밀짚꽃은 호주가 원산지이며, 이 종을 포함해 오세아니아 대륙에는 총 4가지 품종이 자생한다. 18세기에 유럽으로 전해졌으며, 여름 내내 피는 선명한 색감과 종이처럼 바스락거리는 독특한 질감, 촘촘한 꽃잎(실제로는 잎이 변형된 포엽)으로 많은 사랑을 받았다.

영원한 사랑을 상징하는 밀짚꽃은 오래도록 시들지 않아 제대 꽃 장식에 적합하다. 잘 건조시키면 드라이플라워로 수년간 감상할 수 있으며, 이처럼 오래 가는 특성 때문에 '영원한 꽃everlasting flower'이라는 별칭을 얻었다.

꽃이 시든 뒤에도 아름다움을 유지하는 밀짚꽃의 모습에서 사람들은 쉽게 영원을 떠올린다. 더 넓은 의미에서는 '영원한 포용'을 상징하기 때문에 기도의 정원 어디에나 어울린다.

'영원히 시들지 않는 꽃'이라는 상징성에 힘입어, 이 꽃은 비교적 최근에 성모 마리아와도 연관되고 있다. 따라서 묵주기도 정원에서 신비를 표현하는 모든 단에 두루 어울린다. 특히 밀짚꽃이 끈기와 인내를 잘 표현한다는 점에서 고통의 신비를 묵상하는 곳에 가장 적합하다. 같은 이유로 십자가의 길 정원에도 심기를 추천한다.

우크라이나에는 젊은 여성들이 화환을 엮어 머리에 쓰는 전통이 있는데, 이 화환에 12가지 약용 식물 중 하나인 밀짚꽃이 포함된다. 밀짚꽃은 영육의 건강과 영원을 상징한다.

밀짚꽃의 상징

불멸
영원한 포용
영원한 사랑

정원 테마

예수성심
십자가의 길
성모 마리아
묵주기도

밀짚꽃 가꾸기

밀짚꽃은 품종마다 크기, 색상, 화형이 다양하다. 중심부가 데이지처럼 도드라진 품종도 있고, 꽃잎이 피보나치수열처럼 규칙적으로 난 품종도 있다. 색은 연한 파스텔부터 짙고 선명한 색까지 다채로우며, 종이처럼 바스락거리는 포엽은 모든 품종에 공통된 특징이다.

일부는 내한성 8-10등급 지역에서 한해살이로 자란다. 햇볕이 잘 드는 곳에서 가장 잘 자라며, 오후에 약간 그늘이 져도 견딜 수 있다. 그러나 완전히 그늘지면 줄기가 웃자라고 꽃이 적게 피며, 흰가루병 같은 곰팡이병에 걸리기 쉽다.

밀짚꽃은 물이 적어도 잘 자라 내건성 조경이나 사막 정원에 적합하다. 배수가 잘되고 약산성이며 양분이 풍부한 토양을 좋아한다. 에린지움처럼 온도가 높은 정원에서도 잘 자란다.

크기는 품종마다 다르지만 대개 너비 15-46cm, 높이 61-91cm까지 자라며, 국화과답게 흰색 또는 노란색 꽃잎이 둥근 중심부를 둘러싼다. 꽃은 늦봄부터 서리 내리기 전까지 지속적으로 피며, 시든 꽃을 제거하면 개화 기간을 연장할 수 있다. 밀짚꽃은 다음과 같이 말려서 활용할 수도 있다.

1. 말리는 동안 계속 꽃이 피므로 아직 완전히 피지 않은 꽃을 고른다.
2. 줄기를 약 25cm 길이로 자르고, 잎은 모두 제거한다.
3. 꽃줄기 6-8대를 모아 고무줄이나 금속 장식이 없는 끈으로 줄기 끝에서 5cm 정도 떨어진 지점을 묶는다. 이때 곧은 지지대나 연필을 함께 묶으면 꽃줄기가 휘지 않고 똑바로 마른다.
4. 통풍이 잘되고 건조하며, 서늘하고 어두운 곳에 줄을 설치하고 묶은 꽃을 거꾸로 매단다. 작은 선풍기를 틀어 두면 공기 흐름이 원활해진다.
5. 약 3주 후 꽃이 완전히 건조되면 드라이플라워로 사용한다.

꽃을 거꾸로 매달아 말리는 대신 철사를 활용하는 방법도 있다. 아직 완전히 피지 않은 꽃을 골라 줄기를 자른 뒤, 0.65mm(22게이지) 굵기의 철사를 위에서 찔러 꽃을 관통시킨 다음 아래로 내린다. 철사를 스티로폼 보드에 꽂고, 앞서 설명한 건조 방법을 따른다.

해바라기

Helianthus annuus,
Helianthus annuus 'Ring of Fire'

대부분의 해바라기종 식물은 생육기 동안 빛을 따라 움직이는 독특한 생리적 현상을 보인다. 식물뿐만 아니라 동물에서도 관찰되는 이러한 현상을 향일성이라고 한다. 이는 빛이 있는 방향으로 굽어 자라는 굴광성과 혼용되지만, 엄밀히 말하면 둘은 서로 다른 개념이다.

19세기에 해바라기가 '믿음의 상징화'라고 불린 까닭은 해바라기의 향일성 때문이다. 당시 사람들은 해바라기가 언제나 태양을 바라보며 하루 종일 그 빛을 따라 움직이고, 저녁이 되어 어두워지면 태양이 다시 다시 떠오르기를 기대하면서 고개를 돌린다고 믿었다. 우리 신앙인의 자세도 이와 같다. 우리의 시선은 하느님께서 비추시는 사랑의 빛으로 향하고, 우리가 어둠에 처할 때도 오로지 빛의 근원이신 하느님께 되돌아가기 때문이다.

해바라기는 '마리아의 황금꽃'이라고도 불리는데, 이 역시 태양만을 바라보는 해바라기의 특성에서 유래한 이름이다(이 별칭은 다른 노란색 꽃에도 흔히 붙는다). 마리아(와 요셉)는 하느님의 신비로운 계획에 따라 살며 움직이면서, 헌신과 믿음의 자세로 세상의 빛이신 예수님을 늘 바라보며 살았다. 특히 십자가의 어둠이 닥쳤을 때, 마리아는 하느님께 온전히 의지하며 당신 아들이 다시 오리라는 믿음으로 기다렸다.

해바라기의 또 다른 이름은 '성 바르톨로메오의 별'이다. 열두 사도 중 한 명인 성 바르톨로메오는 갈릴래아 카나 출신의 나타나엘로도 알려져 있다. 그는 그리스도교 박해가 심했던 곳에서 복음을 전하다 순교했으며, 그의 축일인 8월 24일은 해바라기가 한창 만개하는 시기다. 바르톨로메오 역시 해바라기처럼 세상의 빛이신 예수님을 향해 살았고, 별처럼 예수님의 빛을 온 세상에 비추었다.

해바라기의 상징

흠숭
헌신

정원 테마

덕
성모 마리아
성인

해바라기 가꾸기

해바라기의 가장 대표적인 특징은 짙은 갈색 중심부와 그 주위를 둘러싼 노란 꽃잎이다. 여기서 소개하는 링 오브 파이어 *Helianthus annuus* 'Ring of Fire'는 내한성 2-11등급 지역에 적합한 한해살이 품종이다.

해바라기는 햇볕이 잘 드는 곳에 심어야 하고, 물은 보통 수준으로 주면 된다. 토양은 유기물 함량이 높고 물이 잘 빠지며 촉촉해야 한다. 꽃잎 색상의 선명도는 토양의 질에 따라 달라진다. 건강한 토양에서는 꽃잎 안쪽이 검붉은색이지만, 토질이 나쁘면 탁한 적갈색이다.

이 품종은 성장이 빨라 너비 61-91cm, 높이 1.2-1.5m까지 자란다. 가지가 잘 발달하여 큰 꽃을 여러 송이 피운다. 그렇기 때문에 햇볕이 충분히 들고 바람을 막을 수 있는 화단 뒤쪽에 심는 것이 좋다. 줄기가 튼튼한 편이지만 만약을 대비해 지지대를 설치해 주는 것이 좋다.

'링 오브 파이어'는 늦여름에 꽃이 피기 시작해 서리가 내릴 때까지 계속 꽃을 피우는 경우가 많다. 처음에는 선명한 붉은색의 꽃봉오리를 피우기 시작해, 지름이 최대 13cm에 달하는 꽃의 끝부분에 특유의 황금빛이 더해진다.

다른 품종은 꽃이 만개하면 잎이 갈변하고 시들어 공간이 지저분해지지만, '링 오브 파이어'는 개화 시기가 늦고 잎도 오랫동안 푸르름을 유지해 정원 미관을 해치지 않는다.

꽃이 지고 씨앗이 맺히면 꽃 중심부를 줄기에 그대로 남겨 두고 겨우내 야생 동물에게 먹이로 줄 수 있다. 아니면 그 부분을 잘라 말린 다음, 문질러서 씨앗을 털어 내어 새 모이로 줄 수도 있다. 사람이 먹을 목적이라면 씨앗이 더 크고 수확용으로 개발된 품종을 택하는 것이 좋다.

튤립

Tulipa spp.,
Tulipa 'Prinses Irene Parkiet'

튤립속에는 현재 3천 가지가 넘는 품종, 교배종, 변종이 있으며 크게 15가지로 분류된다. 튤립속의 자생 범위는 유럽, 서아시아와 중앙아시아, 북아프리카에 걸쳐 있으며, 특히 튀르키예에 많이 분포한다. 튤립의 학명인 튤리파*Tulipa*는 페르시아어로 '두건'을 의미하는 톨리반*toliban*에서 유래했다.[59] 오늘날 우리에게 친숙한 튤립은 대부분 16세기부터 네덜란드에서 재배 및 개량되어 온 품종들이다.[60]

이처럼 품종은 다양하지만, 튤립은 모두 거룩한 사랑, 완전한 사랑, 그리고 덧없는 삶이라는 상징성을 공유한다. 플랑드르 회화에서 튤립은 인생무상을 상징하는 대표적인 소재로 등장한다. 《자연과 상징, 그림으로 읽기》에서는 17세기 네덜란드의 튤립 파동과 당시의 상황을 다음과 같이 설명했다. "튤립을 소재로 한 수많은 정물화는 … 튤립 파동과 그에 따른 경제적 혼란과 분명히 연관되어 있다. … 값이 비싸고 아름다운 튤립은 바니타스vanitas 정물화에 많이 등장했는데, 이는 죽음 앞에서 세속적 재산의 덧없음, 인생의 무상함을 표현한다."[61]

한편 튤립은 어두워지면 꽃잎을 오므리는 습성 때문에 '마리아의 기도'라고도 불린다. 기도의 덕이란 어둠 속에서 하느님의 인도를 청하거나 그분께 감사를 드리는 것이다. 마리아는 이러한 기도의 모범으로 가브리엘 대천사로부터 하느님의 계획을 전해 듣고 그 뜻에 기꺼이 순종했으며, 예수님과 함께한 모든 순간에도 늘 기도를 멈추지 않았다.

튤립은 날이 밝아 빛을 받으면 꽃잎을 다시 펼친다. 이는 하느님의 빛이 영혼의 문을 열어 주는 모습을 연상시킨다. 다른 꽃들과 마찬가지로 튤립도 햇빛을 받지 못하면 시들기 마련인데, 그 속도가 유난히 빠르다. 이는 거룩한 빛이 우리 삶에서 사라지면 영혼이 쉽게 쇠락할 수 있음을 묵상하게 한다.

튤립의 상징

거룩하고 완전한 사랑
삶의 덧없음
마리아의 기도

정원 테마

예수성심
덕
성모 마리아
성경

튤립 가꾸기

튤립속에는 다양한 품종이 있다. 꽃잎 표면이 매끈한 것도 있고, 꽃잎이 겹겹이 포개지거나 끝부분이 레이스처럼 갈라진 것도 있으며, 꽃잎의 형태도 폭이 넓은 것부터 길고 좁은 것까지 다양하다. 색상도 무지개 색이 거의 다 있으며, 단색뿐만 아니라 여러 색이 섞인 품종도 있다. 대부분의 튤립은 알뿌리에서 줄기 하나가 올라와 꽃을 피우는데, 일부 품종은 줄기가 여러 갈래 나오기도 한다.

여기서는 분류상 제10군(앵무새 튤립, parrot tulip)에 속하며 '프린세스 아이린Princess Irene'이라는 이름으로 잘 알려진 품종을 소개한다. 이 튤립은 내한성 4-6등급 지역에 적합하고, 하루에 최소 5시간 이상의 직사광선을 받아야 잘 자란다. 따뜻한 기후에서는 오전에는 햇볕이 들고 오후에는 약간 그늘진 곳에서 가장 잘 자란다.

생육에 필요한 물의 양은 보통 수준으로, 겨울에는 서늘한 온도와 촉촉한 토양이 유지되는 곳이 좋다. 유기물 함량이 높고 물 빠짐이 좋은 토양이 이상적이지만, 양분이 많은 점토에서도 무리 없이 자란다.

튤립 줄기 하나는 너비 8-15cm, 높이 30-51cm까지 자란다. 튤립은 단독이나 일렬로 심기보다는 무리 지어 심을 때 가장 보기 좋다.

이 품종은 개화 시기가 상대적으로 늦다. 꽃 모양은 저마다 다르지만, 모든 꽃은 울퉁불퉁한 꽃잎 끝부분과 비슷한 색 조합을 지닌다. 앵무새 튤립은 꽃이 크고 무거우므로 강풍을 피할 수 있는 자리에 심는 것이 바람직하다. 꽃은 은은한 향기가 나며, 꽃꽂이용으로 적합하다.

원예종은 특별하게 관리하지 않는 한 1년 이상 꽃을 보기 어려워 대개 한해살이로 취급한다. 반면 '다윈 하이브리드Darwin Hybrids(제4군)', '카우프마니아나Kaufmanniana(제12군)', '포스테리아나Fosteriana(제13군)', '그레이기Greigii(제14군)' 등은 여러 해 동안 꽃을 볼 수 있다.

베로니카

Veronica,
Veronica spicata 'Blue Charm'

베로니카 꽃에 얽힌 이야기들을 모아 보면 모두 성녀 베로니카의 충실한 믿음이 언급된다. 일부 학자들은 베로니카라는 꽃 이름이 혈루증을 오래 앓다 예수님 옷자락에 손을 댄 후, 병을 치유받고 그분의 제자가 되었다고 성경에서 전해지는 여인 베레니케를 지칭한다고 주장한다.

베로니카의 어원은 그리스어 베레니케*Berenike*로, 이는 라틴어로 '참된'을 의미하는 베라*vera*와 그리스어로 '형상'을 의미하는 에이콘*eikōn*의 합성어다.[62] 십자가의 길 제6처에 등장하는 성녀 베로니카는 예수님께서 수난을 당하실 때 곁에 있던 사람 중 한 명으로, 그녀가 예수님의 얼굴을 닦아 드린 수건에는 예수님의 얼굴 형상이 남았다고 전해진다.

나는 십자가의 길 제6처를 묵상할 때마다 성녀 베로니카의 용기에 대해 깊이 생각하곤 한다. 베로니카는 무거운 십자가를 메고 힘겹게 한 걸음 한 걸음 내딛는 예수님을 바라보고 있었다. 거대한 나무 십자가보다 우리의 큰 죄가 예수님의 어깨를 더욱 무겁게 짓누르고 있었다. 예수님을 둘러싼 빌라도의 난폭한 군사들로 인해 드러난 악의 실체가 이 장면을 지배하고 있다.

베로니카는 예수님께서 온 힘을 다해 버티고 계신 모습을 바라보았다. 채찍질로 피투성이가 된 예수님의 몸에서 느껴지는 아픔이 그녀의 마음에 그대로 전해졌다. 그러나 베로니카는 고통받는 예수님에게서 시선을 돌리지 않았다. 한 인간이 비참하게 파괴되어 가는 모습 앞에서 약해지지 않고, 오히려 그 잔혹함 속에서 연민을 실천할 힘을 얻었다. 베로니카는 두려움을 무릅쓰고 예수님께 한 발짝 다가가 그녀가 할 수 있는 단 하나의 행동, 바로 친절을 행했다.

베로니카는 하느님의 얼굴에 손을 뻗어, 악의 무리로 인해 얼룩진 피와 땀을 닦

베로니카의 상징

신의
작별

정원 테마

십자가의 길
성령
성모 마리아, 묵주기도
성경, 성인

아 냈다. 고통을 겪고 있는 예수님과 눈이 마주친 순간, 영원과도 같은 시간이 흘렀다. 그녀를 알아본 예수님의 눈빛은 조금 더 또렷해졌고, 그 인식 속에서 서로의 용기를 확인했다. 십자가의 길, 그곳은 형언할 수 없는 악과 깊은 연민이라는 상반된 힘을 나란히 드러내는 곳이었다.

베로니카의 또 다른 이름은 '작별'을 뜻하는 스피드웰speedwell이다. 베로니카가 예수님 곁에 있었던 순간 예수님께서 죽음을 앞두고 계셨으므로 작별의 의미를 상징적으로 잘 드러낸다.

베로니카 가꾸기

베로니카Veronica는 질경잇과에 속하는 식물로, 수백 종에 이르는 가장 큰 속 중 하나다. 한해살이와 여러해살이가 있고, 높이가 8cm에 불과한 지피식물부터 1.2m에 달하는 키다리 품종까지 종류도 다양하다. 꽃은 단독으로 피기도 하고, 긴 꽃대에 여러 송이가 피기도 하며, 오밀조밀 무리 지어 피거나 무질서하게 흩어져 피기도 한다. 그중 베로니카 '블루 참' Veronica spicata 'Blue Charm'은 비교적 키가 큰 품종 중 하나로, 갓 피어난 꽃들이 달린 꽃대가 부드러운 곡선을 그린다.

이 품종은 내한성 3-8등급으로 하루 최소 6시간 이상 직사광선을 쬐어야 한다(오후 그늘 정도는 괜찮다). 뿌리가 얕아 가뭄에 취약하므로 꾸준히 평균 습도를 유지해야 하며, 유기물이 풍부하고 배수가 잘되는 토양이 좋다. 보통 너비가 30-46cm, 높이가 61-91cm까지 자라므로 화단 뒤편에 배치하는 것이 좋다. 한 해에 여러 번 꽃이 피고 외형이 독특해 정원에서 뛰어난 존재감을 발휘한다.

연보라색이나 짙은 파란색 꽃은 초여름부터 가을까지 총상꽃차례로 피며, 시든 꽃을 수시로 잘라 주면 개화 기간을 연장할 수 있다. 꽃차례 아래가 시들기 시작하면 꽃이 핀 줄기나 잎이 난 마디까지 잘라 낸다.

봄에 새순이 트기 시작할 때 바로 순을 따 주면, 가지가 더 많이 갈라지고 꽃대도 더 많이 생긴다. 더 풍성하게 키우고 싶다면 3주 뒤에 전체 길이의 1/3 정도를 다시 잘라도 좋다. 이렇게 하면 식물의 키는 작아지지만, 블루 참은 원래 키가 큰 품종이므로 크게 문제되지 않는다.

제비꽃

Viola odorata

가브리엘 대천사가 마리아에게 예수님 잉태를 예고하면서 흰 백합을 건네는 장면은 많은 이에게 익숙하다. 그런데 흰 백합의 존재는 알아도 그 장면에 작은 제비꽃이 함께 등장한다는 사실을 아는 사람은 많지 않다.[63] 전설에 따르면, 가브리엘 대천사가 마리아를 찾아와 하느님의 계획을 이야기한 그 순간 마리아의 방 창문 밖에는 보라색 제비꽃이 피어 있었다고 한다. 임무를 마친 가브리엘 대천사가 하늘로 돌아가기 전 잠시 걸음을 멈추고, 마리아가 사랑하는 제비꽃을 축복하며 그녀의 겸손한 마음을 닮은 은은한 향기를 꽃에 선물했다.[64]

키 큰 식물들 사이에서 아담하게 피어나는 제비꽃은 오랫동안 겸손의 상징으로 여겨져 왔다. 여러 성인과 학자들은 작지만 당찬 제비꽃의 모습에서 마리아의 수수한 아름다움과 겸손을 떠올리고, 예수님께서 돌아가시는 순간까지 하느님의 계획에 순종하고 인내한 마리아의 모습을 연상했다.

한편 흰 제비꽃은 이탈리아 산 지미냐노의 성녀 세라피나의 꽃으로 알려져 있다. 겸손하고 순수한 마음을 가진 세라피나는 비록 자신도 물질적으로 풍족하지 않았지만, 어려운 이들을 위해 기꺼이 봉사했다. 이후 중병으로 병상을 떠날 수 없게 되었을 때도 다른 이들을 위해 기도하며 자신의 삶을 하느님께 봉헌했다. 세라피나는 병마를 이기지 못하고 열다섯의 나이로 세상을 떠났는데, 그녀가 누워 있던 나무판에서 시신을 들어 올리자 그곳에 흰 제비꽃이 피어 있었다고 한다.

또 다른 전승에 따르면 예수님께서 못 박히신 십자가가 땅에 그림자를 드리우자 그 자리에 보라색 제비꽃이 피었는데, 큰 슬픔에 잠긴 제비꽃이 고개를 떨구었다

제비꽃의 상징

겸손
인내

정원 테마

십자가의 길
성령의 열매
성모 마리아
묵주기도
성경
성인

고 한다. 보라색은 죽음을 애도하는 가톨릭교회의 전례색인 동시에, 영적이고 신비로운 색깔로 권위와 결단을 상징한다. 이 같은 상징성을 담아 예수님의 십자가 죽음을 묵상하는 십자가의 길 제12처를 제비꽃으로 장식해 보자. 제비꽃은 종자로 널리 번식하는 특성이 있어 한 곳에 심으면 곧 십자가의 길 곳곳에서 자연스럽게 피어나는 모습을 볼 수 있다.

성경에 제비꽃이 직접적으로 언급된 구절은 없으나, 제비꽃의 원산지가 팔레스타인이라는 점을 고려하면 마태 6,28의 "들에 핀 나리꽃"에 제비꽃도 포함될 가능성이 높다.

제비꽃 가꾸기

스위트 바이올렛 또는 우드 바이올렛이라 불리는 향제비꽃 *Viola odorata*은 내한성 4-8 등급 지역에서 재배할 수 있는 야생종이다. 볕이 들든 들지 않든 잘 자라지만, 한낮의 강한 직사광선은 피하는 것이 좋다. 생육에 필요한 물의 양은 보통 수준이며, 촉촉하고 물 빠짐이 좋은 점토를 비롯해 대부분의 토양에서 잘 자란다.

너비는 20cm, 높이는 10cm 정도로 작지만, 스스로 씨를 떨어뜨려 숲이나 들판 등으로 쉽게 번져 나간다. 꽃은 향기가 좋고 보라색이 가장 흔하지만, 흰색과 분홍색도 종종 볼 수 있다.

봄부터 여름까지 피는 꽃은 꿀벌에게 좋은 봄철 먹이를 제공한다. 꽃과 어린잎은 식용 가능하며, 이 식물은 지난 수 세기 동안 약재로도 사용되었다.

향제비꽃은 아시아와 유럽이 원산지이며, 북미와 호주에는 나중에 소개되었다. 자연스러운 스타일의 정원에는 향제비꽃을, 깔끔하고 단정한 정원에는 삼색제비꽃(팬지, *Viola tricolor*)을 추천한다.

서양톱풀

Achillea millefolium,
Achillea millefolium 'Paprika'

서양톱풀은 오래전부터 약재로 쓰인 식물로, 고대의 여러 문헌에서도 그 약효에 대한 기록을 찾아볼 수 있다. 특히 금속 무기로 인한 출혈을 멎게 하고 상처를 치료하는 데 탁월한 효과가 있어, 고대 영국과 유럽에서는 군인들이 전장에 나갈 때 서양톱풀을 반드시 챙겼다고 한다.[65]

서양톱풀이 그리스도와 연관된 이유는 적에 맞서 싸우는 군인들이 사용했던 식물이라는 상징성도 있고, 상처를 치유하는 능력도 있기 때문이다. 여기서 의미하는 상처란 '죄의 상처'이다. 붉은색 서양톱풀의 별칭은 '예수님의 등Our Lord's Back'인데, 이는 예수님께서 기둥에 묶여 채찍질 당하신 수난과 십자가를 지고 골고타로 가는 길에 당했던 매질을 떠오르게 한다. 이 꽃을 십자가의 길이나 묵주기도 정원의 고통의 신비 자리에 심으면 더욱 깊은 묵상을 하는 데 도움이 된다.

인간이 죄에서 치유될 때 회개와 복음화가 이루어진다. 이 회개와 복음화는 자신의 회심에만 머물지 않고, 다른 이들에게 복음을 전하고 그들이 회개하도록 이끄는 것까지 포함한다. 이는 모든 그리스도인에게 주어진 사명이기도 하다.

서양톱풀과 관련된 성인으로는 성 베니뇨와 성 파트리치오가 있다. 성 베니뇨는 서양톱풀을 비롯한 여러 들꽃의 수호성인이다(축일은 11월 9일). 그는 어렸을 때 성 파트리치오를 만나 세례를 받고 그의 충실한 제자가 되었다. 스승과 복음을 전하러 다니며 미사 때마다 성가를 불렀던 베니뇨는, 어느 날 정원 그늘에서 스승이 낮잠을 자는 동안 곁을 지키며 나직이 노래를 불렀다. 그때 흙먼지가 묻은 스승의 옷에 벌레가 날아드는 것을 본 그는 정원과 들판에서 향기로운 식물을 꺾어 와 스승의 옆에 두었다. 그 식물들 중 하나가 바로 야생 서양톱풀이었다.

이 이야기를 떠올리며 성 파트리치오의 정원에 어떤 색깔이든 서양톱풀을 심어

서양톱풀의 상징

치유
영감
새로운 시작, 새로운 삶
복음화

정원 테마

십자가의 길
묵주기도
성인

보자. 서양톱풀은 악을 물리친다는 상징과 더불어, 꿀을 찾는 벌과 나비를 불러 모으는 꽃처럼 다른 이들을 신앙으로 이끄는 복음화를 상징한다.

서양톱풀 가꾸기

서양톱풀 '파프리카'는 내한성 3-8등급에 적합한 식물로, 다른 서양톱풀 품종들과 마찬가지로 하루 종일 해가 드는 곳에서 키워야 한다. 성장 초기에는 적당한 수분이 필요하지만, 생장이 어느 정도 이루어진 뒤에는 다소 건조한 환경도 잘 견딘다.

물이 잘 빠지는 사질양토가 이상적이기는 하나, 척박한 토양에서도 무리 없이 자란다. 단, 지나치게 습하고 비옥한 토양이나 음지에서는 줄기가 약해질 수 있다. 이 품종은 잎에서만 향기가 나고 꽃에서는 향이 나지 않는 것이 특징이다.

서양톱풀은 무리 지어 자라며, 꽃이 만개하면 너비 50-64cm, 높이 61-76cm까지 성장한다. 꽃은 한여름부터 피기 시작하며, 시든 꽃을 틈틈이 잘라 주면 가을까지 꽃을 감상할 수 있다(시든 꽃 몇 송이는 겨울철 새들의 먹이로 남겨 두자). 꽃은 지름 5-8cm의 산방꽃차례(평평하거나 살짝 둥근 모양으로 모여 피는 형태)로 피고, 각각의 작은 꽃은 가운데 부분이 선명한 노란빛을 띠며, 처음에는 짙은 주황색으로 피었다가 점차 흐린 분홍색으로 바랜다. 꽃이 피기 전에 꽃대를 자르면 전체적인 모양을 정돈하고 개화도 촉진할 수 있다.

톱풀속 *Achillea*은 땅속줄기가 깊고 넓게 퍼지면서 촘촘한 매트 형태로 뿌리가 발달한다. 따라서 가뭄을 잘 견디고, 경사지나 푸석푸석한 토양을 안정시키는 데 효과적이다. 또한 염분에 강해서 해안가에서도 잘 자란다.

서양톱풀은 뿌리와 씨앗으로 왕성하게 번식하며, 일부 지역에서는 침입성 잡초로 여겨지므로 적절한 관리가 필요하다. 원치 않는 장소에 서양톱풀이 번식해 자라고 있다면 발견 즉시 제거하는 것이 좋다. 다 자란 식물은 3-4년에 한 번 뿌리째 파내어 포기나누기를 하면 좋다.

안젤리카 / 사과 / 바질
캐모마일 / 오이 / 무화과
박 / 포도 / 라벤더
레몬나무 / 파슬리 / 복숭아
자두 / 석류 / 금잔화
로즈메리 / 서양금사매 / 감송
딸기 / 탄지 / 엉겅퀴 / 타임

Herbs and Edibles

허브와 과수

안젤리카

Angelica archangelica

천사가 알려 준 약초로 수천 명의 목숨을 역병에서 구했다는 이야기를 들어본 적이 있는가? 이는 유럽에서 오래전부터 전해 오는 유명한 설화다.

대부분의 약초가 여러 별칭을 갖는 것과 달리, 안젤리카는 '천사로부터'라는 뜻의 이름만으로 불린 독특한 식물이다. 전해지는 이야기에 따르면, 1665년 한 수도사가 역병으로 죽어가는 사람들을 살릴 방법을 찾기 위해 고군분투하고 있었다. 그는 당시 원예와 약초 교육의 중심지였던 베네딕도회 소속으로 추정된다. 그러던 어느 날, 치료 방법을 찾기 위해 간절히 기도한 그에게 하느님의 대천사가 나타나 병을 치료할 수 있는 식물을 알려 준다(그의 꿈에 나타났다고도 한다).

수도사는 천사의 도움을 잊지 않기 위해 그 식물을 안젤리카라 부르고 그 뒤에 아르칸젤리카*archangelica*(archangel은 '대천사'라는 뜻-옮긴이)를 덧붙였다. 흥미롭게도 14세기 유럽에서 흑사병이 창궐했을 때도 안젤리카는 '가르멜 워터'라는 약용 음료의 주요 원료로 사용되었다.

또한 성 미카엘 대천사의 발현 축일인 5월 8일 무렵에 꽃이 핀다는 이유로 안젤리카로 불리게 되었다. 수백 년 동안 다양한 치료제로 쓰인 이 식물은 의학적 효능뿐만 아니라 영적 효과로도 잘 알려졌다. 뿌리부터 잎까지 모두 약으로 쓰였으며, 성 미카엘이 악을 물리치는 위대한 수호자이듯 안젤리카에도 악을 쫓는 힘이 있다고 믿었다. 안젤리카라는 이름이 붙기 전부터 사람들은 이 식물을 하느님이 주신 만병통치약이라 여겨 '성령의 뿌리'라고 불렀다.

안젤리카에는 50종 이상이 있으며, 그중 유라시아 자생종인 안젤리카 아르칸젤리카의 뿌리와 열매에서 추출한 향유는 향수나 리큐어에 사용되고, 어린순은 달콤한 향이 나는 과자를 만드는 데 활용된다. 뿌리와 잎을 우려낸 차는 호흡기 질환

안젤리카의 상징	정원 테마
성령의 뿌리	성령
보호	천사
영감	

허브와 과수 **181**

을 완화하는 민간요법으로 알려져 있다. 안젤리카가 많이 자라는 아이슬란드에서는 약초가 아닌 채소로 취급되며, 기근이 닥쳤을 때 많은 이의 생명을 살렸다는 기록이 있다.[1]

안젤리카 가꾸기

안젤리카(당귀)는 내한성 3-7등급 지역에 적합한 식물로, 햇볕이 잘 드는 곳이나 반양지에서 잘 자란다. 촉촉하고 비옥한 토양을 좋아하며, 습지, 강가, 빗물 정원처럼 건조하지 않은 곳을 가장 좋아한다. 안젤리카는 너비 61-120cm, 높이 91-180cm에 달하는 대형 식물로, 초여름에 피는 둥그스름한 꽃과 커다란 잎 덕분에 정원 뒤쪽에 심으면 멋진 배경을 연출할 수 있다.

두해살이 식물인 안젤리카는 첫해에 잎을 내고 2-3년째에 꽃을 피워 씨를 맺은 뒤 시든다. 씨앗을 맺기 전에 꽃대를 자르면 수명 주기가 길어져 몇 년 동안 생육을 지속할 수 있다.[2] 특유의 향기를 내뿜는 안젤리카는 독성이 강한 독미나리 *Cicuta maculata*와 겉모습이 유사해 혼동할 수 있으므로 야생에서 함부로 채취하지 않도록 한다.

보랏빛 꽃이 피고 잎 색이 짙은 품종으로는 미국 안젤리카 *Angelica atropurpurea*, 안젤리카 '에보니' *Angelica sylvestris* 'Ebony', 안젤리카 '비커스 메드' *Angelica sylvestris* 'Vicar's Mead' 등이 있다.

사과

Malus pumila,
Malus domestica 'Haralson'

성경 속 에덴동산의 선악과가 실제로 어떤 열매였는지는 의견이 분분하다. 어떤 이들은 구약성경 구절을 근거로 석류, 모과, 오렌지, 살구라고 주장한다.[3] 그러나 지난 수백 년 동안 회화에서 선악과를 대표하는 과일은 사과였다.

J. 폴 게티 미술관의 도서 시리즈인 *A Guide to Imagery* 중 《자연과 상징, 그림으로 읽기》에는 다음과 같은 설명이 있다. "일부 정물화에 … 썩은 사과가 하나 또는 여러 개 있을 때 여기서 사과는 원죄를 상징한다. 반면 어린 예수님이나 성모님이 사과를 들고 있는 경우에는 정반대로 구원과 대속을 뜻한다."[4]

사과나무에는 성 프란치스코와 관련된 흥미로운 이야기가 있다. 어느 초겨울날, 프란치스코는 마을 사람들에게 복음을 전파하려는 자신의 노력이 열매를 맺지 못하고 있다는 생각에 풀 죽은 마음으로 길을 걷고 있었다. 그는 잎이 모두 떨어진 앙상한 사과나무를 보고 손을 뻗어 나뭇가지를 잡고 말했다. "하느님, 당신에 대해 가르쳐 주십시오!" 그가 이 말을 끝내자마자, 기도에 응답이 이루어지듯 기적처럼 나무에서 꽃이 피어나기 시작했다.

이탈리아 스폴레토의 성녀 아분단시아에 얽힌 전설도 있다. 여덟 살이던 해 그녀는 황금 사과를 들고 있는 어린 예수님을 그린 그림을 보고, 그 황금 사과를 갖고 싶다고 생각했다. 그 순간 그림 속 예수님께서 그녀에게 사과를 건네주셨다. 어린 아분단시아는 너무도 기쁜 나머지 예수님께 무언가를 드리고 싶어서 매서운 겨울 추위도 잊고 밖으로 뛰어나갔다. 놀랍게도 밖에는 아름다운 꽃들이 만발해 있었고, 그녀는 꽃다발을 만들어 제대에 바쳤다.[5]

한편 껍질, 과육, 씨앗으로 이루어진 사과는 삼위일체 교리를 가르치는 데 자주 쓰인다.

사과의 상징

유혹
인간의 타락
대속
영원한 사랑
불멸

정원 테마

성경
성인

사과나무 가꾸기

사과나무속 Malus에는 약 35가지 종과 7천5백 가지 이상의 재배종이 있으며, 그 수는 계속 증가하고 있다. "가장 흔히 볼 수 있는 사과나무의 학명은 *Malus pumila*이며 그 외에도 *Malus domestica, Malus sylvestris, Malus communis, Pyrus malus*라고도 한다. … 이처럼 복잡한 명명법 때문에 식물학계에서는 사과나무 품종 분류를 두고 논쟁이 많다."[6]

　이러한 다양성을 고려해, 보통의 품종보다 키가 작아서 가정 정원이나 소규모 과수원에서 키우기 적당한 품종 3가지를 소개한다. 모두 생육에 필요한 물의 양은 보통 수준이며, 햇볕이 잘 들고 약산성에 배수가 잘되는 비옥한 토양에서 잘 자란다. 수분受粉을 위해서는 반경 30m 안에 개화 시기가 같은 나무가 한 그루 더 있어야 하며, 그 나무는 꽃사과나무여도 무방하다. 모든 사과나무는 매년 늦겨울에 가지치기해야 한다.

　'프리덤' *Malus domestica* 'Freedom'은 내한성 4-8등급 품종으로 너비 3.7-4.9m, 높이 4.6m까지 자란다. 크고 아삭하며 과즙이 풍부한 열매는 생식뿐만 아니라 요리에도 적합하며, 주스나 술을 만드는 데도 활용할 수 있다. 심은 지 2-5년이 지나면 열매를 맺기 시작하여 늦여름에 수확하는데, 병충해에 강하다는 특성이 있다.

　'해럴슨' *Malus domestica* 'Haralson'은 내한성 3-7등급 품종으로 너비와 높이 모두 3.7-4.6m까지 자란다. 중과 품종으로 과실이 단단하고 아삭하며, 새콤한 맛이 나고 과육은 흰색이다. 생식이나 요리용으로 좋다. 병충해에 강하고 봄에 향기로운 꽃이 풍성하게 피어 관상용으로도 뛰어나다. 심은 지 4년이 지나면 과실을 맺으며, 2년에 한 번 수확이 가능하다. 과실은 저장성이 좋아 수확 후 5개월까지 보관할 수 있다.

　'리버티' *Malus domestica* 'Liberty'는 내한성 4-7등급 품종으로 너비는 3.0-3.7m, 높이는 3.7-4.6m까지 자란다. 소·중과 품종으로 아삭하고 과즙이 많으며, 과육은 노란색이다. 생식이나 제빵용으로 적합하고, 저장 기간이 길수록 풍미가 깊어진다. 심은 지 2-5년이 지나면 과실을 맺으며 늦가을에 수확한다. 붉은곰팡이병과 불마름병에 내성이 있고, 다른 병충해에도 강하다.

바질

Ocimum spp.,
Ocimum basilicum

바질은 과거 교회 성찬례 예식에서 사용된 식물로 그 이름은 '임금'을 뜻하는 그리스어 바실레오스 *basileios*에서 유래한다. 예전에는 바질잎을 십자가 아래에 뿌리거나 중요한 전례일에는, 특히 그리스 정교회에서는 성 바실리오 축일에 제단 난간에 줄로 엮어 매달아 두곤 했다. 바실리쿰 *Basilicum*은 가톨릭교회의 주요 건축 양식인 바실리카 basilica(교회를 통해 특별한 권한을 부여받거나, 역사·신앙·예술 분야에서 중요성을 인정받은 성당을 일컫는다-옮긴이)의 어근이기도 하다.

바질은 예로부터 사랑을 상징했다. 창조주 하느님에 대한 사랑뿐만 아니라 연인 간의 낭만적인 사랑의 의미도 지녔다. 과거 이탈리아에서는 여성이 자신의 발코니에 바질 화분을 두어 구혼자에게 마음이 있음을 알렸고, 남성은 청혼할 때 여성에게 바질 한 줄기를 선물하는 풍습이 있었다.

성녀 헬레나의 성지 순례 이야기에 따르면 바질이 예수님의 십자가 처형지에서 자랐다고 한다. 헬레나는 성물을 찾아 그리스도교 예배의 상징으로 삼으라는 하느님의 계시를 받고, 예수님께서 못 박혔던 십자가를 찾기 위해 예루살렘으로 갔다. 예수님의 십자가를 찾기 위해 몇 주를 헤매던 어느 날, 그녀는 예루살렘 외곽의 황량한 언덕에서 향긋한 냄새가 나는 바질 군락을 발견했다. 무언가가 있을 것이라고 확신한 그녀는 일꾼들에게 그 아래를 파 보라고 명령했고, 거기서 예수님께서 못 박히셨던 십자가를 발견했다.

"정교회에서는 예수님의 피가 떨어진 무덤 근처에서 바질이 자란다는 이야기가 전해진다. 바질은 특히 사순시기 십자가 경배와 밀접히 연관된다. 사제는 물에 향기로운 바질을 넣어 축복하고, 바질잎을 축성된 물에 적셔 회중에게 뿌린다. 봉사

바질의 상징

성찬례
사랑
영원한 생명
새 생명

정원 테마

하느님의 자비
십자가의 길
묵주기도
성인
천사

자들은 바질로 장식한 십자가를 들고 성당 주변을 행진하며, 작은 바질 다발을 사람들에게 나누어 준다. 사람들은 이때 받은 바질을 하느님의 축복이라 생각하여 집에 가져가 물에 담갔다가 뿌리가 나면 땅에 심고 키운다."[7]

복음은 향료를 가지고 예수님의 무덤에 간 여인들이 무덤이 비어 있음을 보았다고 전한다. 무덤 안에 들어간 여인들은 두 천사를 만났는데, 전설에 따르면 그곳에 바질이 자라고 있었다고 한다. 이 이야기의 영향으로 바질은 부활과 새 생명을 상징한다.

묵주기도 정원에서는 예수님께서 성체성사를 세우심을 묵상하는 빛의 신비 5단, 예수님께서 우리를 위하여 십자가에 못 박혀 돌아가심을 묵상하는 고통의 신비 5단, 예수님께서 부활하심을 묵상하는 영광의 신비 1단을 바치고 바질을 가꾸며 그 의미를 되새겨 보자.

십자가의 길 정원에는 예수님께서 십자가 위에서 돌아가심과 무덤에 묻히심을 묵상하는 제12처와 제14처에 바질을 심는 것이 적절하다.

바질 가꾸기

바질 *Ocimum basilicum* 품종에는 요리에 많이 쓰는 '제노베제Genovese', '나폴레타노 Napoletano', '이탈리안 라지 리프Italian Large Leaf', '레투스 리프Lettuce Leaf' 등이 있다. 이 외에도 수십 가지 품종이 더 있으며, 재배 요건은 대부분 비슷하다.

바질은 주로 씨앗으로 재배하며, 내한성 11-12등급 지역에 적합한 한해살이 식물이다. 햇볕이 잘 들고, 배수가 원활한 촉촉하고 비옥한 토양에서 잘 자란다. 바람이 잘 통하는 곳에서 키워야 노균병에 걸리지 않는다. 크기는 품종마다 다르지만 대개 너비는 25-61cm, 높이는 41-91cm까지 자란다.

수확량을 늘리고 잎을 더 달콤하게 하려면, 주기적으로 줄기 맨 위쪽의 잎 네 장을 따서 꽃이 피는 것을 막아야 한다. 또한 곁가지에 꽃봉오리가 생기면 바로 떼어 낸다.

캐모마일

Matricaria recutita

"**당**신 백성에 대한 — 인류에 대한 — 하느님의 열정적인 사랑은 동시에 용서하는 사랑이기도 합니다. 그 사랑은 너무도 위대하여 하느님께서 당신 자신을 거스르시고, 그분의 사랑이 그분의 정의를 거스르게 합니다."[8] 이는 베네딕토 16세 교황의 회칙 〈하느님은 사랑이십니다 *Deus Caritas Est*〉에 나오는 구절이다. 이 한 문장만으로도 하느님의 자비와 인내가 얼마나 위대한지, 우리가 얼마나 큰 사랑을 받는 그분의 자녀인지 짐작할 수 있다. 작고 달콤한 캐모마일은 '사랑하는 이'를 상징한다. 캐모마일의 학명 마트리카리아 *Matricaria*는 라틴어로 '어머니'를 뜻하는 마트리 matri와 '사랑하는' 또는 '소중한'이라는 뜻의 카리 cari가 결합한 단어다. '사랑하는 어머니'라는 이름에서 복되신 성모 마리아와 그분의 어머니인 성녀 안나가 연상된다.

인내는 성령의 열매 중 하나이며, 가장 중요한 덕목으로 여겨진다. 캐모마일은 우리에게 인내의 덕을 가르치는 식물로, 르네상스의 시대의 영국 시인은 이렇게 말했다. "캐모마일이 그대에게 인내를 가르치니 / 인내는 짓밟힐수록 더욱 잘 자란다."[9] 하느님께 인내할 수 있는 힘을 달라고 기도해 본 사람이라면 누구나 안다. 인내가 시련 속에서 성장한다는 것을 말이다.

예수님께서 마리아께 천상 모후의 관을 씌우심을 묵상하는 영광의 신비 5단, 마리아께서 엘리사벳을 찾아보심을 묵상하는 환희의 신비 2단을 캐모마일로 장식하고 그 의미를 되새겨 보자. "태중의 아기도 복되십니다"(루카 1,42)라고 외친 엘리사벳의 선포도 묵상할 수 있다.

"독일 캐모마일 *Matricaria recutita*은 한해살이 식물로, 꽃을 수확해 차로 만든다.

캐모마일의 상징	정원 테마
사랑하는 어머니	하느님의 자비
인내	십자가의 길
성녀 안나	성령의 열매
불굴의 인내	성모 마리아
	묵주기도
	성인

캐모마일 차는 가벼운 진정 효과가 있어 신경 안정, 근육 이완, 스트레스 완화, 불면증 해소, 소화불량 개선 등에 좋다."[10]

또 다른 품종인 로만 캐모마일 *Chamaemelum nobile*은 여러해살이 식물로, 사람들에게 밟혀도 꿋꿋하게 잘 자란다. 오히려 꺾이고 부러진 자리에서 더 많은 뿌리가 뻗어 나가므로 역경을 견디는 불굴의 인내를 상징한다. 기력이 다하신 예수님께서 두 번째 넘어지심을 묵상하는 십자가의 길 제7처나 고통의 신비 3단과 5단에 로만 캐모마일을 심고, 용기와 인내에 대해 깊이 묵상해 보자.

▍캐모마일 가꾸기

독일 캐모마일(본문 그림 참조)은 내한성 2-8등급의 한해살이 식물로, 저절로 떨어진 씨앗에서 자라나 피고 지고를 반복한다. 양지나 반양지를 좋아하고, 건조한 환경에서도 잘 자란다. 꽃 수확을 목적으로 재배하는 경우 주기적으로 물을 주면 수확량을 늘릴 수 있다. 물이 잘 빠지고 모래 성분이 많은 가벼운 토양이 이상적이다.

너비 30-61cm, 높이 61-91cm까지 자라며 초여름부터 서리 내리기 전까지 꽃이 핀다. 향기로운 흰 꽃잎과 샛노란 꽃 중심부는 곤충을 끌어들인다. 약으로 쓸 때는 꽃이 활짝 피어 꽃잎이 바깥쪽으로 젖혀졌을 때 수확하고, 생으로 사용하거나 말려서 보관한다. 독일 캐모마일은 꽃뿐만 아니라 잎과 줄기에서도 향기가 난다.

로만 캐모마일은 내한성 4-9등급의 상록성 식물로, 재배 요건은 독일 캐모마일과 같다. 너비 30-41cm, 높이 8-15cm까지 자라서 지면을 넓게 덮는 것이 특징이다. 관리가 소홀하면 잡초처럼 무성해질 수 있으므로 주의해야 한다. 보도블록 틈새에 심기에 적합하며, 최적의 환경에서는 잔디처럼 넓게 재배할 수도 있다.

오이

Cucumis sativus,
Cucumis sativus 'Straight Eight'

이사 1,8-9은 "딸 시온이 남아 있는 모습은 포도밭의 초막 같고 오이밭(《성경》에서는 "참외밭"-옮긴이)의 원두막 같으며, 포위된 성읍 같구나. 만군의 주님께서 우리에게 생존자들을 조금이나마 남겨 주지 않으셨더라면 우리는 소돔처럼 되고 고모라같이 되고 말았으리라"라고 전한다. 이 구절에서 이사야는 혼란과 파괴가 휘몰아친 세상과 다른 푸르른 채마밭 속 작은 공간의 멋진 모습을 생생하게 묘사하려고 오이밭 한가운데 위치한 작은 쉼터의 이미지를 사용한다. 여기서 오이는 기쁨과 풍요를 나타내지만, 잘 가꾸어진 오이밭 너머는 부패와 파괴뿐이다.[11]

위 구절에 등장하는 오이밭의 원두막은 죄악으로 가득한 세상 속에서도 죄에 물들지 않고 천주의 어머니로서 완전한 순결을 지킨 동정 마리아를 떠올리게 한다.[12] 이러한 이유로 마리아의 성화나 조각에 묘사된 오이는 마리아가 모든 죄로부터 보호받으신, 원죄 없이 잉태되신 분임을 의미한다.

그러나 오이는 다른 맥락에서도 등장한다. 민수 11,5-6에서 이스라엘 백성 가운데 불평하는 이들이 이집트 탈출 후에 만나만 먹는다면서 이집트에서 먹던 오이를 그리워하는 장면이 나온다. 이 대목에서 오이는 앞서의 긍정적 의미와는 달리, 죄가 쉽게 퍼지는 속성을 상징하는 부정적 의미를 얻는다.

그런데 기원전 중동 지역에서 재배하던 오이는 오늘날 우리가 알고 있는 오이와는 달랐다. 그 당시의 오이는 파쿠스faqqous 또는 스네이크 멜론 *Cucumis melo* var. *flexuosus*으로 분류되는 고대 식물로, 지중해 연안의 비옥한 토양에서 자라는 작고 달콤한 맛이 나는 채소였다.[13] 파쿠스는 지금도 지중해 지역에서 재배되며, 날로 먹거나 절이거나 익혀서 먹는다.

오이의 상징	정원 테마
구원	성모 마리아
징벌	성경

오이 가꾸기

오이속 *Cucumis*에는 다양한 종과 품종이 있으며, 어떤 품종을 재배할지는 열매 그대로 먹을지 피클용으로 만들지에 따라 달라진다.

오이는 매년 파종하여 재배하는 한해살이 식물로, 하루에 최소 8시간 이상의 직사광선이 필요하다. 비옥하고 물이 잘 빠지며, 항상 고르게 촉촉한 토양에 심어야 한다. 일주일에 최소 2.5cm 이상의 물을 주고, 건조한 곳에서는 더 많이 주어야 한다. 흰가루병 등의 병충해를 예방하려면 바람이 잘 통하는 곳에서 재배한다.

식물의 크기는 품종이 관목형인지 덩굴형인지에 따라 다르다. 관목형 품종은 너비가 91cm, 높이가 30cm 정도이므로 좁은 공간이나 컨테이너, 온실에서 키우기 적당하고 수경 재배에도 알맞다. 주위에 흔히 보이는 덩굴형 품종은 너비가 1.8m 이상, 높이가 30-61cm까지 자라므로 땅에서 낮게 키우려면 넓은 공간이 필요하다. 공간이 좁다면 덩굴이 자라기 전 구조물을 설치해 덩굴손이 구조물을 타고 올라가도록 유도하는 것이 좋다.

《농업 연감Old *Farmer's Almanac*》에 따르면 최고의 피클용 품종은 '보스톤 피클링Boston Pickling'으로, 절임용으로 개량되어 오랫동안 사랑받아 왔다. 수확 시기를 앞당기고 싶다면 병충해에 강한 '새시Sassy'나 '칼립소Calypso' 품종이 적합하다. 열매가 가늘고 긴 '파리지앵 피클링Parisian Pickling' 으로는 프랑스식 오이 절임인 코르니숑을 만들기에 좋다.[14]

개인적으로 가장 좋아하는 품종인 '스트레이트 에이트Straight Eight'는 수확량이 많아 가정 정원에 적합하다. 약 20cm 길이의 통통한 열매는 껍질이 얇고 가시가 별로 없으며, 쓴맛이 거의 없다. 파종 후 60-65일이 지나면 열매를 거둘 수 있고, 씨앗을 실내에서 먼저 심어 키우면 수확 시기를 앞당길 수 있다.

'버플리스 부시Burpless Bush Hybrid'는 덩굴이 61cm 내외로 짧고, 열매 길이는 20-25cm 정도인 인기 있는 품종이다. 파종 후 50-60일이 지나면 열매를 수확할 수 있다.

오이는 대부분이 수분으로 이루어져 있어 저장성이 떨어지므로, 수확 후 며칠 내로 먹거나 가공하는 것이 좋다.

무화과

Ficus carica var.,
Ficus carica 'Chicago Hardy'

무화과나무는 성경에 가장 처음 언급된 나무로, 에덴동산에서 시작하여(창세 3,7 참조) 요한묵시록의 마지막 부분에도 등장한다(묵시 6,13 참조). 무화과나무는 성경에서 은유와 비유를 통해 가장 많이 언급되는데 이 나무가 유대 문화에 친근하기 때문이다. 고대부터 현대까지 이스라엘에서 흔히 볼 수 있는 중요한 식물이다. 모든 가정집 마당에는 무화과나무가 적어도 한 그루 이상 자라며, 1년에 최대 세 번까지도 열매를 맺는다.

무화과나무는 안정을 상징하는데 여기에는 몇 가지 이유가 있다. 무화과나무는 목재와 약재로 그 가치가 높고, 영양가 높은 열매는 생으로 먹거나 요리하거나 말리거나 판매할 수 있어 가정 경제에 보탬이 되었다. 또한 튼튼하고 어떤 토양에서도 깊고 넓게 뿌리를 내려 척박한 환경에서도 잘 자라고 폭풍우가 불어도 쉽게 뽑히지 않는다. 19세기 말 크라카타우 화산의 폭발 기록을 보면 무화과나무의 강인한 생명력을 짐작할 수 있다.

1883년 인도네시아 크라카타우 화산이 폭발하자 진앙지에서 50km 떨어진 자바섬 서쪽 반탐 지역까지 해일이 덮쳐 섬의 모든 삼림이 해안 300m 너머까지 쓸려나갔다. 1년 후 반탐을 찾은 프랑스 지질학자들은 놀랍게도 오직 무화과나무만이 여전히 서 있었다고 기록했다.

완전히 파괴된 크라카타우섬에는 어떤 생명의 흔적도 보이지 않았다. 섬의 대부분이 폭발로 사라졌고, 남은 땅은 60m 두께의 화산재로 뒤덮였다. 하지만 얼마 지나지 않아 다시 무화과나무가 자라기 시작했다. 새와 박쥐의 배설물을 통해 그 섬에 씨앗이 퍼지면서 죽은 땅 위에서 새로운 생명을 틔운 것이었다.

무화과의 상징

안정
결실
(속량의 대상인) 죄

정원 테마

십자가의 길
덕
성모 마리아
성경

인내를 상징하기도 하는 무화과나무는 성경에서 믿음의 지속성에 대한 은유로 자주 등장하므로 십자가의 길 정원에 잘 어울린다. 또한 예수님의 수난 중 성모 마리아가 보인 인내와 믿음을 나타내기에도 적합하다. 예수님의 탄생 성화에 무화과나무가 그려질 때 그것은 마리아와 요셉이 새로운 아담과 하와임을 나타낸다.[15] 무화과나무에 열매를 맺게 하려면 잘 가꾸어야 하듯(루카 13,6-9 참조), 우리의 믿음 역시 돌봄이 필요하다. 그렇지 않으면 우리는 결코 성령의 열매를 맺을 수 없다.

무화과는 죄를 상징하기도 한다. 중세 전승에 따르면 유다 이스카리옷은 무화과나무에 목을 매어 자살했다. 화가들은 예수님의 수난 장면에 무화과나무 가지를 그려 넣어 예수님께서 대속하신 인류의 죄를 상징적으로 표현했다.

무화과나무 가꾸기

무화과나무는 내한성 8-10등급 식물로, 햇볕이 충분한 곳에서 잘 자라며, 오후에 약간 그늘이 져도 견딜 수 있다. 적당한 양의 물이 필요하며, 뿌리가 넓고 얕게 퍼지기 때문에 다양한 종류의 토양에서 키울 수 있다. 무화과나무는 물이 잘 빠지고 고르게 촉촉하며, 유기물이 풍부한 토양을 선호한다. 겨울에는 뿌리덮개를 두껍게 덮어 주면 좋다.

보통 너비는 3-5.5m, 높이는 3-7m까지 자란다. 여름에 새 가지에서 열매가 맺히며, 해에 따라 두 번 수확할 수도 있다. 열매는 손으로 살짝 눌렀을 때 말랑함이 느껴지면 먹을 수 있고, 잘 익으면 열매 끝에 있는 '눈'에서 꿀 같은 방울이 맺히기도 한다.

'시카고 하디Chicago Hardy' 품종은 내한성 6-10등급 지역에서 잘 자란다. 겨울에 뿌리 주변을 두껍게 덮는 등 관리를 잘하면 5등급 지역에서도 키울 수 있다. 가지는 겨울에 시들었다가 봄에 새순이 나고, 뿌리는 영하 29℃까지 견딘다. 껍질이 연갈색에서 짙은 자주색이며 속살이 분홍빛인 열매가 늦여름에 열린다. 추운 기후에서는 줄기가 말라 높이가 91-120cm밖에 자라지 못하지만, 춥지 않은 지역에서는 너비가 2.7-3.7m, 높이는 3-4.6m에 달한다. 이 품종의 다른 이름은 '벤슨허스트 퍼플Bensonhurst Purple'이다. 추운 지방에서 재배할 수 있는 또 다른 품종은 '브라운 터키Brown Turkey'다.

박

Cucurbita spp.,
Lagenaria siceraria

유 전자 연구 결과에 따르면 껍질이 딱딱한 호리병박*Lagenaria siceraria*은 아프리카가 원산지인 식물로, 현재는 거의 모든 대륙에서 자라고 있다. 이처럼 박이 전 세계로 퍼지게 된 까닭은 대부분 인간의 이동에 의해서다. 박은 인류가 처음 재배하게 된 작물 중 하나로, 당시에는 먹기 위해서가 아니라 용기로 쓰기 위해 재배했다.[16] 박의 속명 라게나리아*Lagenaria*는 '통'이라는 뜻의 그리스어 라게노스*lagenos*에서 유래한다.

과거 나그네들은 물을 나를 때 조롱박을 사용했다. "조롱박은 특히 대야고보와 라파엘 대천사를 상징하며, 엠마오로 가는 두 제자와 동행하는 순례자 차림의 예수님이 호리병을 손에 든 모습으로 묘사되기도 한다."[17] 또한 마리아와 요셉이 아기 예수님을 데리고 이집트로 피신하는 장면에도 등장한다.

예로부터 유대교에서는 척박한 환경에서도 풍성하게 열리는 박을 신성한 상징으로 여겼으며, 구약성경에서는 새로운 삶과 하느님께로 가는 여정으로 나타냈다. 열왕기 상권에는 성전과 관련하여 박의 중요성이 두 차례 언급된다. "집 안쪽에 입힌 향백나무에는 조롱박과 활짝 핀 꽃이 새겨져 있었다"(1열왕 6,18), "그 가장자리 아래에 돌아가면서, 열 암마 되는 조롱박들이 바다를 둘러쌌다. 이 조롱박들은 바다를 부어 만들 때, 두 줄로 만든 것이다"(1열왕 7,24).

요나서에서는 하느님께서 박넝쿨로 당신 종 요나에게 피신처를 만들어 주신다. "주 하느님께서는 박(《성경》에서는 "아주까리"-옮긴이) 하나를 마련하시어 요나 위로 자라오르게 하셨다. 그러자 박이 요나 머리 위로 그늘을 드리워 그를 고통스러운 더위에서 구해 주었다. 요나는 그 박 덕분에 기분이 아주 좋았다"(요나 4,6).

박의 상징

여정
새로운 삶
다산
구원
기쁨

정원 테마

하느님의 자비
성경
성인
천사

중세 시대부터 장미와 포도 같은 덩굴식물은 오늘날처럼 정원에 나무 그늘을 만드는 데 활용되었다. 정원 아치나 정원 길을 덮는 데 호리병박을 심고 가꿀 수도 있다. 박이 하느님께서 당신 백성을 세심하게 돌보아 주심을 상징하기 때문이다.

그림 속에 사과와 박넝쿨이 함께 등장할 때 사과는 죄와 악을, 박은 하느님께로 나아가는 모습을 상징하며 이 2가지는 궁극적으로 죄로부터의 구원을 의미한다.

박 가꾸기

껍질이 단단한 호리병박의 품종은 12가지가 넘는다. 물 19L를 담을 수 있는 거대한 박부터 한 뼘 정도 크기에 목이 길고 둥글납작한 박까지 크기와 모양이 다양하다.

박은 씨앗으로 번식하는 한해살이 식물이다. 충분한 햇빛이 필요하며, 더운 지역에서는 오후에 살짝 그늘이 지는 곳을 좋아한다. 모래나 양토가 섞인 가벼운 토양을 선호하며, 배수가 잘되고 고르게 촉촉한 곳에서 잘 자란다. 덥고 습한 여름을 잘 견딘다는 특징이 있다. 덩굴은 너비 3.0-4.9m, 높이 3.7-5.5m까지 자란다. 박꽃은 밤에만 피는 특이한 습성이 있으므로 인공수분을 하면 열매를 더 많이 맺을 수 있다. 호리병박은 열매가 성숙하기까지 시간이 오래 걸리므로 서늘한 기후에서는 실내에서 씨앗을 심는 것이 좋다.

껍질이 연한 박속 *Cucurbita* 식물에는 호박과 박이 포함되며, 식용과 관상용이 있다. 키우기 쉽지만, 재배 목적과 지역 기후에 맞는 품종을 선택해야 한다. 파종은 서리가 멎고 토양 온도가 20℃ 이상 되는 봄에 한다. 식물은 양지에서 키우고, 잎이 젖지 않도록 줄기 아랫부분에만 물을 주되 이때 물의 양은 보통 이하로 유지한다. 박은 가뭄에 취약하므로 물이 잘 빠지고 유기물이 풍부한 토양에서 길러야 한다. 비료를 충분히 주어야 하지만, 질소 성분이 지나치게 많은 것은 좋지 않다.

지지대를 타고 자라게 하면 열매 크기가 균일해지고 공간도 효율적으로 사용할 수 있다. 넝쿨이 2.4-3m 정도 자랐을 때 가지를 치면 곁가지는 잘 뻗고 수확량도 많아진다.

포도

Vitis spp.,
Vitis labrusca 'Eastern Concord'

포도는 그리스도교의 상징과 연관된 식물 가운데에서 가장 두드러진다. 가톨릭 교회는 초기부터 포도나무의 상징성, 곧 성장 방식과 열매, 그리고 그 열매로 빚은 포도주가 예수님의 성혈로 변하는 의미를 교리로 가르쳐 왔다.

포도는 풍경화, 초상화, 정물화 등 다양한 장르의 그리스도교 회화에 등장하며, 다음과 같은 의미를 담고 있다.

- 포도밭의 일꾼들: 하느님 나라를 위해 일하는 선한 그리스도인
- 포도 잎과 덩굴: "나는 참포도나무"(요한 15,1-5)라고 말씀하신 예수 그리스도
- 나무 기둥에 달린 포도송이: 십자가에 매달리신 그리스도
- 빵과 함께 있는 포도, 포도주: 최후의 만찬, 그리스도의 수난, 성체성사
- 성모자상이나 드물게 성인들의 성화 속에 등장하는 포도: 하느님과의 일치
- 만취한 노아, 술에 취한 포도밭 일꾼들: 하느님 나라를 확장하라는 부르심을 저버림

포도는 십자가의 길이나 묵주기도 정원에서 특히 그 깊은 의미를 잘 드러낸다. 묵주기도 정원에서는 빛의 신비 2단과 5단, 그리고 고통의 신비 모든 단에 적합하다. 십자가의 길 정원에서는 예수님께서 십자가 위에서 돌아가심을 묵상하는 자리나 십자가의 길이 끝나는 곳에 잘 어울린다.

4세기 스페인의 순교자인 사라고사의 성 빈첸시오가 포도주 제조업자들의 수호성인이 된 이유에 대해 여러 설이 전해진다. 첫째는 프랑스어로 그의 이름이 뱅

포도의 상징	정원 테마
그리스도의 성혈	예수
일치	성심
결실	십자가의 길
희생	묵주
믿음	성경
	성인

상vin sang, 즉 '포도주의 피'를 뜻하기 때문이다. 둘째는 그의 축일인 1월 22일이 포도나무가 휴면기를 끝내고 새순을 내는 시기, 곧 가지치기를 시작할 무렵이기 때문이다. 성 빈첸시오의 당나귀에 얽힌 일화도 흥미롭다. 성인이 스페인 여행 중 한 포도밭에 들렀는데, 그가 일꾼들과 이야기하는 사이에 그의 당나귀가 포도나무의 새순을 야금야금 뜯어먹고 말았다. 그런데 놀랍게도 그해 포도 수확철이 되자 당나귀가 뜯어먹었던 나무에서 열매가 더 풍성하게 열렸다. 성 빈첸시오의 당나귀가 일종의 가지치기를 한 셈이었다.[18]

포도나무 가꾸기

포도속 식물은 햇빛이 잘 들고 바람이 잘 통하는 곳을 선호하며, 배수가 원활하고 유기물 함량이 높은 토양에서 잘 자란다. 또한 경사진 지면에서 재배하는 것이 이상적이다. 포도나무는 뿌리가 축축한 상태를 견디지 못하므로, 일주일 동안 5cm 정도 물을 주어 흙 속 15-20cm 깊이까지 충분히 적셔야 한다. 늦겨울에 반드시 가지치기해야 하며, 새로 자란 가지에서만 열매가 열리므로 묵은 가지는 최대 90%까지 잘라 낸다. 성숙한 포도나무는 한해 6.8-11.3kg의 생식용 포도를 생산한다.

미국이 원산지인 비티스 라브루스카 *Vitis labrusca*는 생식이나 주스용이며, 포도주용으로는 적합하지 않다. 대표 품종으로는 적포도인 '카토바Catawba', 백포도인 '나이아가라Niagara', 보라색 포도인 '이스턴 콩코드Eastern Concord'가 있다. 이들은 내한성 5-7등급으로, 짧은 생육기에 적응한 품종이며, 그중 이스턴 콩코드는 해충에 특히 강하다.

유럽종인 비티스 비니페라 *Vitis vinifera*는 포도주 제조용으로 적합하나 미국 자생 포도보다 추위와 병충해에 취약하다.[19] 따뜻하고 건조하며 생장기가 긴 내한성 7-10등급 지역에서 잘 자란다.

비티스 로툰디폴리아 *Vitis rotundifolia*는 머스캐딘Muscadine 품종으로, 내한성 7-9등급의 따뜻하고 습한 미국 남부에서 잘 자란다. 생장기가 길며, 품종에 따라 식용이나 포도주용으로 쓰인다.

라벤더

Lavandula spp.,
Lavandula angustifolia 'Hidcote'

라벤더는 파피루스, 백합, 포도 등과 함께 고대 이집트 문헌에 기록된 몇 안 되는 식물 중 하나다. 그 상형문자는 라벤더가 화장품과 방부제로 쓰였음을 구체적으로 보여 준다. 고대 그리스와 로마에서는 라벤더를 목욕물에 넣거나 비누 향료로 사용했는데, 이 전통은 지금까지도 이어지고 있다. 이후 15세기 문헌 필사본에도 라벤더에 대한 기록이 있다.

라벤더의 속명 라반둘라Lavandula는 '씻다' 또는 '빨래하다'라는 뜻의 라틴어 라바레lavare에서 온 것으로, 이는 라벤더가 목욕물이나 세탁한 옷에 향을 더할 때 쓰였기 때문이다. 일반명 라벤더는 '푸른색', '청회색'이라는 뜻의 중세 라틴어 리비두스lividus에서 유래한 것으로 추정된다.[20]

전해지는 이야기에 따르면, 마리아는 아기 예수님의 옷을 빨아 라벤더 덤불 위에 널어 말렸다(로즈메리에도 비슷한 전설이 있다). 나자렛을 포함한 지중해 주변 지역에는 라반둘라 스피카Lavandula spika라는 라벤더 품종이 자라는데, 높이와 너비가 모두 91-120cm에 달하는 튼튼한 여러해살이 떨기나무다.

하느님의 말씀을 전하는 성 가브리엘 대천사는 백합이나 두루마리를 손에 들고, 은색이나 푸른색 옷을 입은 모습으로 묘사되곤 한다. 라벤더는 '보호'를 상징하고, 잎은 은빛, 꽃은 푸른빛이므로, 가브리엘 대천사에게 봉헌하는 정원에서 가꾸기에 더없이 적합하다.

한편 수백 년 동안 성경 식물을 연구하는 사람들 사이에서 라벤더와 감송을 혼동하는 일이 있었다. 중동에서 흔히 자라는 스파이크 라벤더Lavandula latifolia는 꿀풀과Lamiaceae에 속하며, 좋은 향이 나는 떨기나무다. 반면 감송Nardostachys jatamansi은 성경에 등장하는 값비싼 나르드 향유의 원료로, 마타리아과Valerianaceae에 속하는 꽃식물이다. "그리스인들은 스파이크 라벤더를 나르도스Nardus라고 불

라벤더의 상징	정원 테마
보호	성모 마리아
헌신	대천사 가브리엘

렀는데, 이는 고대 아시리아의 도시 나르다Naarda에서 유래한 이름이다. 로마인들은 스파이크 라벤더를 아스룸*Asurum*이라고 불렀다."[21] 라벤더의 그리스어명 나르도스와 감송을 뜻하는 나르드의 발음이 비슷해 혼선이 빚어진 것으로 보인다.

라벤더 가꾸기

라벤더 '히드코트'*Lavandula angustifolia* 'Hidcote'는 작은 정원에서 부담 없이 키울 수 있는 내한성 5-8등급의 품종으로, 하루 종일 충분한 햇빛이 필요하다. 생육에 필요한 물의 양은 적은 편이고, 새로운 환경에 적응하고 나면 가뭄도 잘 견딘다. 통기성이 좋고 배수가 원활한 토양이 필수이며, 뿌리가 물에 잠기는 환경에서는 살지 못한다. 배수가 잘되지 않는 땅에서는 두둑을 높이거나 고랑을 내어 물이 잘 빠지게 하는 것이 중요하다.

이 품종은 너비 76cm, 높이 61cm까지 자란다. 라벤더 중에서도 가장 향기로우며, 늦봄부터 한여름까지 오랫동안 꽃을 피운다. 바람이 잘 통해야 습기, 춥고 습한 겨울, 염분이 높고 바람이 많이 부는 해안 환경에서 더 잘 견딜 수 있다.

꽃은 그해 새로 자란 꽃대에서만 피므로 늦겨울에서 초봄 사이에 묵은 꽃대를 20cm 정도 자른다. 눈이 많이 내리는 겨울에는 식물의 수관(가지와 잎이 무성한 부분-옮긴이)이 손상받지 않도록 잘 보호해 준다.

레몬나무

Citrus medica,
Citrus limon 'Eureka'

시트론 열매*Citrus medica*는 레몬의 기원이 되는 과일로, 열매의 70%를 차지하는 껍질을 얻기 위해 재배한다.[22] 이스라엘 전역에서 자라는 에스로그ethrog 시트론은 유대교의 초막절 전례에서 중요한 역할을 한다. 이 식물은 이스라엘뿐만 아니라 그리스, 로마, 페르시아 문화에서도 오랜 역사를 가지고 있다. 아래 글은 유대 문화에서 에스로그가 갖는 상징성을 잘 보여 준다.

타원형에 끝이 뾰족한 에스로그는 (그 모양으로 인해) 인간의 심장을 상징한다. 향과 맛이 뛰어난 에스로그는 율법에 정통하고 행실도 선한 이상적인 유대인을 비유적으로 나타낸다. 미드라쉬(고대 유대인 학자들이 히브리 성경을 주석한 글) 중 하나는 에덴동산에서 금지된 과일이 사과가 아니라 에스로그라고 주장한다. … 서양 문화권에서 선악과가 사과로 잘못 알려진 까닭은 고대 그리스인들이 이 열매를 '페르시아 사과', '메디아 사과', '황금 사과'라고 불렀기 때문이다.[23]

오늘날 시트론은 주로 사탕, 리큐어, 기름의 원료로 사용되며, 일부는 디저트나 음료의 향료로도 쓰인다. 레몬나무는 예로부터 질병과 독을 물리치는 강력한 해독제로 인정받았다. 이에 그리스도교 미술에서는 세상의 죄를 없애시는 그리스도를 상기시키는 구원의 상징으로 여겨진다.

이와 비슷하게 레몬 열매는 성모 마리아와도 연관된다. '향기롭고 모양이 아름다우며, 치료의 효능'이 있는 레몬은 마리아의 순결과 사랑, 치유의 상징으로 여겨졌다.[24] 앞의 두 경우와 같이 예수님과 성모님께서 하느님의 빛 속에서 성장하셨

레몬나무의 상징	정원 테마
구원	예수님
사랑에 충실함	십자가의 길
	성모 마리아
	묵주기도
	성경

듯, 햇볕을 받고 자라는 레몬나무는 구원의 상징으로 여겨졌다. 레몬나무의 꽃, 특히 열매는 한 자리에서 맺고 지고를 반복해 길게는 1년 이상 볼 수도 있다. 이는 하느님을 향한 충실한 사랑으로 모든 고통을 감내한 마리아의 태도를 표상한다.

레몬나무 가꾸기

'유레카' 레몬나무 *Citrus limon* 'Eureka'는 다른 품종들과 마찬가지로 추위에 민감해 내한성 9-10등급 지역에서만 재배할 수 있다. 바람이 잘 들지 않는 양지에서 키우고, 자리를 잡으면 물은 보통 정도로 준다. 뿌리가 깊게 뻗기 때문에 물이 잘 빠지고 균일하게 촉촉한 토양에서 잘 자라지만, 레몬나무 품종들은 뿌리가 축축한 상태를 견디지 못한다. 1년에 두 번 산성 비료를 주어야 한다.

땅에 심었을 때는 너비 4.6-6.1m, 높이 5.5-6.1m이며, 화분에 심으면 그보다 많이 작아져서 너비 1.2-1.5m, 높이 3-3.7m까지 자란다. 상록수인 레몬나무는 사시사철 향기로운 흰 꽃을 피우고 열매를 맺는데, 주로 봄과 여름에 가장 풍성한 결실을 본다.

내한성 4-8등급 지역에서는 온실이나 집안에서 화분에 키울 수 있는데, 이때는 '메이어 Meyer' 같은 왜성 품종을 심는 것이 좋다. 화분은 햇빛이 잘 드는 양지에 두고, 배수가 잘 되는 토양에 심는다. 흙이 완전히 말랐을 때 물을 충분히 주고, 비료는 3개월에 한 번씩 준다. 화분에 심은 레몬나무는 아무리 커도 너비 91-120cm, 높이 2.4-3m 정도다(가정에서 이보다 더 크게 자라는 경우는 드물다).

화분은 찬바람이 직접 드는 곳이나 열이 발생하는 가전기기에서 멀리 두고, 습도가 높은 환경을 좋아하므로 분무기로 잎에 물을 자주 뿌려 주면 좋다. 꽃은 자가수분이 가능하므로 나뭇가지를 살짝 흔들거나 면봉이나 작은 붓으로 꽃가루를 암술머리에 옮겨 준다. 2-3년에 한 번씩 새로운 화분에 옮겨 심고, 가지를 25% 정도 자른다.

파슬리

Petroselinum spp.,
Petroselinum crispum var. *neapolitanum*

파슬리는 바위가 많은 곳에서 자라는 야생 식물로 원산지는 남유럽과 지중해 연안이며, 주요 자생지는 이탈리아 사르데냐섬으로 알려져 있다. 파슬리의 학명 페트로셀리눔Petroselinum은 '돌', '바위'를 뜻하는 그리스어 페트로petro와 '셀러리'를 의미하는 셀리온selinon의 합성어로 '돌밭에서 자라는 셀러리'라는 의미이다.

영양소가 풍부한 파슬리는 잎과 뿌리를 향신료나 샐러드, 차 등에 활용하며, 약용과 요리용으로 수세기 동안 재배되어 왔다. 고대 로마인들은 입냄새를 없애는 데, 고대 그리스인들은 식욕을 돋우는 데 활용했다. 지금도 파슬리는 식탁에서 빠지지 않는 재료다.

파슬리가 죽음을 상징하게 된 기원은 고대 그리스로 거슬러 올라가며, 신화와도 관련이 있다. 그 당시 파슬리는 장례화환을 장식하거나 무덤 속에 던지는 식물이었다. 그리스도교가 전파된 뒤에도 파슬리는 여전히 죽음과 결부되었는데, 하늘나라의 문을 지키는 자로 명명된 베드로 사도에게 속한 식물로 여겨졌기 때문이다.[25] 영어에서 '파슬리가 필요하다to be in need of parsley'는 표현은 병이 위중함을 뜻하는데,[26] 건강에 좋은 파슬리의 효능이 널리 알려지면서 나온 말인 듯하다.

성경의 식물로 나오는 파슬리는 탈출 12,8과 민수 9,11에서 언급된, 쓴맛을 내는 여러 종류의 채소 중의 하나다. 여기서 주님께서는 이스라엘 자손들에게 파스카 제물인 양고기에 누룩 없는 빵과 쓴나물을 곁들이라고 말씀하신다. "본래, 초기의 파스카 축제에서 … 단지 샐러드를 준비했을 것이다. 구운 양고기에 곁들일 채소 형태로 가장 간단하고 빠르게 준비할 수 있었기 때문이다. … 그런 샐러드에 흔히 쓰이는 채소가 오이, 양상추, 물냉이, 파슬리, 꽃상추이다. 이후 파스카 예식에서

파슬리의 상징

승리
죽음
파스카의 쓴나물
성모님의 레이스
또는 작은 포도나무

정원 테마

십자가의 길
성모 마리아
성경

는 (오늘날과 마찬가지로) 채소의 쓴맛이 이스라엘 백성이 이집트에서 겪은 고난의 상징으로 자리 잡았다."[27]

파슬리는 단순히 파스카 축제의 장식이 아니라, 예수 그리스도의 승리를 상징한다. 십자가의 길을 따라 파슬리를 심고 가꿀 때, 우리는 그 식물을 통해 죄와 죽음을 이기신 예수 그리스도께 집중할 수 있다.

파슬리는 마리아 정원에도 잘 어울린다. 파슬리가 우리 몸을 건강하게 하듯이, 파슬리는 죄와 죽음을 극복하도록 우리 영혼의 건강을 돌보시는 성모 마리아의 보살핌을 상징한다. 희고 섬세한 꽃을 피우는 다른 식물처럼 파슬리도 성모 마리아의 순결을 상징하며, 독성이 있는 '바보 파슬리(Fool's parsley, *Aethusa cynapium*)'와는 구별된다.

파슬리 가꾸기

이탈리안 파슬리*Petroselinum crispum* var. *neapolitanum*는 잎이 넓고 평평한 품종으로, 분류상으로는 두해살이 식물이지만 대개 한해살이로 재배한다. 기후가 온난한 내한성 9-10등급 지역에서 재배할 수 있는데, 덥고 습한 여름에는 시들기 쉽다.

파슬리는 햇볕이 잘 드는 곳에서 키워야 하지만 오후에 그늘이 드는 곳도 무방하다. 생육에 필요한 물의 양은 보통 수준이며, 고르게 촉촉하며 물이 잘 빠지는 토양을 선호한다. 다 자라면 너비는 30-38cm, 높이는 46-61cm에 달한다. 씨앗을 통해 번식하고, 파종 후 4-6주가 지나면 발아한다. 중심뿌리가 깊고 넓게 뻗기 때문에 한번 심으면 옮겨심기 어렵다.

이탈리안 파슬리라고도 부르는 평잎 파슬리는 향이 강해 요리에 주로 사용하며, 곱슬잎 파슬리는 줄기 없이 잎만 샐러드에 넣는다.

파슬리는 산호랑나비 애벌레가 선호하는 먹이이므로, 산호랑나비가 사는 지역에서는 애벌레 단계가 끝난 뒤에 파슬리를 다시 심어야 할 수도 있다.

복숭아

Prunus persica,
Prunus persica 'Reliance'

대플리니우스가 1세기경 남긴 《박물지Natural History》에 따르면, 복숭아는 부드러운 과육과 단단한 핵, 핵 안에 든 씨앗으로 구성된 열매다. 또한 삼위일체와 연관되어 그것을 상징하는 최초의 과일이 되었다. 사람들은 복숭아를 구성하는 그 요소들이 세 위격을 표현한다고 생각했다.[28] 이 개념은 이후 특히 사과 등 다른 과일에도 적용되어 삼위일체를 가르치는 도구로 사용되었다.

한 전설에 따르면, 마리아와 요셉이 아기 예수님을 데리고 이집트로 피난을 가는 길에 복숭아나무 그늘에서 잠시 쉬게 되었다. 탐스럽게 익은 복숭아를 본 마리아가 열매를 따려고 했지만, 복숭아는 요셉이 손을 뻗어도 닿지 않는 높은 곳에 있었다. 어머니의 마음을 헤아린 아기 예수님이 나무에 말을 걸자 가지가 아래로 구부러졌고, 요셉은 복숭아를 따 마리아에게 건넸다. 다른 이야기에서는 천사들이 나타나 하늘에 가장 가까이 닿아 있는 가지에서 복숭아를 따 마리아와 요셉에게 건네주었다고 한다. 몇몇 그림에서는 이 이야기가 복숭아나무 대신 무화과나무로, 더 흔하게는 대추야자나무로 묘사되기도 한다.

성모자 그림에서 예수님의 손에 들린 복숭아는 구원의 열매를 상징한다.[29] 반대로 그림 안에 반쯤 먹힌 썩은 복숭아가 있다면 이는 평판이 좋지 않은 부도덕한 여성을 나타낸다.

엘 그레코가 그린 〈성가족과 마리아 막달레나The Holy Family with Mary Magdalen〉에는 과일 그릇을 들고 있는 요셉과 그릇에 담긴 과일 하나를 아기 예수님에게 주는 마리아가 등장한다. 그릇 안에는 다양한 과일이 있는데 여기서 사과는 인간의 타락, 체리는 그리스도의 성혈, 복숭아는 구원, 배는 그리스도의 덕이 지닌 달콤함

복숭아의 상징

삼위일체
구원의 열매
침묵의 덕
진리

정원 테마

예수
십자가의 길
성령의 열매
덕
성 요셉

을 나타낸다.[30]

'의로운 사람' 요셉은 한결같은 성품과 성실한 노동의 덕을 상징하는 성인이다. 화가들은 의로운 사람을 표현할 때 복숭아와 그 잎을 함께 그렸으며, 성 프란치스코 살레시오는 의로운 사람을 복숭아에 빗대어 다음과 같이 설명했다.

하느님의 말씀과 행동이 일치하듯, 우리도 말한 바는 행동에 옮겨야 하고, 말에는 즉시 행동이 뒤따라야 합니다. 그래서 옛사람들은 의인을 복숭아와 복숭아 꼭지에 달린 잎에 빗대어 표현했습니다. 복숭아는 심장, 그 잎은 혀의 형태이기 때문입니다. 이를 통해 그들이 우리에게 보여 주고자 했던 것은, 지혜롭고 의로운 사람은 말을 잘할 뿐만 아니라 마음에서 우러난 말만 한다는 것입니다.[31]

▌복숭아나무 가꾸기

'릴라이언스' *Prunus persica* 'Reliance'는 내한성 5-8등급 지역에 적합한 복숭아나무 품종으로, 햇볕을 충분히 받고 규칙적으로 물을 주어야 잘 자란다. 비옥하고 고르게 촉촉하며 물이 잘 빠지는 토양에서 가장 건강하게 자란다. 왜성 밑나무에 접목하면 너비 2.4-3m, 높이 2.4-3m 정도로 작고 아담하게 자라고, 일반 밑나무에 접목하면 너비 3-4.6m, 높이 3.7-4.6m 정도로 크게 성장한다.

분홍색의 화려한 복사꽃은 늦봄에 피며, 자가수분으로 열매를 맺는다. 복숭아나무는 한겨울 냉해와 늦봄 서리에 취약하다. 이핵성 품종(씨가 과육에서 쉽게 분리되는 품종-옮긴이)은 늦여름에 열매를 맺는다.

이 나무는 관리하는 데 손이 많이 가지만 그만큼 보람도 크다. 질병과 해충 발생이 잦으므로 자연 성분이든 화학 성분이든 살충제가 필요하다. 정기적으로 비료와 물을 주고 약을 뿌려야 하며, 매년 가지치기를 해야 한다.

복숭아 열매를 제외한 잎, 줄기, 나무껍질, 씨에 독성이 있으므로 가축과 반려동물, 특히 어린이들이 접근할 수 없는 곳에 심기를 권한다.

자두

Prunus subgenus Prunus,
Prunus salicina 'Santa Rosa'

역사 문헌에 따르면 자두나무는 올리브나무, 무화과나무, 포도나무와 더불어 인류가 최초로 재배한 나무 중 하나다. 일부 문화권에서는 자두나무를 생명의 나무로 여기며, 그리스도교가 부여하는 가치와 유사한 덕목을 상징한다.

자두나무는 중국 문화에서 중요한 의미를 지닌다. 세한삼우, 즉 '추운 겨울의 세 벗' 중 하나인 매화는 인내의 가치를 가장 뚜렷하게 나타내는 식물로, 마침내 세월의 우여곡절을 이겨 내는 삶을 상징한다. 중국 속담에 '매화의 향기는 쓴맛과 모진 추위에서 나온다'는 말이 있다. 사람은 시련으로 단련되고, 내면의 강인함과 굴하지 않는 용기로 성장한다는 뜻이다(매실나무와 자두나무가 둘 다 영어로 *plum*이라 불리는 데서 빚어진 혼선이다-옮긴이).[32]

그리스도교 미술에서 자두나무는 성모자 성화에 종종 등장한다. 대개 마리아는 짙은 보라색 자두를 집으려고 손을 뻗거나 어린 예수님에게 자두를 건네주는 모습으로 그려진다. 이는 아들 예수님의 사명에 대한 마리아의 깊은 인식을, 또한 예수님을 통한 하느님의 구원 계획에 대한 주의 깊은 마음과 충실함을 나타낸다.

희망, 깨어 있음, 약속을 상징하는 자두나무는 거룩한 자비의 정원에 잘 어울린다. 또한 진보랏빛 열매가 예수님의 수난과 죽음을 나타내기 때문에 십자가의 길 정원 어느 곳에나 적합하다.

자두는 열매 색상에 따라 각각 다른 성령의 열매를 상징한다. 노란빛을 띤 주황색 자두는 예수님의 정결을, 붉은색 자두는 그분의 자비를, 흰색 자두(과육은 연노

자두의 상징

자비
충실
희망
깨어 있음, 약속
독립

정원 테마

하느님의 자비
성령
성모 마리아

란색)는 겸손을 의미한다. 성령의 열매는 하느님의 사랑 안에서 더욱 성숙하고 달콤해지게 마련이다. 성 프란치스코 살레시오는 이렇게 말했다. "설탕에 절인 과일이 숙성되어 더 깊은 단맛을 내듯, 천상적 사랑은 (성령의 열매를) 더더욱 완전하게 만들어 줍니다."[33]

자두나무 가꾸기

자두나무를 키우는 일은 어렵지 않다. 다만 대부분의 자두나무는 주변에 다른 수분수(꽃가루가 부족하거나 자기 꽃가루로 수정이 안 되는 과수에 꽃가루를 공급하는 나무-옮긴이)가 있어야 한다. 그렇지 않으면 수정이 제대로 이루어지지 않아 열매가 거의 열리지 않는다.

붉은 열매가 열리는 '산타로사'*Prunus salicina* 'Santa Rosa'는 미국 캘리포니아주 산타로사에서 개발된 자두나무 품종으로, 이름의 기원은 페루 리마의 성녀 로사다. 내한성 5-9등급 지역에 적합한 일본계 품종이며, 양지에서 잘 자란다. 생육에는 적당량의 물이 필요하고, 배수가 잘되면서도 고르게 촉촉한 토양을 좋아한다. 나무의 평균 크기는 너비 4.6-6.1m, 높이 4.6-6.1m다.

이 나무는 매년 꽃이 핀 뒤, 잎이 나기 전 최소한의 가지치기를 해 주어야 한다. 나무 내부까지 햇빛이 닿을 수 있도록 중심 가지까지 정리하면 좋다. 가지를 솎아 내면 성장이 촉진돼 이듬해 좋은 열매를 얻을 수 있다. 이론상 매년 새 가지의 20%를 제거하면 나무의 활력을 유지하면서 수형을 적절히 관리할 수 있다. 다만 겨울에는 가지치기를 하지 않는다. 안내서를 참고하여 올바른 가지치기 방법을 확인하는 것이 좋다.

'산타로사' 품종은 자가수분이 가능하지만, 다른 자두나무가 근처에 있으면 열매를 더 많이 맺는다. 봄에 향기로운 흰색 꽃이 피고, 늦여름에 열매를 수확할 수 있다. 자두나무는 꽃을 피우기까지 300-400시간의 저온기가 필요하며,[34] 열매를 맺기까지는 3-5년 정도가 걸린다.

전문가들은 정원에서 가장 높은 지대에 자두나무를 심어야 지표면에 생기는 서리에서 나무를 보호할 수 있다고 조언한다. 바람을 막을 수 있는 환경도 조성해야 한다. 새로 심은 나무는 겨울 동안 뿌리가 안정되도록 그해 늦가을까지 매주 충분히 물을 준다.[35]

석류

Punica granatum,
Punica granatum 'Granada'

석류나무는 성지 전역에서 흔히 볼 수 있는 식물이다. 히브리어로 '림몬*rimmon*'이라 불리는 석류는 고대 이스라엘에서 수확이 많은 7대 작물(밀, 보리, 포도, 무화과, 올리브, 대추야자, 석류-옮긴이) 중 하나로, 성경에도 여러 차례 언급된다. "(계명을 지키는) 우리의 공로가 석류처럼 가득하길 바랍니다"라는 유대인들의 새해맞이 명절 인사말에서 짐작할 수 있듯, 석류는 유대 문화에서 결실과 의로움을 상징한다. 또 다산과 관능을 나타내며, 아가서에서는 여섯 차례나 언급된다.[36]

사람들은 석류의 수많은 씨앗과 빠른 생장력에서 풍요와 다산을 연상하고, 석류에 사랑의 결실이라는 상징을 부여했다. 셰익스피어의 희곡 〈로미오와 줄리엣〉에서 줄리엣의 창문 밖에 자라는 석류나무는 혼인을 바라는 젊은 연인의 희망과 사랑을 뚜렷이 드러낸다.

중세에 이르러, 아기 예수님이 손에 석류를 들고 있는 모습이 그려지면서 석류는 부활과 영원에 대한 희망을 상징하게 되었다. 씨앗으로 가득 찬 석류처럼 우리의 삶이 선행으로 가득 채워지기를 바라는 유대인들의 사상이 반영된 것이다.

석류가 성모 마리아의 손에 들린 모습으로 묘사될 때는 순결을 나타낸다. 이는 "그대의 새싹들은 석류나무 정원이라오. 맛깔스러운 과일로 가득하고"(아가 4,13)라는 성경 구절에서 유래한 상징이다.

그리스도교에서 석류는 다양한 문화권에 속한 사람들을 하나의 신앙으로 일치시키는 교회를 상징한다.[37] 성 프란치스코 살레시오는 석류를 비유로 들어 신앙의 일치와 하느님의 사랑을 설명했다.

석류의 상징

사랑/혼인
다산/결실
희망
불멸
부활
덕

정원 테마

십자가의 길
성령
성모 마리아
성경

석류의 선홍색과 촘촘히 박힌 알갱이, 왕관을 닮은 열매꼭지를 두고, 교황 그레고리오 1세는 그것이 하느님을 향한 사랑의 열정으로 온통 붉고, 다채로운 덕목으로 꾸며져 있으며, 영원한 보상의 왕관을 쓴 거룩한 사랑을 상징한다고 말했습니다. 하지만 우리 모두 알고 있듯이, 아픈 사람에게나 건강한 사람에게나 맛이 좋은 석류즙은 단맛과 쓴맛이 섞여 있어 어느 맛이 더 우세하다고 말하기 어렵습니다.

사랑도 마찬가지입니다. 달콤하면서도 씁쓸합니다. 우리가 이 세상에 존재하는 한, 그 달콤함은 절대 완전하지 않습니다. 사랑 자체가 절대 완전하지 않고, 순전히 만족을 주지 못하기 때문입니다. 그런데도 사랑은 이 세상에서 엄청난 기쁨을 줍니다. 사랑의 씁쓸함은 그 달콤함에 깃든 부드러움을 더욱 섬세하게 만들고, 사랑의 달콤함은 그 씁쓸함이 지닌 매력을 더욱 강렬하게 합니다.[38]

석류나무 가꾸기

신품종인 '그라나다' *Punica granatum* 'Granada'는 기존 품종보다 한 달 일찍 과실 수확이 가능해 인기가 좋다. 하지만 이 밖에 다른 품종들과 큰 차이점은 없다. 내한성은 8-11등급이며, 다른 식물은 말라 시들어 버리는 볕이 강한 환경에서도 잘 자란다. 가뭄에는 강하지만, 좋은 열매를 얻으려면 적당한 수준으로 물을 주어야 한다. 배수가 잘되고 유기물이 풍부한 비옥한 토양이 이상적이나, 대부분 일반 토양에서도 무난하게 자란다.

너비는 1.8-2.4m, 높이는 2.4-4.6m까지 자란다. 주홍빛 꽃을 피우며, 열매는 개화 후 6-7개월 뒤에 열린다. 나무는 심은 지 2-3년이 지나면 열매를 맺는데, 수확한 뒤에는 후숙되지 않으므로 완전히 익은 것만 고른다. 열매는 가지에서 잡아당기지 말고 꼭지를 잘라 수확하는 것이 좋다.

이 나무는 벌새가 좋아하는 아름다운 꽃과 가을철 노란 단풍 덕분에 경관을 돋보이게 한다. 관리도 비교적 간단해 필요하다면 늦겨울에 가지치기를 하고, 연 2-3회 근맹아(뿌리조직에서 돋아난 싹-옮긴이)를 제거하는 정도면 충분하다.

금잔화

Calendula officinalis,
Calendula officinalis 'Geisha Girl'

금잔화속 식물에 '마리아의 황금꽃Mary's gold'이라는 이름을 붙인 사람은 12세기 독일의 수녀인 빙엔의 성녀 힐데가르트다. 금잔화는 천수국속 식물인 마리골드marigold와 종종 혼동되지만, 둘은 전혀 다른 꽃이다.

금잔화는 오랜 세월 동안 여러 용도로 활용되었으며, 특히 중세 수도원에서는 수프 재료로 자주 쓰였다. 약재와 식재료로서도 상품 가치가 높아, 일부 문화권에서는 '금보다 귀한' 꽃으로 여겼다. 그러므로 아기 예수님과 함께 이집트로 피신할 때 마리아가 이러한 '꽃 동전'을 지니고 갔다는 이야기도 일리가 있다.[39]

초기 그리스도인들은 이 귀한 꽃을 성모님께 바치는 기도의 봉헌물로 삼았으며, 6세기 이후에는 금잔화의 황금빛 꽃잎으로 성모님의 머리 뒤에 비치는 후광을 표현했다. 금잔화는 해가 뜨면 꽃잎을 활짝 피우고, 저녁이 되면 오므린다. 사람들은 그 모습에서 거룩한 빛을 따르는 삶을 자연스럽게 떠올렸다.

한편 금잔화는 흙이 잘 뭉치지 않고 통기성이 좋은 토양에서 잘 자라기 때문에, 새로 만든 무덤 위를 빽빽하게 덮으며 피어나는 모습을 자주 볼 수 있다. 이에 금잔화는 사랑하는 사람을 잃은 이들의 슬픔을 상징하게 되었다. 일부 문화권에서는 고인의 눈 위에 금잔화 꽃을 얹는 풍습이 있으며, 멕시코에서는 죽은 자들의 날(10월 31일-11월 2일)에 제단이나 집으로 이어지는 길과 계단에 금잔화 꽃잎을 뿌리면 먼저 떠난 가족의 영혼이 집으로 돌아온다고 믿었다.

루이스 겜밍어 신부는 《마리아의 꽃》(1858)에서 금잔화의 의미를 이렇게 노래했다.

금잔화의 상징

슬픔

정원 테마

십자가의 길
성모 마리아
묵주기도

> 오 금잔화여, 시들지 않고 / 영원히 피어 있기를.
> 죽음을 상징하는 너는 / 우리의 숨결마다 믿음을 더해 주네.
> 언젠가 이승을 떠나게 될 / 두려운 날을 경고하네.
> 날마다 준비하라고 / 저주받은 죄를 경계하라고.[40]

금잔화는 여기서 한 걸음 더 나아가 자식을 잃은 '어머니의 비통함'을 나타내므로, 예수님께서 성모님을 만나심을 묵상하는 십자가의 길 제4처에 적합하다. 묵주기도 정원에도 어디에나 어울리지만, 고통의 신비와 관련해 그 의미가 더욱 깊다.

금잔화 가꾸기

금잔화속 식물은 품종마다 크기와 외형이 다르지만, 키우는 조건은 대개 비슷하다. 여기서 소개하는 금잔화의 '게이샤 걸' *Calendula officinalis* 'Geisha Girl' 품종은 반겹꽃으로, 진노랑과 진한 주황색의 겹꽃잎과 연갈색부터 검정에 가깝게 보이는 꽃 중심부로 구성된다.

이 품종은 씨앗을 통해 번식하는 한해살이 식물로, 다른 금잔화 품종처럼 따뜻한 지역에서 쉽게 다시 씨를 뿌린다. 내한성 10-11등급 식물로, 햇볕을 잘 받아야 하며 따뜻한 지역에서는 오후에 그늘이 약간 지는 곳이 좋다. 생육에는 적당량의 물이 필요하며, 배수가 원활한 대부분의 토양에서 잘 자란다. 번식력이 강하고, 너비와 높이는 모두 30-51cm까지 자란다.

속명 칼렌둘라는 '달의 첫째날'이라는 뜻의 중세 라틴어 칼렌데kalendae에서 기원했는데, 늦봄부터 서리가 내릴 때까지 거의 내내 꽃을 피우는 독특한 개화 습성이 반영된 이름이다. 꽃을 오래 보려면 시든 꽃을 틈틈이 잘라 내야 한다. 금잔화 꽃에는 향기가 없고 잎에서만 향이 난다.

가지가 많을수록 꽃이 풍성하게 피므로 봄에 순지르기를 하면 좋다. 생장기에 기온이 너무 높고 건조하거나, 햇볕을 못 쬐면 쉽게 시든다. 꽃과 잎이 시들 때 줄기를 지면에서 2.5cm 정도 남기고 잘라 주면 새순이 돋아 가을까지 색을 즐길 수 있다.

로즈메리

Rosmarinus officinalis,
Rosmarinus officinalis 'Tuscan Blue'

로즈메리는 예수님 생애의 시작과 끝에 있었던 식물이다. 예수님 시대에 로즈메리는 중동 전역에서 흔히 볼 수 있는 상당히 큰 떨기나무처럼 무성한 허브였다. 그럼에도 불구하고 성경에 언급되지 않은 이유는, 로즈메리가 가정에서 쓰인 실용적인 식물이었기 때문이다. 유용하고 필요하지만, 성경 이야기와는 무관했다.

당시 로즈메리의 대표적인 용도는 벌레 퇴치로, 사람들은 이 식물을 실내 바닥에 깔거나 짚으로 만든 침구에 넣어 사용했다. 독신 생활이 길었던 요셉도 로즈메리의 이러한 쓰임새를 익히 알았을 것이다. 마리아의 출산이 임박하자 요셉은 아기를 누일 구유에 짚을 깔고, 마구간 근처에 있는 로즈메리 덤불에서 부드러운 잎줄기를 꺾어 와 구유 짚 더미에 섞었으리라. 짚 더미에 섞인 향기로운 로즈메리는 갓 태어난 아기 예수님 근처에 벌레가 오지 않도록 막았을 것이다.

로즈메리 덤불은 세탁한 옷을 말리는 일종의 건조대 역할도 했다. 로즈메리 덤불 위에 옷을 널면 햇볕을 받아 뜨거워진 옷에 로즈메리 잎에서 나온 오일 성분이 스며들어 좋은 향이 배고 벌레를 쫓는 효과도 있었다. 마리아도 가족들의 옷을 로즈메리 나무 위에 널어 말렸을 것이며, 예수님은 유년 시절부터 공생활에 이르기까지 한평생 로즈메리 향이 나는 깨끗한 옷을 입으셨을 것이다.

한편 로즈메리는 부부의 사랑을 상징하는 식물로, 예로부터 신부들은 결혼식 날 로즈메리 줄기로 만든 화관을 머리에 쓰거나 부케에 로즈메리를 넣곤 했다.

예수님 시대 유대 문화에는 죽은 이를 묻은 자리에 로즈메리를 대량으로 뿌리는 종교적 풍습이 있었다. 아마도 무덤에서 나는 냄새를 가리기 위한 것으로 추측된다. 안식일이 지난 뒤 예수님의 시신에 향료를 바르려고 무덤을 찾은 여인들은 아마 로즈메리도 함께 가져갔을 것이다. 예수님의 부활 소식을 들은 여인들은 크게 놀라 로즈메리 다발을 내던졌을지도 모른다.

로즈메리의 상징	정원 테마
기억	십자가의 길
우정	성모 마리아
사랑	묵주기도

로즈메리 화분은 예수님의 탄생을 상기시키므로 성탄 시기에 집 안에 둘 소품으로 더할 나위 없이 좋다. 예수님의 탄생부터 빈 무덤까지 함께한 로즈메리를 보면 예수님과 마리아의 삶을 더 잘 떠올릴 수 있다.

로즈메리는 묵주기도 정원 어디에나 잘 어울리지만, 특히 주님의 탄생을 묵상하는 환희의 신비 3단, 십자가 죽음을 묵상하는 고통의 신비 5단, 부활을 묵상하는 영광의 신비 1단에 어울린다. 십자가의 길 정원에서는 예수님께서 성모님을 만나심을 묵상하는 제4처나 수난이 끝나고 부활로 나아가는 십자가의 길 끝자락에 심는 것이 적합하다.

로즈메리 가꾸기

로즈메리는 품종과 관계없이 대부분 요리에 사용할 수 있는데, 잎이 넓은 품종일수록 독특한 향의 오일 성분이 많이 함유되어 있다. 잎에서 솔향이나 송진 향이 나는 품종은 요리할 때 쓰지 않는 것이 좋다. '블루 스파이어스Blue Spires', '토스카나 블루Tuscan Blue', '스파이스 아일랜드Spice Island' 등이 요리용으로 선호된다.

여기서 소개하는 '토스카나 블루'는 식재료로 활용도가 높고, 조경용으로도 널리 쓰인다. 이 품종은 내한성 8-11등급으로 햇빛을 많이 받아야 한다. 어느 정도 성장하고 나면 물은 보통 이하로 주되, 무더운 지역에서는 물을 좀 더 줄 필요가 있다. 가뭄에 그리 강한 편은 아니다. 로즈메리는 뿌리가 썩기 쉬우므로 반드시 물이 잘 빠지고 유기물이 풍부한 토양에서 키워야 한다.

'토스카나 블루'는 너비 61-120cm, 높이 1.5-1.8m까지 자란다. 다른 로즈메리 품종들처럼 일단 자리를 잡으면 옮겨심기가 쉽지 않으므로 처음에 위치를 신중하게 정해야 한다. 한랭 지역에서는 찬바람이 들지 않는 곳에 심는다.

로즈메리는 집 안팎에 심기 좋은 기본 식물로, 건물 벽에 반사되는 빛에도 크게 영향을 받지 않으며, 봄부터 여름까지 연보랏빛이 감도는 푸른 꽃을 피운다.

서양금사매

Hypericum calycinum

그리스도교 이전 이교 사회에서는 매년 하짓날 모닥불을 피우는 6월의 축제가 있었다. 그 풍습에는 하지 이후 점점 약해지는 태양에게 힘을 실어 주기 위해 불을 바치는 믿음이 깔려 있었다. 그리스도교 전파 이후 교회는 이 풍습에 일종의 '세례를 주어' 새로운 의미를 부여했다. 4세기 들어 하짓날은 모닥불 축제에서 세례자 요한 축일로 그 모습이 달라졌다.

세례자 요한은 빛이 아니라 빛이신 예수님을 증언하기 위해 온 사람이다(루카 1,14-17.76-79 참조). 이에 따라 하지 축제는 공동체 안에 호의의 빛을 밝히고 축하하는 행사로 자리 잡게 되었다. "사람들은 거리에서 모닥불을 피우고 … 부유한 자들은 먹고 마실 것을 현관 앞에 차려 두고 이웃을 초대했다. 이날만큼은 모두 다툼을 멈추고 … 불화를 잊었다."[41]

이로 인해 그 빛보다 앞서 세상에 온 세례자 요한에게 태양빛을 상징하는 노란 꽃을 봉헌하는 관습이 생겼다. 그중 대표적인 꽃이 서양금사매로, 영어로는 '성 요한의 풀Saint John's Wort'이라 불린다(wort는 고대 영어로 '풀', '식물'을 뜻한다). 서양금사매는 예로부터 만병통치약이라 불릴 정도로 가치를 인정받았는데, 이 식물의 효능은 세례자 요한이 예수님께서 인간의 모든 상처를 치유하실 것이라고 외친 증언과 자연스럽게 연결되었다.

서양금사매는 묵주기도 정원에서 다양하게 활용할 수 있다. 빛의 신비 1단은 예수님께서 세례 받으심을 묵상한다. 여기서 요한은 예수님이 세상의 빛으로 계시되는 데 참여한다. 가톨릭교회에서는 묵주기도의 4가지 신비를 상징하는 전통적인 색과 이를 현대적으로 재해석한 색이 있는데, 빛의 신비는 오늘날 노란색으로 주로 표현된다('가톨릭 교리 상식' 편 참조).

성경을 주제로 한 정원을 꾸밀 때, 서양금사매로 주님의 세례를 표현하거나 붉

서양금사매의 상징	정원 테마
악마의 도주	묵주기도
하느님의 은총	성경
온갖 치유	성인

은 열매로 겟세마니에서 그분이 흘리신 땀방울을 상징할 수 있다.

서양금사매의 속명 히페리쿰*Hypericum*은 '위'를 뜻하는 그리스어 휘페르*hyper*와 '형상', '이미지'를 의미하는 에이콘*eikōn*의 합성어다(성스러운 이미지 위에 놓는 식물-옮긴이). 고대에는 흔히 서양금사매 꽃을 그림이나 창문틀 위에 걸어 두곤 했다.

서양금사매 가꾸기

서양금사매는 내한성 5-9등급 지역에 적합한 식물로, 햇빛이 잘 드는 곳이 좋으나 오후에 그늘이 지는 곳에서도 비교적 잘 자란다. 배수가 잘되는 곳에서는 보통 수준으로 물을 주면 되는데, 대부분 토양에서 무난하게 자란다. 너비 46-61cm, 높이 30-46cm까지 자란다.

품종마다 개화 시기는 조금씩 다르지만 대개 한여름부터 늦여름까지 샛노란 꽃이 핀다. 무덥고 습한 환경에서는 썩기 쉬우므로 주의하고, 바람이 잘 통하는 곳에서 키울 것을 권한다. 2-3년에 한 번씩 늦겨울부터 초봄 사이에 지면에서 5cm 정도를 남기고 잘라 주면 더 건강하게 자란다.

서양금사매는 키가 작은 낙엽성 떨기나무로, 무리 지어 심으면 참 아름답다. 조경 디자이너들은 지표면을 덮는 식물로 서양금사매를 매우 선호한다. 뿌리가 넓게 퍼지면서 자라기 때문에 자연스러운 정원 분위기를 연출하기에 좋고, 경사지나 둑 주변에 심으면 토양을 단단하게 잡아 주는 역할을 한다. 또 삼림 경계에 심으면 얕게 발달한 나무 뿌리들과 경쟁하면서 잘 자란다. 다만 일부 품종은 침입종으로 분류될 수 있으므로 심기 전에 해당 품종의 특성과 재배 허가 요건 등을 확인하도록 한다.

감송

Nardostachys jatamansi,
Aralia racemosa

성경에 "나르드"로 언급되는 감송 *Nardostachys jatamansi*은 히말라야와 인근 지역에서 자생하는 식물로, 생육에 필요한 토양 조건이 까다로운 편이다. 마타릿과 *Valerianaceae*('마타리아과 *Valerianoideae*로 분류된다-옮긴이)에 속하는 소형 허브 식물로, 안타깝게도 현재 멸종 위기에 처해 있다.

감송의 목질 뿌리줄기에서 추출한 방향성 기름은 고대 이집트의 종교 의례나 민간요법에서 널리 활용되었다. 고대 로마에서는 감송을 원료로 나르디늄이라는 향유를 만들었다. 이 값비싼 기름이 바로 네 복음서에 모두 언급된, 최후의 만찬 전에 마리아가 예수님께 아낌없이 부어 드린 기름이다.[42]

감송, 즉 나르드는 아가에 나오는 "닫힌 정원"(4,12)에서 자라는 "최상의 향료" 가운데 하나로 묘사된다. 여기서 "닫힌 정원"은 동정녀 마리아를 상징한다. "그대의 새싹들은 석류나무 정원이라오. / 맛깔스러운 과일로 가득하고 / 거기에는 헤나와 나르드 / 나르드와 사프란 / 향초와 육계향 / 온갖 향나무와 함께 / 몰약과 침향 / 온갖 최상의 향료도 있다오"(아가 4,13-14).

아가에서 닫힌 정원을 위와 같이 묘사한 데서 연유하여, 마리아 정원은 전통적으로 경계를 따라 낮은 담이나 울타리를 두른 형태로 조성된다. 최초로 마리아 정원을 만든 사람은 정원사들의 수호성인 성 피아크리오이다. 그가 나뭇가지들을 엮고 흙을 발라 만든 낮은 담으로 정원 주변을 둘러싼 뒤 이 방식이 전통으로 굳어졌다고 전해진다.

유대인들의 전설에 따르면 아담과 하와가 에덴동산에서 추방될 때 유일하게 가지고 나갈 수 있었던 식물이 감송이었다고 한다. "그것을 가지고 있음으로써 그들이 원래 창조된 상태에서 누렸던 기쁨을 기억하고, 하느님의 선하심과 아름다움을

감송의 상징	정원 테마
영적 확신	성모 마리아
	성경
	성 요셉

떠올리며, 하느님께서 그들과 화해하고 조금도 손상되지 않은 행복의 상태로 회복시키려는 준비가 되어 있음을 기억하게 하려는 것이었다."[43]

감송은 영적 확신을 상징하는데, 이는 하느님께서 보내신 메시지를 주의 깊게 듣고 순종한 성 요셉의 덕을 나타낸다. 복되신 성모님 역시 평생토록, 특히 예수님의 수난 중에도 흔들림 없는 영적 확신을 지니고 살아가셨다.

감송 가꾸기

감송은 현재 멸종 위기종이라 재배가 어려우므로 그 대신 미국감송*Aralia racemosa* 기르는 법을 소개한다.

미국감송은 내한성 3-8등급 지역에서 잘 자라는 중형 떨기나무로 비교적 관리가 쉬운 편이다. 약간 그늘이 드는 곳이 이상적이나 완전한 그늘에서도 견딜 수 있다. 자라는 동안에는 적당한 양의 물이 필요하지만, 성장이 끝나면 가끔 건조해도 크게 문제 되지 않는다. 점토질이나 자갈 섞인 흙을 포함해, 고르게 촉촉한 토양에서 자란다. 비옥한 부식질 양토가 가장 좋다.

미국감송은 너비와 높이가 모두 91-150cm까지 자란다. 심은 지 3-5년이 지나면 한여름에 산형꽃차례로 흰 꽃이 핀다. 꽃이 지면 짙은 남빛 열매를 맺는데, 새들이 이 열매를 좋아한다.

짙은 갈색 꽃줄기에서 겹잎이 자라는데, 잎이 크고 넓으므로 바람을 피할 수 있는 장소에서 키우는 것이 좋다. 미국감송은 새로운 환경에 쉽게 귀화하며 씨앗이나 뿌리줄기로 번식하는 속도가 빨라서 일부 지역에서는 잡초성으로 분류된다. 이 식물은 단독으로 심어도 좋고, 그늘이 부분적으로 드리우는 삼림 정원에도 잘 어울린다.

미국감송의 뿌리는 미국찰나무sassafras처럼 루트비어(식물 뿌리로 만든 탄산음료-옮긴이)나 차의 향료로 쓰이며, 과거에는 피부염 치료를 위한 습포제로 사용되었다.

딸기

Fragaria × ananassa

딸기는 향기롭고 달콤하며 과즙이 풍부한 열매를 맺는 식물로, 지구상 거의 모든 대륙에서 재배된다. 성경에 직접 언급되지는 않지만, 일부 학자들은 딸기가 에덴동산에서 자라던 과일 가운데 하나였을 것이라고 주장한다. 하느님께서 비록 인간을 에덴동산에서 쫓아내셨지만, 인간에게 자양분을 공급하고 에덴동산을 끊임없이 기억할 수 있는 '지상의 기쁨'을 주기 위해 에덴동산 문밖에 딸기나무가 자라도록 하셨다는 이야기도 전해진다.

딸기는 그리스도교 회화에 자주 등장하는 소재로, 그리스도교 초기에는 주님 탄생 예고 장면에 그려지기 시작했다. 마리아는 봄 무렵, 구체적으로는 3월 말 하느님의 아들을 잉태하리라는 소식을 듣게 되는데, 이는 예수님의 탄생일부터 역산해 추정된 시기다(지금의 성탄절은 4세기 중반 교황 율리오 1세가 공식적으로 선언한 날짜로, 당시 이교도의 전통과 축제 문화의 영향을 받은 것으로 보인다). 많은 지역에서 딸기꽃은 마리아가 예수 잉태를 예고받은 시기인 3월 말부터 피기 시작한다.

딸기나무와 열매는 동방박사와 목동들이 아기 예수님께 경배드리는 성탄 장면에도 등장한다. 여기서 그 나무와 열매는 예수의 강생과 그리스도로서 겪는 죽음을 상징한다. 에덴동산의 열매가 지니는 붉은색은 예수님께서 우리를 구원하기 위해 흘리신 피와 수난을 나타낸다. 흰색 꽃은 마리아와 예수님의 겸손과 순수함을 나타낸다. 줄기 끝에 피는 세 장의 딸기잎은 다른 삼엽식물들과 마찬가지로 거룩한 삼위일체를 상징한다.

이렇게 풍부한 상징성 덕분에 딸기는 회화와 중세 필사본, 대성당 및 성당의 제대와 기둥 조각에 이르기까지 열매와 꽃, 잎 등 여러 모습으로 표현되었다.

딸기의 상징

그리스도의 강생
수난
삼위일체
순수
겸손

정원 테마

십자가의 길
성령
성령의 열매
성모 마리아

딸기나무 가꾸기

딸기나무는 내한성 3-10등급 식물로 현재 약 250가지 품종이 있다. 지역의 특성과 기후를 먼저 파악한 뒤, 정원에 심을 품종을 결정한다. 딸기의 일반적인 재배 요건은 다음과 같다.

햇볕이 잘 드는 곳부터 오후에 약간 그늘진 곳을 좋아하는데, 무더운 여름에는 휴면기에 들어갈 수 있다. 이 식물은 열매를 풍성히 맺기 위해 보통 정도의 물을 필요로 한다. 유기물이 풍부하고 비옥하며 배수가 잘되는 토양(사질양토)에서 잘 자란다. 습도가 높으면 병충해에 취약해진다.

딸기는 기는줄기가 뿌리를 내려 번식하는데, 다소 무질서하게 퍼져 나가기 때문에 부지런하게 관리해야 양질의 열매를 얻을 수 있다. 또한 서늘한 기후를 좋아하는 여러해살이 식물이므로, 주로 봄과 가을에 성장한다. 흰 딸기꽃은 봄 중순에, 일부 품종은 늦여름에 두 번째 꽃을 피우기도 한다.

지역 특성과 기후 외에 고려해야 할 품종별 특성은 다음과 같다.[44]

일계성 품종June-bearing은 보통 심은 지 2년 차에 가장 크고 맛있는 딸기가 2-3주 동안 집중적으로 열린다.

단일성 품종Short-day은 낮 시간이 짧아지고 기온이 낮아질 때 꽃눈을 만드는, 일계성 품종의 아종이다. 상업적으로 재배되는 딸기는 대부분 이 품종이다.

사계성 품종Ever-bearing은 1년에 두 번 수확할 수 있다. 한 번은 봄에, 또 한 번은 늦여름과 가을 사이다.

중일성 품종Day-neutral은 대개 두렁에 심는데, 첫해부터 작은 열매가 풍성히 열린다.

탄지

Tanacetum athanasia
(*Tanacetum vulgare*),
Tanacetum balsamita

고사리를 닮은 잎과 자그마한 노란 꽃이 특징인 탄지('쑥국화'라고도 한다-옮긴이)는 성 아타나시오와 관련된 식물이다. 성인은 325년 니케아 공의회에서 아리우스파(성자는 성부와 본질적으로 다른 존재라고 주장하여 그리스도의 신성을 부인한 그리스도교의 일파-옮긴이)를 이단으로 규정하고, 삼위일체론 교리를 명확히 규정한 니케아 신경 제정에 이바지한 인물이다.

종소명 아타나시아*athanasia*는 그리스어로 '불멸'을 뜻한다. 탄지가 성 아타나시오에게 헌정된 이유는 꽃이 초여름부터 첫서리가 내릴 무렵까지 시들지 않고 피어 있어, 마치 '영원'처럼 오랜 시간 꽃을 간직하기 때문이다. 또는 고대 사회에서 향이 강한 탄지를 시신 보존과 악취 제거에 사용했기 때문이라고 추측하기도 한다.

타나세툼 발사미타*Tanacetum balsamita*라는 품종은 납작하고 작은 노란 꽃을 피우며, 바이블리프, 코스트마리, 모들린 등 다양한 이름으로 불린다.

바이블리프Bible-leaf라는 이름은 이 품종의 잎이 크고 비교적 두꺼우며 향기가 좋고 긴 타원형이라 한 번 누른 뒤 말려서 성경 책갈피로 사용한 데서 유래했다. 옛날에는 성경책이 매우 비쌌기 때문에 탄지 잎에서 나는 독특한 향은 책을 갉아먹는 각종 해충을 퇴치하는 데 효과적이었다.

14세기에는 코스트마리costmarie라고 불렀는데, 이 단어는 '향기로운 식물'을 뜻하는 라틴어 코스툼costum과 '마리아'를 의미하는 마리marie의 합성어다. 오늘날, '마리아의 향기'는 자비롭고 변함없으신 하느님에 대한 열렬한 사랑을 의미한다.

중세 시대에는 탄지를 '모들린의 풀maudlin-wort'이라고 불렀는데, 모들린은 막달레나에서 유래한 단어다. 예수 그리스도를 열렬히 사랑했던 마리아 막달레나는

탄지의 상징	정원 테마
불멸	예수
연민	십자가의 길
열렬한 사랑	성령의 열매
	성모 마리아
	성인

예수님의 발치에서 눈물로 회개하고 예수님께 값비싼 향유를 부은 인물로 전해진다. 영어에서 *maudlin*이 '눈물이 많은', '감상적인'을 뜻하는 것도 이 이야기에서 비롯되었다.

   탄지는 예수님께서 성모님을 만나심을 묵상하는 십자가의 길 제4처, 예수님께서 십자가에 못 박히심을 묵상하는 제11처에서 그 상징을 잘 살릴 수 있다.

▍탄지 가꾸기

쑥국화속 *Tanacetum*에 속하는 많은 종이 침입성 잡초인데, 이들과 탄지를 혼동하는 일이 잦다. 이 글에서 소개하는 탄지는 일반적으로 '코스트마리' 또는 '바이블리프'라고 불리는 품종으로, 잎이 길쭉한 타원형에 두께가 두껍고 탄탄하다. 코스트마리는 다른 품종에 비해 무성하게 퍼지지 않는다.

   이 품종은 내한성 5-9등급 지역에서 잘 자라는 여러해살이 식물로, 햇빛이 충분히 드는 곳이 이상적이지만 아열대 지역에서는 오후에만 그늘이 지는 곳에서도 무난하게 자란다. 물은 적게 또는 보통 정도로 주는 것이 좋으며, 유기물이 풍부하고 배수가 원활한 토양을 선호하지만, 대부분의 토양에서도 잘 적응한다. 가뭄을 잘 견디며 따뜻하고 햇볕이 잘 드는 환경을 특히 좋아한다.

   탄지는 뿌리줄기로 번식하며, 개별 식물은 보통 너비와 높이가 모두 각각 61-91cm에 달한다. 탄지 잎에서는 유칼립투스와 민트를 섞은 듯한 독특한 향이 난다. 단추 모양의 작고 샛노란 꽃이 줄기 끝에 우산을 펼친 듯한 모습으로 하나씩 피며, 수분 매개 곤충을 끌어들인다.

   예로부터 약재나 음료 또는 음식 재료로 활용되었지만, 탄지에서 추출한 기름에는 독성이 있으므로 주의해야 한다.

엉겅퀴

Asteraceae family,
Echinops ritro

엉경퀴는 회화를 비롯한 여러 예술 작품에서 학명보다는 별칭이나 상징과 더 관련이 깊다. 작품에 등장하는 엉경퀴 대부분은 국화과 Asteraceae 식물이며, 그중 몇 가지를 소개하면 다음과 같다.

지느러미 엉경퀴 Carduus와 군델리아 투르네포르티 Gundelia tournefortii는 예수님의 시신을 감싼 토리노의 수의에 흔적을 남긴 식물로 알려져 있다('가톨릭 교리 상식' 편 참조).[45] 베네딕토 엉경퀴 Cnicus benedictus는 노란 꽃이 피며, '축복받은 엉경퀴'라고도 불린다. 과거 베네딕도회 수도자들이 재배해 만병통치약으로 활용했으며, 특히 천연두 치료에 약효가 있다고 여겼다. 이 엉경퀴는 2천 년 이상 약재로 쓰였다.

고대 그리스와 로마에서는 카르둔 또는 아티초크 엉경퀴 Cynara cardunculus의 줄기를 요리에 사용했다는 기록이 있으며, 19세기까지는 남유럽에서 인기 있는 식재료였다. 또한 화가들은 야생으로 자라는 엉경퀴를 통해 인간이 생존하기 위해서는 노동을 해야 한다는 진리를 표현했다. 우리는 "너는 사는 동안 줄곧 고통 속에서 땅을 부쳐 먹으리라. 땅은 네 앞에 가시덤불과 엉경퀴를 돋게 하고 너는 들의 풀을 먹으리라"(창세 3,17-18)라는 구절에서 그 의미를 확인할 수 있다. 오늘날 우리가 먹는 아티초크 꽃봉오리는 구형 아티초크 Cynara scolymus로, 야생 아티초크와 다른 변종이다.

우리 주변에서 가장 흔히 볼 수 있는 스코틀랜드 엉경퀴 Onopordum acanthium는 '보호'를 상징한다. 이 상징성은 스코틀랜드에 잠입한 적군이 엉경퀴 가시에 찔려 비명을 지르는 바람에 스코틀랜드가 승리했다는 이야기에서 비롯된다. 1540년, 스코틀랜드의 국왕 제임스 5세는 자신과 열두 명의 기사로 구성된 엉경퀴 기사단 Order of the Thistle을 창설했는데, 이는 예수님과 열두 사도를 상징했다. 이 기사단은 현재 스코틀랜드의 명예 훈장 제도로 남아 있다.[46]

엉경퀴의 상징	정원 테마
인내/고통	십자가의 길/덕
수난/가시관	성모 마리아
구원	묵주기도/성경

흔히 '밀크시슬'로 불리는 흰무늬엉겅퀴 *Silybum marianum*는 신성로마제국의 카롤루스 대제의 군대를 구한 전설과 관련된다. 전염병으로 많은 병사가 죽어 가던 중 대제의 꿈에 천사가 나타났다. 천사는 공중으로 화살을 쏘더니, 화살이 떨어진 자리에서 자라는 식물을 병사들에게 먹이라고 알려 주었다. 그는 천사의 말대로 그 자리에서 엉겅퀴를 발견했고, 병사들은 건강을 되찾았다. 카롤루스 대제는 활발한 정복 전쟁을 통해 그리스도교를 널리 전파했다.

묵주기도 정원에서 엉겅퀴는 예수님의 거룩한 변모를 묵상하는 빛의 신비 4단과 고통의 신비 모든 단에서 영적인 용기를 상징한다. 십자가의 길 정원에서는 사형 선고로 주님의 수난이 시작되는 제1처에 적합하다. 용기는 두려움을 극복하고 옳은 일을 추구하며, 사랑을 위해 자신의 생명까지 내어 주도록 돕는 덕목이다.

엉겅퀴가 구원을 상징하게 된 유래도 흥미롭다. 오색방울새의 학명 카르두엘리스 *Carduelis*는 엉겅퀴를 의미하는 라틴어 카르두스 *carduus*에서 유래했다. 그 새가 선호하는 먹이 중의 하나가 엉겅퀴이기 때문이다. 그림에서는 "오색방울새가 엉겅퀴에서 양분을 얻는 모습으로 묘사되는데, 이때 새는 인간의 영혼을, 엉겅퀴는 그리스도의 수난을 상징한다."[47]

▎엉겅퀴 가꾸기

엉겅퀴는 침입성 잡초로 분류된다. 하지만 장식용으로 재배되는 절굿대(공꽃, *Echinops ritro*)는 성가신 잡초가 될 가능성이 적다.

내한성 3-8등급 지역에 적합하며, 해가 잘 드는 곳을 좋아한다. 생육에 필요한 물의 양은 보통 이하며, 배수가 원활한 토양에서 잘 자란다. 너비는 61-91cm, 높이는 91-120cm까지 자라는데, 비옥한 토양에서는 줄기가 길어질 수 있으므로 지지대로 받치면 좋다. 줄기 아래쪽 잎이 다소 거칠고 투박하므로 화단 뒤쪽에 심고 앞쪽에 키가 작은 식물을 배치해 잎을 가려 주면 깔끔하다.

이 식물은 한여름이 되면 검푸른 꽃을 피운다. 번식을 억제하려면 시든 꽃을 바로 잘라 내어 종자 형성을 막는다. 꽃이 진 뒤에는 지면 가까이에 난 잎까지 바짝 잘라 주면 다시 꽃을 피울 수 있다.

타임

Thymus praecox,
Thymus vulgaris

타임은 정원 산책길에 심기 좋은 향기로운 허브로, 잎을 빻거나 태울 때 기름 성분에서 독특한 향이 난다. 타임thyme이라는 영어 이름은 '연기'를 뜻하는 그리스어 티몬*thymon*에서 유래했으며, 티몬의 동사형 티에인*thyein*은 '훈제하다', '분향하다'라는 의미다.[48]

고대 사회에서 병사들은 대개 전장에 나가기 전에 신에게 용기를 청하며 타임을 태우는 분향 제사를 드렸다. 타임은 심각한 부상으로 죽음을 앞둔 병사들의 영혼이 평화롭게 이승을 떠나는 데 큰 도움을 주는 식물로도 여겨졌다. 이러한 믿음에 따라, 타임은 예로부터 영혼이 저세상으로 잘 넘어가도록 돕는 장례식 허브로 흔히 쓰였으며, 해충을 쫓는 다른 허브들처럼 시신을 보존할 때도 활용되었다. 세상을 떠난 영혼을 저승으로 안전하게 인도한다는 타임의 상징성은 이교도 문화권뿐 아니라 그리스도교 문화에도 영향을 미쳤다.

중세 시대에 의학 지식의 중심지 역할을 했던 수도원에서는 타임을 빵 반죽, 수프, 고기 요리에 자주 활용했다. 냉장 기술이 없던 당시, 타임은 고기의 부패를 막고 식중독을 예방하는 역할을 했다.[49] 항균 성분도 있어 붕대에 직접 발라 소독제로 사용하기도 했다.

다른 허브들처럼 타임도 태우거나 부드러운 가지를 짚과 함께 두어 벌레를 쫓는 용도로 활용했다. 가축 사료로도 널리 쓰였기에, 아기 예수님을 누인 구유 짚더미에 로즈메리와 함께 섞여 있었을 가능성이 높다. 그래서 타임은 '마리아의 짚더미'라고도 불린다. 전설에 따르면 아기 예수님의 머리가 짚 더미에 닿자, 타임에서 금빛 꽃이 피어났다고 한다. 이는 예수님의 후광이 세상에 처음으로 드러난 경건한 순간이었다.

타임의 상징	정원 테마
용기	성령
힘	성모 마리아
예수님의 탄생	묵주기도

묵주기도 정원에서 타임은 주님의 탄생을 묵상하는 환희의 신비 3단, 거룩한 변모를 묵상하는 빛의 신비 4단, 그리고 수난을 앞둔 주님의 고뇌와 십자가 죽음을 묵상하는 고통의 신비 1단과 5단에 적합하다.

성 프란치스코 살레시오는 《신애론》에서 꿀벌이 크고 화려한 꽃에서도 꿀을 얻지만, 타임처럼 가장 작은 꽃을 자주 찾아가 더 좋은 꿀을 얻는다고 비유하며 이렇게 말했다. "우리가 작은 신심을 꾸준히 행한다면 선행을 베푸는 일도 훨씬 더 자주, 더 겸손하게, 그리하여 유익하고 거룩한 방식으로 실천할 수 있습니다."[50]

▎타임 가꾸기

타임Thymus vulgaris은 요리에서 가장 널리 쓰이는 품종이다. 내한성 5-9등급 지역에서 잘 자라며, 충분한 햇볕과 최소한의 물만 필요로 한다. 물이 고이지 않고 배수가 잘되는, 얕고 자갈이 섞인 토양에서 가장 잘 자란다. 땅에 습기가 많아서 뿌리가 축축해지면 쉽게 썩는다.

이 품종은 관목성 허브로 너비 15-30cm, 높이 15-38cm까지 자란다. 늦봄부터 한여름까지 꽃이 피며, 개화 직전 잎에서 특유의 향이 짙게 풍긴다. 잎은 자주 다듬을수록 잘 자라는데, 매년 봄에 잘라 주면 줄기가 나무처럼 단단해지는 현상을 막을 수 있다. 그러나 몇 년이 지나 자연스럽게 목질화되면 그때는 새로 심는 것이 좋다.

타임은 화분에 심어 창가에 두기 좋고, 쓰임새가 많아 집에 하나쯤 두면 유용하다.

클레마티스 / 그라스 / 아이비
재스민 / 공작고사리 / 이끼
시계초 / 빈카마이너 / 루페스트리스
왕관고비 / 토끼풀

Grasses and More

풀과 기타 화초

클레마티스

Clematis flammula,
Clematis terniflora

> "동정녀의 은신처라 불리는 축복받은 꽃, 클레마티스"
> – 월터 스콧

클레마티스(서양 으아리-옮긴이)는 남유럽, 북아프리카, 중동이 원산지로, 흔히 볼 수 있고 빠르게 자라는 덩굴식물이다. 대규모 지피식물이나 교목성 덩굴인 리아나liana의 형태로 종종 볼 수 있다.

클레마티스는 '동정녀의 은신처Virgin's bower'로 불리는데, 여기서 'bower'는 명사로서 나무나 덩굴식물 아래에 드리워지는 쾌적하고 그늘진 장소를 뜻한다. 동사로 쓰일 때는 사람이나 장소 위에 '그늘을 드리우다', '울타리를 치다'라는 의미가 있다. 이런 뜻으로 인해 클레마티스에는 성모 마리아와 연관된 아름다운 이야기가 전해진다.

전설에 따르면, 요셉은 마리아와 아기 예수님을 데리고 이집트로 피신했다. 헤로데 임금이 군사들에게 명을 내려 두 살 이하의 사내아이를 모두 죽이려 했기 때문이다(마태 2,13-16 참조). 그런데 피신 길에 마리아가 잠시 쉬며 아기를 돌보기 위해 나귀에서 내릴 때마다 땅에서 클레마티스 덩굴이 솟아올라 마리아와 예수를 가려 주었다. 군인들은 아기를 데리고 있는 가족을 찾고 있었으므로, 홀로 여행하는 요셉과 당나귀를 그냥 지나쳤다. 이 식물이 이집트로 피신하는 성가정의 여정에 기쁨을 주었기 때문에 '여행자의 기쁨'이라는 상징을 갖게 되었다.

클레마티스가 동정녀 마리아의 꽃으로 알려진 또 다른 이유는 클레마티스 비탈바*Clematis vitalba*가 성모 승천 대축일인 8월 15일 무렵 꽃을 피우기 때문이다. 클레마티스 비탈바는 유럽과 지중해 연안, 중동에서 널리 자라는 야생종이다.

클레마티스의 상징

여정
여행자의 기쁨

정원 테마

성령의 열매
성모 마리아
묵주기도
성 요셉

이러한 상징성을 기억하며, 예수님께서 마리아를 하늘에 불러올리심을 묵상하는 영광의 신비 4단 자리를 클레마티스로 가꾸어 보자. 이 덩굴을 마리아 정원의 울타리 일부로 활용하려면 울타리를 따라 덩굴이 자라게 하는 것이 좋다. 그러면 나중에 가지치기할 때 오래된 덩굴을 쉽게 없앨 수 있다.

> ### ▎클레마티스 가꾸기
>
> 클레마티스 테르니플로라*Clematis terniflora*는 내한성 5-9등급 지역에 적합한 대형 덩굴식물이다. 햇볕이 잘 드는 곳은 물론, 반 정도 그늘이 진 곳에서도 잘 자란다. 생육에 필요한 물의 양은 보통 수준이며, 다 자라고 나면 오후에 그늘이 지는 곳에서는 가뭄도 견딜 만큼 건조에 강하다. 점토질 토양도 잘 견디지만, 배수가 잘되는 일반적인 토양이 가장 좋다. 성장 초기에는 여러 차례 비료를 보충해 주어야 한다. 이 덩굴은 성장 속도가 매우 빨라 한 철에만 너비와 높이 모두 4.6-9.1m까지 자랄 수 있다.
>
> 　늦여름부터 늦가을까지 피어나는 이 덩굴은 향기가 매우 진하며, 가을철 꿀을 찾는 꿀벌에게 좋은 먹이를 제공한다. 간격이 넓은 격자 구조물이나 수평형 울타리를 따라 자라게 하거나 암벽 위로 늘어뜨려 키울 수 있다. 클레마티스는 덩굴손 역할을 하는 잎자루가 지지대를 감싸 오르며 자란다. 꽃이 지면 그 자리에 솜털 같은 은빛 씨앗 꼬투리가 생긴다.
>
> 　클레마티스 테르니플로라는 가지치기 '유형 3'에 속한다('정원 가꾸기' 편 참조). 여기에 속하는 품종은 늦겨울이나 이른 봄에 가장 아래쪽 꽃눈까지 묵은 가지를 바짝 자른다(지면에서 약 20-25cm 높이까지 자른다).
>
> 　이 클레마티스는 가지치기가 필요하고 빠르게 성장하기 때문에 관상용 나무나 떨기나무 가까이에 두지 않는 것이 좋다. 다 자란 나무에서 교목성 덩굴로 키운다면, 매년 오래된 덩굴을 제거할 수 있는지 확인해야 한다.

그라스

Calamagrostis spp., *Chasmanthium* spp.,
Miscanthus spp., *Pennisetum* spp., etc.
Pennisetum setaceum 'Rubrum'

풀은 구약성경에서 나무 다음으로 많이 언급되는 식물이지만, 우리 기억에서 쉽게 잊히곤 한다. 사실 벼과 Poacea는 지구상에서 다섯 번째로 큰 식물과이며, 고대부터 오늘날까지 식량, 사료, 건축 자재, 땔감 등으로 활용되고 있다.

구약성경에서 '풀'을 뜻하는 히브리어는 풀의 품종보다는 기능과 역할을 암시한다. 《이스턴 도해 성경 사전 Easton's Illustrated Bible Dictionary》은 성경에 등장하는 풀을 크게 4가지로 분류하고,[1] 하느님과 우리의 관계를 성찰하는 소재를 제시한다. 가령 1열왕 18,5; 욥 40,15; 시편 104,14에서 언급되는 풀은 '푸르름'을 뜻하는 히브리어에서 유래했다. 여기서 풀은 먹을 것을 주시고, 여물게 하시어 쓰임에 알맞게 만드시는 하느님의 섭리를 드러낸다.

창세 1,11-12; 이사 66,14; 신명 32,2은 풀이 비를 맞고 싱싱하게 자라나듯 하느님의 말씀을 받아들인 이들도 영적으로 성장한다는 의미를 전한다. 풀은 또한 삶의 덧없음을 상기시킨다(이사 40,6-7; 시편 90,5-6 참조). 그리고 하느님의 말씀을 외면하는 이들이 얼마나 나약하고 쉽게 멸망에 이르는 존재인지를 우리에게 일깨워 준다(2열왕 19,26; 시편 129,6; 이사 37,27 참조).

이처럼 풀은 문화적 다양성과 그리스도교 상징성을 모두 지니므로 기도의 정원 어디에서나 잘 어울린다. 또한 성령의 열매 중 하나인 '온유'를 상징하는데, 이는 부러진 갈대도 꺾지 않으신 예수님의 자비로움을 표현한다(마태 12,20 참조).

흔들리는 풀잎을 볼 때면 하느님의 숨결을 느끼고, 내 삶에서 조용하고 부드럽게 활동하시는 그분의 현존을 생각한다. 마치 바람이 눈에 보이지는 않지만, 흔들리는 풀을 통해 그 존재를 체감할 수 있듯이 말이다.

십자가의 길에는 예수님께서 옷 벗김 당하심을 묵상하는 제10처에 관상용 그라

그라스의 상징	정원 테마
하느님의 숨결	십자가의 길
온유	성령의 열매
덧없음	성모 마리아
순종	성경

스를 배치해 보자. 바람에 저항하지 않고 유연하게 흔들리는 풀의 모습을 통해 순종의 의미를 표현할 수 있다. 키가 큰 그라스를 마리아 정원의 둘레에 심어 성모님을 상징하는 "닫힌 정원"(아가 4,12 참조)을 연출해 보는 것도 좋다.

▎그라스 가꾸기

수크령 '루브룸'*Pennisetum setaceum* 'Rubrum'은 기도의 정원에 잘 어울리는 관상용 그라스다. 내한성 9-10등급의 한해살이 식물로, 매끈한 암적색 잎이 우아하게 늘어진다. 햇볕이 잘 드는 곳이 가장 좋지만, 밝은 그늘에서도 무난하게 자란다. 배수가 잘되고 촉촉한 토양과 적당한 물 공급이 필요하며, 다른 수크령 품종보다 가뭄에 민감하다. 이 품종은 너비 61-120cm, 높이 91-120cm까지 자란다. 보랏빛을 띤 분홍색 꽃이 길쭉하게 자라다가 곡선 모양으로 늘어지며, 길이가 30cm를 넘기도 한다. 한여름부터 늦가을까지 피며, 꽃대는 10-15cm 정도 더 자란다. '루브룸'은 씨를 맺지 않는 품종이라 침입성이 없다.

정원에 심을 만한 또 다른 관상용 그라스인 바늘새풀 '칼 포에스터'*Calamagrostis × acutiflora* 'Karl Foerster'는 내한성 5-9등급으로, 해가 잘 드는 곳부터 오후에 약하게 그늘이 지는 곳을 좋아한다. 건조하지 않은 환경과 적당량의 물을 필요로 하며, 비옥하고 촉촉한 토양은 물론, 습한 토양에서도 잘 자란다. 너비는 61cm, 높이는 91-120cm까지 자란다. 밑에서 2/3 지점에 잎이 나고, 초여름에 길쭉한 꽃이 핀다.

'납작보리사초'라고도 부르는 낚시귀리*Chasmanthium latifolium*는 내한성 3-8등급의 식물로, 햇볕이 드는 양지나 반양지를 선호한다. 물은 보통 정도로 필요하고, 습하고 배수가 원활한 토양에서 잘 자란다. 너비는 46-91cm, 높이는 61-120cm까지 자란다. 늦여름부터 초가을까지 꽃을 피우며, 아치형으로 늘어진 줄기에 씨앗 머리가 매달려 바람에 흩날리는 모습이 인상적이다. 씨앗으로 번식해 자연적으로 군락을 형성할 수 있으며, 때에 따라 침입성을 보일 수도 있다.

억새*Miscanthus* spp.는 품종마다 기후, 형태, 크기, 정원 재배 적합성 등이 다르므로 이를 잘 확인한 뒤 어떤 품종을 재배할지 선택한다.

수크령속에는 '루브룸' 외에도 여러 품종이 있다. 솔 같은 긴 꽃이삭이 달리는 것이 공통된 특징이며, 품종별 재배 지역은 다르지만 주로 내한성 6-9등급 지역에서 잘 자란다.

아이비

Hedera spp., *Hedera helix*

아이비는 근처에 구조물이 있으면 무엇이든 가리지 않고 타고 올라간다. 항상 무언가에 의지해 자라는 독특한 습성으로 인해서 아이비는 충실한 사랑과 희망을 상징한다.

루이스 겜밍어 신부는 저서 《마리아의 꽃》(1858)에서 아이비를 동정녀 마리아에 비유했다. "아이비와 마찬가지로, 마리아는 한순간도 혼자였던 적이 없다. 마리아는 늘 하느님과 함께했다. … 그녀는 예수님 곁에 머무르고, 예수님께 도움을 청하고 조언을 구했으며 위안을 받았다. 마리아는 어떤 상황에서도 … 그분 안에서 희망을 찾았다. … 우리도 거룩한 희망의 덩굴손을 뻗어 예수님을 꼭 붙잡고, 우리 마음을 그분께 봉헌해야 한다."[2]

집회 24,17의 "내가 친절을 포도 덩굴처럼 틔우니"(《성경》은 '포도 순'으로 옮겼다-옮긴이)는 덩굴이 매달려 자라는 모습을 은유적으로 표현한 구절로, 성령 안에서 지혜를 구하고, 성령을 삶의 중심으로 삼는 것을 뜻한다.

미국 가톨릭 주교회의USCCB에 따르면,[3] 일부 수사본에는 위 구절 다음에 "주님 안에서 끊임없이 강해지고 그분께서 너희를 강하게 하시도록 그분께 매달려라"라는 말씀이 이어진다(《성경》에서는 집회 24,24이다-옮긴이).

묵주기도 정원에는 환희의 신비 자리에 심어 보자. 아이비는 어린 예수님을 돌보고, 예수님이 공생활을 마치실 때까지 하느님께 의지하며 믿음과 희망, 기쁨 속에서 살아간 마리아와 요셉의 생애를 상징한다.

아이비의 상징

하느님께 의지함
믿음의 완성
(하느님과 배우자에 대한)
충실한 사랑
기쁨
희망

정원 테마

성령의 열매
덕
성모 마리아
묵주기도

작가 줄리아 캐머런은 다음과 같이 말한다. "우리가 믿음의 덩굴손을 뻗어 저항의 벽을 넘어갈 때 우리 삶은 비로소 푸르고 생동감 넘치며 견고해진다. … 의식적으로 낙관적인 마음을 갖고, 반대에 부딪혀도 신앙의 발판을 찾아 나아간다면 우리 삶은 은총의 토양에 뿌리를 내릴 것이다. 그곳에서 우리는 양분을 공급받고 번성하며 축복을 누린다."[4]

아이비 가꾸기

송악속 *Hedera*에는 10가지 이상의 아이비종과 수많은 품종이 있다. 아이비는 덩굴처럼 기어오르거나 늘어지는 특성과 주로 상록성인 잎 때문에 재배된다. 잎의 모양은 종과 성장 단계에 따라 다양하며, 갈라진 모양, 하트 모양, 구불구불한 모양, 부채 모양 또는 새 발 모양 등이 있다.

잉글리시 아이비 *Hedera helix*는 내한성 4-9등급으로, 햇빛이 잘 들지 않는 환경을 좋아하며, 한낮에 직사광선이 강하게 드는 곳은 견디지 못한다. 촉촉하고 물 빠짐이 원활하며 비옥한 토양을 좋아하지만, 일단 뿌리를 내리면 어느 정도 가물어도 견딜 수 있다.

크기는 품종마다 다르지만 대체로 너비는 91cm-15m까지 자란다. 벽을 타고 자라면 높이는 6.1-24m에 달하지만, 지피식물로 키우면 15-23cm 정도로 낮게 자란다. 아이비는 줄기 마디가 흙에 닿는 곳마다 뿌리를 내리는데 일부 지역에서는 공격적인 번식력을 보이며 침입성이 강할 수 있다.

잉글리시 아이비는 줄기에서 공기뿌리가 나와 구조물이나 벽에 달라붙으며 자란다. 공기뿌리가 벽돌 틈새나 이음새를 파고들면 구조물이 손상될 수 있으므로 주의해야 한다. 특히 빗물 홈통이나 도색된 장식이 아이비로 덮이지 않도록 관리해야 한다.

잉글리시 아이비는 공기 중의 불순물을 걸러 주는 훌륭한 실내 식물이다. 연구에 따르면 포름알데히드, 벤젠, 톨루엔, 자일렌 등의 오염 물질을 정화하는 데 효과적이며, 곰팡이를 없애는 데도 도움이 되는 것으로 나타났다.

재스민

Jasminum spp.,
Jasminum sambac

재스민은 14-16세기 르네상스 유럽에서 흔히 재배되던 식물로, 당시 화가들은 성모 마리아를 그릴 때 종종 재스민을 함께 그려 넣었다. 성모 성월인 5월에 피는 흰색 재스민 꽃은 마리아의 순수와 순결을 상징한다.[5] 재스민은 은총, 거룩한 사랑, 약속을 의미하는 식물로, 예로부터 '천상의 꽃'이라고 불려 왔다. 이 꽃은 여러 회화에서 성모 마리아나 성녀들의 머리 주변을 감싸는 형태로 등장하거나, 어린 처녀들이 손에 들거나 꽃병을 들고 있는 모습으로 자주 그려졌다.

재스민은 희망, 깨어 있음, 약속을 뜻하므로 정원에서 예수님의 부활을 상징적으로 표현하기에 적합하다. 재스민 재배가 가능한 곳이라면 십자가의 길 끝에 재스민 덩굴을 조성해 "그분께서는 여기에 계시지 않는다. 말씀하신 대로 그분께서는 되살아나셨다"(마태 28,6)라는 부활의 메시지를 시각적으로 드러낼 수 있다.

재스민은 그리스도교에서 다양한 상징성을 지니므로 환희의 신비, 영광의 신비를 비롯한 묵주기도의 여러 신비를 표현하는 정원에 활용하기 좋다. 순결을 상징하는 식물인 만큼 결혼식이나 종교의식, 특히 종신서원식에서 잎이 풍성한 가지를 활용해 장식할 수도 있다. 다만 재스민 꽃의 특성상 꽃이 핀 줄기를 직접 사용하기는 까다로운 편이다.

재스민은 성령께 봉헌하는 흰색 정원에 심어도 좋다. 낮에 꽃잎을 오므렸다가 저녁에 꽃을 피우면서 진한 향을 풍기기 때문에 시각적으로는 물론, 후각적으로도 아름다운 묵상 공간을 연출한다. 어두운 밤에 더욱 돋보이는 흰 꽃은 '어둠 속의 빛'이라는 주제를 깊이 묵상하게 한다.

재스민의 상징

희망
깨어 있음
약속
성모 마리아의 순결
거룩한 사랑
은총

정원 테마

성령
성모 마리아
묵주기도

재스민은 원산지인 중국에서 페르시아로 전파되면서 삼박*sambac*이라는 이름으로 불렸고, 페르시아에서 재배된 재스민 오일은 실크로드를 따라 유럽으로 수출되었다.[6] 참고로 재스민이라는 이름은 '신의 선물'이라는 뜻의 페르시아 여성 이름인 야스민Yasmin에서 유래했다.

▎재스민 가꾸기

아라비아 재스민*Jasminum sambac*은 내한성 9-11등급의 상록성 덩굴식물이다. 냉대 기후 지역에서는 실내에서 화분으로도 재배한다. 햇볕이 잘 드는 곳이 좋지만, 약간 그늘이 지는 곳에서도 잘 자란다. 생육에 필요한 물의 양은 보통 수준이며, 배수가 잘되고 고르게 촉촉한 부식질 토양을 선호한다.

이 품종은 덩굴손이 없어 물체에 흡착하지 못하므로, 덩굴이 구조물을 감았을 때 끈 등으로 단단히 고정해 주면 좋다. 일반적으로 너비는 91-150cm, 높이는 1.8-3m까지 자라지만, 남아시아를 비롯해 습한 곳에서는 더 크게 자란다.

진한 향기가 매력적인 재스민은 사시사철 꽃이 피지만 한여름에 가장 풍성하게 피어난다. 꽃은 가지 끝에 두 송이 이상 무리 지어 피고, 저녁에 피었다가 아침이 되면 연분홍색으로 변하며 꽃잎을 오므린다. 품종마다 꽃 모양이나 향이 조금씩 다르며, '마이소르 뮬리 Mysore Mulli'는 아라비아 재스민 중 향이 가장 진하다.

공작고사리

Adiantum spp.,
Adiantum capillus-veneris

가톨릭교회는 복음 선포를 시작한 초기부터, 각 지역의 관습과 신화에 담긴 자연적 실재를 포착하고 이를 그리스도교적으로 재해석함으로써 복음화를 도모했다. 공작고사리 Maidenhair fern는 이러한 방식으로 그리스도교의 상징으로 전환되어 '성모님의 머리칼' 또는 '동정녀의 머리칼'이라고 불리게 되었다.

공작고사리의 속명 아디안툼 Adiantum은 '물에 젖지 않는'이라는 뜻의 그리스어 아디안토스 adiantos에서 유래했으며, 잎에 떨어진 물이 방울져 흘러내리는 특성에서 비롯된 이름이다. 이는 바다에서 태어난 비너스 여신이 뭍으로 올라왔을 때 머리카락이 바닷물에 전혀 젖지 않았다는 그리스 신화 이야기를 떠올리게 한다. 라틴어에서 유래한 종소명 카필루스 capillus는 '머리카락'이라는 뜻으로, 공작고사리의 가는 줄기와 고사리손 모양의 어린잎을 가리킨다. 베네리스 veneris는 '비너스'를 의미한다.

물에 젖지 않는 공작고사리는 죄에 물들지 않는 순결, 순수, 은총을 상징한다. 이 식물에 비나 안개가 닿으면 줄기는 우아하게 아래로 처지고, 겹겹이 쌓인 잎 표면에는 물이 빠르게 흘러내려서 항상 보송보송한 상태를 유지한다.

정원에 십자가의 길이 있다면, 예수님께서 예루살렘 부인들을 위로하심을 묵상하는 제8처에 공작고사리를 키워 보자. 물에 젖지 않는 공작고사리의 모습에서 "예루살렘의 딸들아, 나 때문에 울지 말고 너희와 너희 자녀들 때문에 울어라"(루카 23,28)라고 하신 예수님의 말씀을 묵상할 수 있다. 공작고사리는 예수님의 발을 눈물로 적시고 자신의 머리카락으로 닦아 드린 여인의 이야기도 떠올리게 한다 (공작고사리는 그늘에서 자라므로 직사광선이 든다면 관상용 아스파라거스 Asparagus setaceus로 대체할 수 있다).

공작고사리의 상징

은총
순결
순수
성모 마리아

정원 테마

십자가의 길
성모 마리아
성경

양치식물은 화석을 통해 존재가 확인되는 고대 식물군이다. 특히 르네상스 시대에는 식물학자와 과학 삽화가들이 이 식물들에 주목했는데, 이는 양치식물이 조류, 지의류, 이끼류와 마찬가지로 꽃이나 열매를 맺지 않는 은화식물로 분류되어 그 특성이 다소 난해했기 때문이다.

독일의 고생물학자 요아힘 셰벤은 창세 6장에 언급된 대홍수가 실제로 발생했으며, 그때 매몰된 많은 동식물의 화석이 그 증거라고 주장했다. 그는 식물이 서서히 썩을 때는 세포 조직이 분해되기 때문에 화석처럼 온전한 형태를 남기지 않는다고 설명했다. "화석화된 양치식물은 … 일반적인 분해 과정을 거치지 않고 광물화, 즉 '화석화'되어 형체가 그대로 남아 있다."[7]

공작고사리 가꾸기

공작고사리는 부드럽고 섬세한 잎에 독특한 부채꼴 모양의 우편(겹잎의 작은 잎)이 풍성하게 나는 식물로, 남방 공작고사리라고도 부른다. 북방 공작고사리는 부채꼴 모양의 우편은 같지만, 줄기가 갈라져 부채나 손바닥처럼 퍼지고 더 곧게 선다는 점이 다르다.

공작고사리는 내한성 5-8등급이다. 고르게 촉촉한 환경과 완전히 혹은 어느 정도 그늘진 곳을 좋아한다. 중성 또는 알칼리성 토양이 가장 적합하고, 개울가나 강가의 바위나 습기가 많은 절벽 바위에 늘어져서 자란다.

너비와 높이 모두 30-46cm까지 자라며, 뻣뻣한 검은 줄기가 아치형으로 늘어지는 모습이 독특하다. 짧고 달라붙는 뿌리줄기를 통해 천천히 번식한다. 질감이 고운 잎 덕분에 습지 정원에서 관상용으로 재배하기에 좋다.

미주리 식물원에 따르면 공작고사리는 남미, 유럽, 아시아, 아프리카 등 전 세계 열대 및 온대 지역에서 자생하며, 미국에서는 남부 전역과 북쪽으로는 캘리포니아, 사우스다코타, 오하이오주까지 여러 지역에서 볼 수 있다.[8]

이끼

Dicranum spp., *Leucobryum* spp.,
Polytrichum spp., *Hypnum* spp.,
Hypnum imponen

이끼는 이웃을 향한 사랑과 자선을 상징하는 식물이다. 이끼를 뜻하는 영어 moss는 이집트 남성의 이름인 모세Moses에서 유래했는데, '물에서 건져 낸 자'라는 뜻에서 붙여진 이름이다.[9] 구약성경에서 파라오의 딸은 강가 갈대 사이에 있던 아기를 보고 그를 돌봐 주어야겠다는 모성애를 느낀다. 이처럼 아이들은 우리 마음에서 사랑을 이끌어 낼 수 있는 영향력을 가진 존재다.

성모 마리아는 언제나 타인을 보살피고 돌보는 일에 모범을 보였다. 엘리사벳을 만나기 위해 먼 길도 마다하지 않았고, 혼인 잔치에서 포도주가 떨어지자 예수님에게 도움을 구했으며, 초대 교회가 세워질 때 사도들과 마리아 막달레나와 함께하며 용기를 북돋아 주었다.[10]

이러한 헌신적인 사랑은 성모님만이 아니라 성인들의 삶에서도 분명하게 드러난다. 프랑스 디종에 있는 생 베니뉴 수도원의 원장 성 트란퀼리우스의 일화를 예로 들어 보자. 《마리아의 꽃》에 따르면 트란퀼리우스의 무덤을 뒤덮은 이끼에는 신비로운 힘이 있었다고 전해진다.

"성 트란퀼리우스의 무덤에서 수많은 치유 기적이 일어났다. … 투르의 성 그레고리우스(594년 사망)도 그의 무덤에서 자라는 이끼의 특별한 치유력을 직접 경험했다. 손이 온통 물집으로 뒤덮여 고통받던 그는 트란퀼리우스의 무덤에 찾아가 이끼를 만졌는데, 놀랍게도 즉시 깨끗하게 되었다."[11]

전설에 따르면 이끼는 원래 회색이었다고 한다. 예수님께서 십자가에서 내려져 슬픔에 잠긴 성모님의 무릎 위에 누이셨을 때, 마지막 피 한 방울이 마리아가 앉아 있던 이끼 위로 떨어졌다. 이 이끼는 곧바로 영원과 예수님의 성혈의 힘을 상징하는 녹색으로 변했다고 전해진다. 이러한 의미를 되새기며, 십자가의 길 제13처나 고통의 신비를 주제로 하는 묵주기도 정원 자리에 이끼를 키우면 좋겠다.

이끼의 상징	정원 테마
이웃 사랑	십자가의 길
사랑	성령/덕
자선	묵주기도/성인

풀과 기타 화초

이끼 가꾸기

선태식물인 이끼는 무려 1만 2천 종 이상이 존재한다. 그중에서도 대표적인 4가지 속을 아래에 소개하며, 이끼는 아니지만 양지에서 키울 만한 식물도 함께 다룬다. 참고로 대부분의 이끼는 낙엽 아래 덮인 환경을 견디지 못한다.

비꼬리이끼 *Dicranum scoparium*는 내한성 6-10등급 지역에 적합하다. 짙은 그늘이 필요하며, 직사광선에 노출되면 순식간에 타 버린다. 습한 상태를 견디지 못하고, 촉촉하며 물이 잘 빠지는 토양을 선호한다. 옆으로 넓게 퍼지면서 2.5-10cm 높이까지 자라고, 둔덕을 형성하는 것이 특징이다.

옮겨심기가 쉬운 깃털이끼 *Hypnum imponens*는 내한성 4-9등급 식물이다. 완전히 그늘진 환경이어야 하며, 인공조명을 싫어한다. 촉촉하되 과습하지 않고 배수가 원활한 산성 토양에서 잘 자란다. 옆으로 넓게 퍼지면서 높이는 2.5-10cm까지 자란다. 대기 오염에 강한 편이라 도시와 교외 정원에 적합하고, 적당히 밟혀도 생육에 지장이 없어 바닥재 사이에 심어도 된다.

흰털이끼 *Leucobryum glaucum*는 내한성 4-11등급 지역 중에서도 그늘이 약간 드는 곳에서 잘 자란다. 물 빠짐이 좋고 고르게 촉촉하며, 모래가 섞인 산성 토양이 적합하다. 한번 심은 후에는 옮겨 심지 말고 그대로 두는 편이 좋다. 너비 15-91cm, 높이 2.5-13cm로 무리 지어 자라며, 테라리엄 장식에 어울린다.

솔이끼 *Polytrichum commune*는 내한성 3-11등급 식물로 그늘진 곳을 좋아하지만 약한 직사광선 정도는 견딜 수 있다. 배수가 잘되고 습도가 일정한 모래 섞인 산성 토양이 적합하다. 이끼 위로 낙엽이 쌓이거나 계속 젖어 있지 않아야 한다. 1년에 최대 30cm까지 자라며, 너비는 15-61cm, 높이는 5-15cm까지 큰다. 세게 밟으면 생육에 장애를 입으니 주의해야 한다.

아일랜드이끼 *Arenaria verna*와 스코틀랜드이끼 *Sagina subulata*는 이끼처럼 보이지만, 실제로는 아니다. 내한성 4-8등급으로, 완전 또는 약간 그늘진 곳을 선호하며, 강한 직사광선은 견디지 못한다(특히 더운 기후에서). 과습하거나 건조하면 수명이 짧아지므로 물은 적당히 주는 것이 좋다. 배수가 원활한 일반 토양에서 잘 자라며, 늦봄 무렵 작은 흰 꽃이 핀다. 사람의 발길이 잦은 곳에서는 견디지 못한다.

시계초

Passiflora incarnata,
Passiflora incarnata 'Damsel's Delight'

시계초는 화려한 꽃이 인상적인 덩굴식물로, 선사 시대까지 거슬러 올라가는 몇 안 되는 식물 중 하나다. 그리스도교 신앙을 전파하고 교육하는 데 활용되었다. 우리의 믿음이 흔들릴 때, 이 꽃을 보면서 예수 그리스도의 무한한 사랑이라는 가장 위대한 이야기를 되새기기를 바란다.

사람들이 가톨릭 교리를 더욱 친숙하게 받아들이도록 시계초의 각 부위에는 다음과 같은 상징이 부여되었다.

- 10장의 꽃잎은 열두 사도 중 예수님을 배반한 유다와 예수님을 부인한 베드로를 제외한 사도 10명을 뜻한다.
- 암술대에 붙어 있는 3개로 갈라진 암술머리는 예수님을 십자가에 박은 못 3개를 상징한다.
- 꽃밥이 달린 수술 5개는 예수님의 다섯 상처를 의미한다.
- 수술 하나는 예수님의 입술을 적시는 데 사용된 해면을 상징한다.
- 암술머리 3개와 수술 5개가 달린 꽃술대는 예수님께서 묶여 채찍질 당하신 기둥과 매달리신 십자가를 나타낸다.
- 방사형으로 펼쳐진 72개의 부화관은 예수님께 가해진 채찍질 횟수이자 가시관을 뜻한다.
- 길쭉한 잎은 예수님의 옆구리를 찌른 창을 상징한다.
- 꽃술대 아래 붉게 물든 부화관과 암술머리의 붉은 점무늬는 예수님께서 흘리신 피를 나타낸다.
- 둥근 열매는 예수님께서 구원하러 오신 세상을 의미한다.
- 덩굴손은 예수님의 굳은 구원 의지와 그것을 지탱하는 하느님의 사랑을 보여 준다.

시계초의 상징

가톨릭 교리
그리스도의 수난

정원 테마

십자가의 길
성모 마리아
묵주기도

- 놀랍도록 아름다운 향기는 부활 아침에 여인들이 무덤에 가지고 간 향료를 상징한다.
- 꽃이 피었다 지는 사흘은 주님 부활까지의 기간을 떠오르게 한다.

시계초 가꾸기

시계초는 내한성 6-9등급에 해당하며, 차갑고 건조한 바람을 막아 주면 5등급 지역에서도 재배할 수 있다. 여기 그려진 시계초는 내한성 7-11등급의 '댐즐스 딜라이트Damsel's Delight' 품종이다. 모든 품종은 햇볕이 잘 드는 곳이 가장 좋지만, 기온이 따뜻한 지역에서는 오후 햇볕이 강하게 내리쬐는 경우 약간의 그늘도 견딜 수 있다.

댐즐스 딜라이트가 필요로 하는 물의 양은 보통 수준이고, 물이 잘 빠지는 푸석푸석한 토양이나 모래가 섞인 토양에서 건강하게 자란다. 뿌리덮개를 덮어 토양을 시원하게 유지하면 좋다. 지나치게 축축한 땅에서는 뿌리가 쉽게 썩으므로 주의한다.

이 품종은 성장이 매우 빠른 덩굴로 너비 91-180cm, 높이 1.8-2.4m까지 자라며, 근맹아를 통해 번식한다. 격자 지지대나 근처 식물을 덩굴손으로 감고 올라가므로 성장 초반에 지지대를 세우는 것이 좋다. 가지치기는 매년 늦겨울에 하고, 덩굴이 너무 무성하면 성장기 중에도 해 주는 것이 좋다. 이 식물은 크고 향기로운 꽃을 여름 내내 피우며, 그 색은 놀라울 만큼 다채롭다.

패션프루트/메이팝이라고 불리는 시계초 열매는 살구와 구아바를 섞은 듯한 맛이 나며, 항산화 성분이 풍부하다. 부드러운 과육은 껍질에서 쉽게 분리되는데, 껍질은 별로 맛이 없어서 주로 과육만 생으로 먹는다. 과육과 씨는 졸여서 잼으로 만들기도 한다. 다 익은 열매는 땅으로 떨어지며, 야생동물도 이 열매를 좋아한다.

빈카마이너

Vinca minor

빈카속Vinca 식물 빈카마이너는 땅을 낮게 덮으며 자라는 상록성 지피식물로, 예로부터 성스러운 의미를 지닌 꽃이자, '죽음을 기억하라memento mori'는 엄숙한 메시지를 담은 꽃으로 여겨졌다. 또한 다양한 문화권에서 영원한 사랑, 죽음도 갈라놓을 수 없는 사랑을 상징했는데, 튼튼한 덩굴줄기가 땅속 깊이 뿌리내리는 모습이 우리 삶을 굳건히 지탱해 주는 사랑의 속성처럼 여겨졌기 때문이다.

영원한 사랑, 하느님의 자비와 사랑을 상징하는 빈카마이너는 19세기 들어 무덤을 장식하는 식물로 인기가 있었다. 번식과 생장이 빨라 새로 만든 무덤을 금세 뒤덮으며, 성모 마리아의 망토를 연상시키는 푸른색 꽃은 특히 가톨릭교회 묘지에서 많이 볼 수 있다.

빈카마이너와 라일락은 닮은 점이 많다. 두 꽃 모두 희망찬 청춘부터 죽음 이후에도 재회하는 영원한 사랑을 상징한다. 또한 둘 다 버려진 땅에서 자라고 있다면 그곳은 한때 주택지였을 가능성이 크다.

미술 작품에서 복되신 동정 마리아는 종종 빈카마이너의 푸른색 베일을 쓴 모습으로 묘사된다. 그래서 이 식물을 '동정녀 마리아의 꽃'이라고도 부른다. 별을 닮은 다섯 갈래의 꽃잎과 푸른색 역시 마리아의 별칭인 '바다의 별'을 연상시킨다.

이처럼 풍부한 종교적 상징성을 지닌 빈카마이너는 스테인드글라스 창문에서 자주 발견되며, 특히 성모 마리아의 성화에서 흔히 볼 수 있다. 성탄 시기에는 상록수로 둥근 화환을 만들어 걸어 두는 전통이 있는데, 원은 영원을 상징한다. 빈카마이너의 튼튼한 덩굴줄기는 화환 소재로 인기가 높았으며, 바구니를 만드는 데도 종종 쓰였다. 이 바구니는 과거에 많은 은수자나 수도원의 소소한 수입원이었다.

빈카마이너의 상징

동정
영원한 사랑
영원한 존재
성모 마리아의 순수함과 강인함

정원 테마

예수성심
하느님의 자비
덕
성모 마리아

빈카마이너 가꾸기

빈카마이너 *Vinca minor*는 내한성 3-8등급의 상록성 덩굴식물로, 그늘이 지는 촉촉한 토양이면 9등급 지역에서도 자랄 수 있다. 아침 햇살 정도의 반그늘도 견딜 수 있지만, 종일 그늘진 곳에서 키우는 것이 좋다. 어느 정도 성장한 이후에는 물을 적게 주어도 괜찮지만, 촉촉하고 유기물 함량이 높으며 배수가 원활한 곳에서 가장 잘 자란다. 건조하고 자갈이 많이 섞인 토양에서도 살 수 있지만, 식물 크기가 작아질 수 있다.

빈카마이너는 지피식물의 일종으로 높이는 8-15cm에 지나지 않지만 아주 넓게, 때로는 공격적으로 퍼져 나간다. 덩굴줄기 마디마다 뿌리를 내리면서 잡초가 끼어들 틈도 없이 촘촘하게 자라기 때문에 토양 침식을 막는 데 효과적이다. 덩굴이 지나치게 자라면 초여름에 가지치기한다. 잔디 깎는 기계의 절단 높이보다 덩굴줄기에 난 뿌리가 더 낮기 때문에 기계로 관리하기에는 적절하지 않다. 빈카마이너는 꽃과 잎의 크기와 색상이 다양한 여러 품종이 있다. 그중 대표적인 품종과 특징을 소개한다.[12]

'아트로푸르푸레아 Atropurpurea'는 암적색 꽃을 피우고 개화 기간이 길다.

'블루앤골드 Blue and Gold'는 파란색 꽃과 금색 무늬가 있는 잎이 무리 지어 자란다.

'보울스 버라이어티 Bowles Variety'는 일반 빈카마이너보다 크고, 푸른빛이 감도는 연보라색 꽃을 피우며 무리 지어 자란다.

'에밀리 조이 Emily Joy'는 20-25cm까지 자라는 키가 가장 큰 품종으로 크림색 꽃이 핀다.

'플로레 플레나 Flore Plena'는 연한 와인색이나 연보라색 꽃이 겹꽃 형태로 핀다.

'일루미네이션 Illumination'은 가장자리가 녹색인 금색 잎과 파란색 꽃이 특징이다.

'미스 지킬 Miss Jekyll'은 퍼지는 폭이 1.8-2.4m에 불과하며, 작은 잎과 아담한 흰색 꽃이 풍성하게 핀다.

'랄프 슈게르트 Ralph Shugert'는 진한 녹색의 타원형 잎에 넓은 크림색 테두리가 있고 하늘색 꽃이 핀다.

루페스트리스

Crassula rupestris,
Crassula rupestris var. *monticola*

작은 다육식물 루페스트리스는 동글동글하고 통통한 잎이 줄기에 알알이 달린 모습이 마치 묵주 알 같아서 '묵주초rosary plant'라고 한다. 성장 초기에는 모양이 더 둥글고 촘촘하다. 성모님과 함께 묵주기도를 바치면 영원한 상급을 얻을 수 있다는 의미를 담고 있어 '마리아의 황금'으로도 불린다.

무리 지어 피는 분홍색 꽃은 그리스도의 다섯 상처를 상징하는 5장의 꽃잎으로 구성되어 있다. 짙은 분홍색인 꽃 중심부는 예수님의 가시관과 하늘로 올라가실 때 쓰신 영광의 화관을 함께 상징한다.

묵주기도는 그리스도인에게 친숙한 기도이다. 묵주를 손에 쥐고 주님의 기도와 성모송을 바치며 구원의 신비를 묵상하면 평화가 샘솟는다. 가톨릭교회는 매년 10월을 묵주기도 성월로 지낸다. 우리의 복되신 성모님과 함께 묵주기도를 바칠 때면, 신비의 단을 지나며 마음속의 모든 고민과 문제가 낙엽처럼 조용히 떨어져 사라지곤 한다.

로사리오(rosary, 묵주)라는 단어는 '장미 정원'을 뜻하는 라틴어 로사리움 rosarium에서 유래했다. 1400년대 후반에 '영혼의 작은 정원'이라는 뜻의 기도서인 *Hortulus Animae*가 출간되면서 기도를 꽃처럼 모아 '기도의 꽃다발'로 바친다는 개념이 퍼지기 시작했다. 사람들은 기도한 횟수를 세기 위해 구슬을 꿰거나 매듭을 묶었고, 15세기에는 묵주가 오늘날과 같은 형태로 발전했다. 이후 16세기 중반에는 프랑스어 rosaire를 통해 꽃을 모아 다발을 만들던 중세의 발상과 연결되어 '기도의 정원'이라는 의미로 확장되었다.

여러분의 정원에 찾아온 아이들이 루페스트리스에 대해 묻는다면, 이 시를 들려 주자(지은이 미상).

루페스트리스의 상징

영원한 상급

정원 테마

십자가의 길
성모 마리아
묵주기도

나의 묵주

묵주는 하느님과 내 영혼을 잇는 은빛 사슬,

하늘 나라 풀밭에서 자라는 신비로운 덩굴.

하얀색, 붉은색, 황금색 장미 다발에서 피어나는 성모송,

축복받은 묵주 알마다 바치는 기도로 성모님의 길을 따르네.

묵주기도 신비에서 삶의 참된 기쁨과 고통 되새기고

기도 끝자락에서 십자가에 입 맞추네.

루페스트리스 가꾸기

크라슐라 루페스트리스 *Crassula rupestris*종에는 묵주를 상징하는 품종이 몇 가지 있다. 여기서는 아프리카 자생종인 '몬티콜라'를 소개한다.

   이 품종은 내한성 9-11등급으로, 추운 지역에서는 실내에서 길러야 하며, 휴면기에 들어가지 않으므로 겨울에는 실내에서 충분한 빛을 쪼여야 한다. 모든 크라슐라종 식물은 줄기가 웃자라거나 약해지는 것을 막기 위해 하루에 6시간 이상 직사광선을 받아야 한다. 단, 건조한 온난대 지역에서는 오후에 그늘이 드는 곳이어야 한다.

   가뭄에 강한 편이지만, 선인장이 아니므로 적은 양의 물을 정기적으로 공급해야 한다. 통기성이 좋고 부드러우며 물 빠짐이 좋은 토양에서 잘 자란다. 루페스트리스는 질감과 색상이 독특해 건식 조경에 잘 어울린다.

   '몬티콜라' 품종을 실외에서 키우면 너비 30-38cm, 높이 20-30cm까지 크지만, 실내나 화분에서는 이보다 1/3가량 작게 자란다. 이 식물은 통통한 잎 가장자리가 붉게 물드는데, 야외에서는 붉은색이 더욱 선명해진다. 줄기가 여러 갈래로 뻗으므로 벽면을 따라 놓거나 화분에 심어 늘어뜨리면 멋스럽다. 줄기가 무거워지면 부러지거나 뿌리가 뽑히는데, 이 식물의 자연스러운 번식 방법이니 원하는 만큼 잘라도 좋다. 심은 지 3년이 지나면 가지 끝에서 분홍색 꽃이 산형꽃차례로 핀다.

왕관고비

Osmunda regalis,
Osmunda regalis var. *spectabilis*

왕관고비*Osmunda regalis*는 고비과*Osmundacea*에 속하는 양치식물로, '오스문다세아'는 그 어원을 정확하게 파악하기 어렵지만 그리스도교 역사에서 중요한 역할을 한 인물들과 연관된 것으로 알려져 있다.

왕관고비는 유럽 대륙과 아시아 전역에 걸쳐 자생하며, 크기가 크고 외관도 화려하다. 거대한 군락과 위풍당당한 모습 때문에 레갈리스*regalis*('제왕의', '장엄한'이라는 뜻-옮긴이)라는 종소명이 붙은 것으로 보인다. 일부 기록에 따르면 이 '제왕'이라는 호칭은 귀족 출신 주교로 남부 잉글랜드에서 재임했던[13] 성 오스문도를 지칭하는 것으로 해석된다.[14]

속명인 오스문다*Osmunda*는 11세기 초 스웨덴에서 그리스도교 전파에 큰 역할을 한 룬석(룬Runes 문자가 새겨진 비석-옮긴이) 조각가 오스문드 코레손을 기리기 위해 붙여졌다는 설도 있다.[15] 그가 제작한 룬석은 50개에 달하며, 현재까지도 볼 수 있는데 그중에는 라틴 십자가 새겨진 것이 많다.

오스문다가 게르만어에서 유래했을 가능성도 있는데, 오스os가 게르만어로 '신', 문드mund가 '보호'를 뜻하기 때문이다. 왕관고비는 잎이 크고 무성해 잎 아래에 사람이 몸을 숨길 수 있을 정도였으며, 실제로 은신처 역할을 했다고 전해진다.

뿌리는 예로부터 입병 치료제로 사용되었는데, 이와 관련해 오스문다가 라틴어로 '입'을 뜻하는 오스os, '깨끗한'을 뜻하는 문두스mundus의 합성어라는 주장도 있다. 그 밖에도 수렴제, 이뇨제, 열상 치료제 등으로 활용되었으며, 특히 잎은 상처나 류머티즘 관절 치료를 위한 외용 습포제를 만드는 데 쓰였다.[16]

왕관고비의 상징	정원 테마
보호	성인

풀과 기타 화초

왕관고비 가꾸기

왕관고비 스펙타빌리스 *Osmunda regalis* var. *spectabilis*는 내한성 3-9등급의 미국 자생종이다. 그늘진 곳에서 잘 자라고, 습지나 빗물 정원처럼 일관되게 습한 환경이나 촉촉하고 유기물이 풍부하며 산성 토양인 하천변을 선호한다. 점토질 토양도 어느 정도 견딜 수 있다.

이 왕관고비는 너비 61-91cm, 높이 91-150cm의 군집을 형성하면서 자란다. 늦여름이 되면 포자낭이 달린 포자 잎이 생기면서 키가 10-15cm 정도 더 커진다. 넓고 두꺼운 가죽질의 잎과 넓은 형태 때문에 특히 포자가 발달하는 시기에는 양치식물이라기보다 떨기나무처럼 보인다. 주로 뿌리줄기를 통해 천천히 번식한다. 다른 양치식물과 마찬가지로 어린 순은 먹을 수 있으며, 한국에서는 나물로 만들어 먹는다.

다음에 소개하는 고비식물도 왕관고비와 같은 상징을 표현할 수 있다.

꿩고비 *Osmunda cinnamomea*는 내한성 3-9등급 식물로, 완전히 또는 약간 그늘진 곳을 선호하며, 강한 직사광선을 피해야 한다. 유기물이 풍부하고 촉촉한 산성 토양에서 가장 잘 자라지만, 습한 환경이기만 하면 대부분의 토양에서 문제없이 자란다. 너비 61-91cm, 높이 61-150cm까지 자라면서 무리를 지으며, 길고 곧게 뻗은 잎과 포자낭이 인상적인 모습을 연출한다.

음양고비 *Osmunda claytoniana*는 내한성 3-8등급 식물로, 그늘진 곳을 좋아하지만 오전에 드는 약한 직사광선 정도는 받아도 된다. 습한 숲 경사면이나 바위 턱의 촉촉하고 부식질이 풍부한 산성 토양에서 잘 자란다. 너비 91cm, 높이 91-150cm까지 자라며 아치형으로 넓게 퍼지는 잎줄기가 특징이다.

토끼풀

Trifolium repens,
Oxalis regnellii var. *triangularisa*

흰 토끼풀은 성 파트리치오를 상징하는 가장 대표적인 식물이다. 여러해살이 지피식물로 영국 본토와 주변 섬에서 자생하며, 소를 비롯해 풀밭에서 놓아기르는 가축의 주요 먹이다. 성 파트리치오가 활동하던 4세기 말의 아일랜드에서는 소가 매우 중요한 가축으로, 소를 지키기 위해 목자를 고용하기도 했다. 큰 무리의 소 떼는 수도원에서 소유하고 있었다.

성인은 토끼풀의 세 잎으로 아일랜드섬의 원주민인 켈트족에게 삼위일체 교리를 설명했다.

흰토끼풀 자체가 켈트 문화권에서 신성한 식물이었다는 증거는 없다. 그러나 켈트족에게 '3'은 철학적으로, 우주론적으로 중요한 숫자였다. … 성 파트리치오가 토끼풀로 켈트족의 종교 지도자들에게 그리스도교를 전파하고 삼위일체론을 설명한 것은 단순히 복잡한 교리를 알기 쉽게 하기 위해서만은 아니었다. 이는 그가 켈트 문화에서 숫자 3이 갖는 중요성을 잘 알고 있었기에 가능했던 일이다.[17]

당초 토끼풀은 성부, 성자, 성령이 하나인 삼위일체 자체의 상징이라기보다는 신학적 개념을 설명하는 도구로 활용되었다. 이후에는 '일치'라는 개념을 나타냈으며, 원에 둘러싸일 때는 '영원'을 의미했다. 곧 토끼풀은 건축이나 상징 예술에 쓰이는 다른 세 잎trefoil 문양들과 나란히 중요한 위치를 차지하게 되었다.

세잎 토끼풀은 아일랜드를 대표하는 국화이며, 영어로 샴록shamrock이라 부른다. 이는 아일랜드어 seamróg(세 잎)에서 유래한 단어로, 큰 토끼풀은 샴마르seamar, 그보다 작은 토끼풀은 샴로그seamróg라 부른다.[18]

토끼풀의 상징	정원 테마
기쁨	성령
삼위일체	성령의 열매
성 파트리치오	성인

토끼풀 가꾸기

우리가 흔히 볼 수 있는 토끼풀 *Trifolium repens*은 침입성이 강하고 잡초처럼 번지기 때문에 정원에 심기에는 적합하지 않다. 그 대신 침입성이 없고, 품종도 더 다양한 사랑초 *Oxalis regnellii* var. *triangularis*를 소개한다.

자주색 잎이 독특한 사랑초는 내한성 7-10등급 지역에서 잘 자라며, 더 추운 지역에서는 실내에서 키우는 것이 좋다. 볕이 바로 들거나 오후에 그늘이 드는 곳에서 건강하게 잘 자란다. 배수가 잘되는 모래 섞인 부식질 토양이 적합하고, 적당한 양의 물을 필요로 한다. 염분이 높은 환경을 견디지 못하며, 겨울에는 뿌리가 과습하면 쉽게 시든다.

너비 10-25cm, 높이 15-30cm까지 자라는데 화분에서 키우면 크기가 다소 작아질 수 있다. 품종마다 다르지만 대개 초여름에서 늦여름까지 꽃이 피며, 초여름에 가장 풍성하게 피운다.

겨울을 나기 어려운 지역에서는 대체로 한해살이 식물로 여겨지며, 봄이 오면 야외에 알뿌리를 심는다. 더위가 길어지면 휴면기에 들어가는데, 이때 잎을 짧게 잘라 주면 날씨가 서늘해졌을 때 다시 성장한다.

사랑초는 수면운동을 하는 식물이라 해가 뜨면 잎을 펼치고 해가 지면 잎을 오므린다. 자연 속에서 하느님을 찾은 성 프란치스코처럼, 매일 저녁 잎을 모으는 사랑초를 활용하여 어린이들이 하루를 마무리하는 저녁 기도에 습관을 들이도록 이끌어 보면 어떨까?

아몬드나무 / 개잎갈나무 / 산딸나무
전나무 / 치자나무 / 산사나무
호랑가시나무 / 향나무 / 라일락
도금양나무 / 참나무 / 협죽도
백양나무 / 장미 / 자주받침꽃
부겐빌레아 / 풍년화

Trees and Shrubs

나무

아몬드나무

Prunus spp.,
Prunus amygdalus 'Hall's Hardy'

이스라엘에서 봄에 가장 먼저 꽃을 피우는 아몬드나무는 부활을 상징한다. "아몬드나무는 이스라엘에서 전통적으로 봄이 시작되는 시기라고 여기는 '나무들의 새해(투비슈밧Tu B'Shevat)'의 시작에 있어 특별한 의미를 지닌다. … 일부 학자들은 투비슈밧이 원래 겨울이 지나고 봄이 다시 온 것(부활)을 축하하는 유대인들의 '민속 축제'였다고 주장한다."[1]

아몬드는 히브리어로 샤케드shakeid인데, 이 단어는 '지켜보다' 또는 '깨어나다'라는 뜻의 동사 샤카드shakad에서 유래했다. 구약성경의 젊은 예레미야가 환시를 보는 장면에서 이 단어를 활용한 언어유희가 등장한다. "주님의 말씀이 나에게 내렸다. '예레미야야, 무엇이 보이느냐?' 내가 대답하였다. '편도나무 가지가 보입니다.' 그러자 주님께서 나에게 말씀하셨다. '잘 보았다. 사실 나는 내 말이 이루어지는지 지켜보고 있다'"(예레 1,11-12; 편도나무는 아몬드나무이다-옮긴이).

주님을 기다리는 마음은 그 옛날 이스라엘뿐만 아니라 오늘을 사는 우리에게도 변함없이 필요하다. 혹여 그 마음이 겨울잠을 자고 있다면, 이제는 깨어나 봄날의 아몬드나무 꽃처럼 새로운 희망과 믿음으로 나아가야 한다.

아몬드 열매는 단단한 껍질 속에 과육과 씨앗을 품고 있다. 이는 보잘것없는 인간 안에 숨겨진 거룩한 존재라는 개념을 전해 준다. 곧 동정 마리아가 육화하신 그리스도를 잉태한 신비 말이다.

아몬드나무는 묵주기도 정원에 심기에 적합하다. 이 나무에 담긴 희망과 깨어 있음과 약속의 상징은 예수님의 부활과 승천을 묵상하는 영광의 신비 1단과 2단에 어울린다. 깨어 있음과 약속 그리고 순결의 상징은 주님의 탄생 예고, 즉 육화의 순간을 묵상하는 환희의 신비 1단에도 어울린다.

아몬드의 상징	정원 테마
부활	십자가의 길
깨어 있음	덕
희망	묵주기도
약속	성경

아몬드나무는 십자가의 길 끝에 심어도 훌륭한 은유로 쓸 수 있다. 성 프란치스코 살레시오는 이렇게 말했다. "우리는 아몬드 씨앗을 얻기 위해 열매껍질을 깨뜨립니다. 이때 부서지는 껍질은 수난으로 짓밟히고 멍든 주님의 신성한 인성을 나타냅니다. … 그 열매 안에는 씨앗, 바로 신성이 있습니다. 껍질은 … 주님께서 매달리신 십자가를 상징합니다."[2]

아몬드나무 가꾸기

아몬드나무를 심으려는 자리에 이전에 감자, 토마토, 가지, 담배(가지과), 목화(목화속)를 재배한 적이 있는지 먼저 확인한다. 이 작물들은 곰팡이성 전염병인 반쪽시들음병을 옮길 수 있으므로, 해당 식물을 치운 뒤 최소 4-5년 동안 휴경해야 한다.

아몬드에는 여러 품종이 있으므로, 자신이 사는 지역의 기후에 적합한 품종을 선택해야 한다. 아몬드나무의 내한성을 넘어서는 서늘한 지역이라면, 늦서리에 꽃이 얼지 않도록 개화 시기가 늦은 품종을 추천한다. 또한 아몬드나무는 보통 두 그루 이상 심어야 수분이 가능하다.

'홀스하디Hall's Hardy'는 아몬드나무를 대표하는 품종이다. 내한성 6-8등급으로 햇볕이 잘 드는 곳에 심어야 한다. 성장 초기에는 일주일에 약 5-8cm의 물을 주어야 하지만, 자리를 잡으면 양을 줄여도 된다. 다만 질소와 인을 정기적으로 공급해야 한다. 토양은 물이 잘 빠지면서도 촉촉한 사질양토가 적합하다.

생장 속도가 빠른 편으로, 다 자라면 너비 3-4.6m, 높이 4.6-5.5m에 이른다. 이 품종은 자가수분이 가능하다고 알려졌지만, 최소 6m 간격으로 두 그루 이상 심는 것이 좋다. 나무를 심은 지 3-5년 안에 열매를 수확할 수 있는데, 온난하고 습한 겨울과 덥고 건조한 여름이 지속될 때 좋은 열매를 얻을 수 있다. 열매껍질은 거칠고 단단해 부수기 어려운 편이다.

은은한 분홍빛 꽃잎에 짙은 분홍색 꽃심은 아름답고 향기롭기 때문에 관상용으로 그 진가를 발휘한다.

개잎갈나무

Cedrus spp., *Cedrus atlantica*

개잎갈나무속 중 하나인 백향목 *Cedrus libani*은 레바논, 시리아, 튀르키예 남부가 원산지다. 레바논 삼나무 또는 향백나무라고 불린다. 위풍당당한 외관과 긴 수명을 자랑하며, 성경에서 50회가량 언급될 정도로 중요한 상징성을 지닌 식물이다. 이 나무는 나뭇결이 곱고 부드러운 데다 가볍고 단단하며, 줄기가 곧고 길어 목재로서 가치가 높았다. 또한 특유의 향 덕분에 고대 사회에서 여러모로 활용도가 높아 가장 귀하고 좋은 나무로 여겨졌다. 다윗의 궁전(2사무 5,11; 7,2)과 솔로몬의 성전(1열왕 6장)에 향백나무가 가장 먼저 선택된 이유도 여기에 있다.

개잎갈나무에서 추출한 기름은 향수 원료로 인기가 높았고, 고대 수메르에서는 도료로, 고대 이집트에서는 방부제를 만드는 재료로도 활용되었다. 또한 피부병 치료와 염증 완화에 효과가 있어 사람은 물론 동물에게도 널리 쓰였으며, 뛰어난 살균 및 항균 작용 덕분에 지금도 각종 동종 요법에서 사용된다.

개잎갈나무는 기름에서 나는 독특한 향과 맛 때문에 해충이 쉽게 꼬이지 않는다. 그래서 예로부터 사람들은 이 나무가 썩지 않는다고 생각해 이 나무에 영원한 생명이라는 상징을 부여했다.

이처럼 병충해를 잘 견디는 특성 때문에 선박 재료로 널리 사용되었고, 고대 이집트에서는 미라 관을 만드는 데도 쓰였다. 개잎갈나무는 쓰임새가 다양하고 '신의 나무'라 불리며 귀하게 여겨졌지만, 오히려 그 명성으로 인해 오랜 세월 동안 과도한 벌목이 이루어져 현재 멸종 위기에 처해 있다.

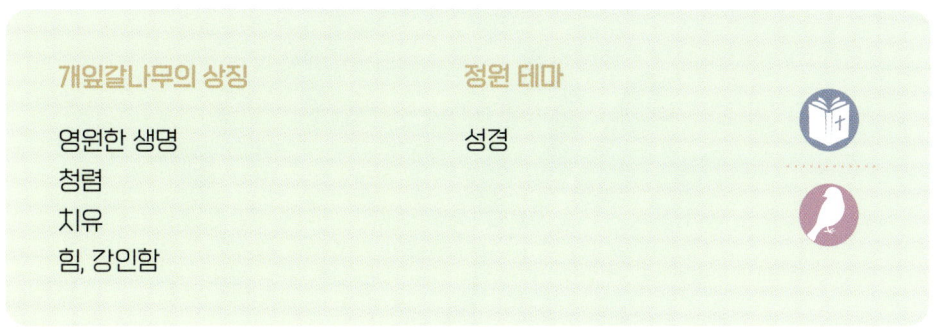

개잎갈나무의 상징

영원한 생명
청렴
치유
힘, 강인함

정원 테마

성경

개잎갈나무 가꾸기

재배하기 까다로운[3] 백향목을 대신해 정원에서 키울 만한 비슷한 품종으로는 아틀라스 개잎갈나무Cedrus atlantica(본문 그림 참조)와 개잎갈나무(히말라야시다, Cedrus deodara)가 있다. 이들은 기후 조건만 잘 맞으면 토양은 크게 가리지 않지만, 대부분의 개잎갈나무속 식물은 화분에서 키운 묘목을 사서 옮겨 심는 편이 좋다.

아틀라스 개잎갈나무는 조경 가치가 뛰어나다. "다 자란 나무는 외관이 멋스럽고 인상적이다. … 잔디가 풍성한 공간에서 자연적으로 자라게 하면, 이 나무처럼 존재감을 발휘하는 것도 없다. 그러나 남부에서는 개잎갈나무가 더 인기 있는데, 이 나무의 수형이 더 풍성하고 생장 속도가 빠르기 때문이다. 다만 상단에 가지마름병이 쉽게 발생한다."[4]

아틀라스 개잎갈나무는 넓은 공간에 심고, 아래쪽 가지를 다듬지 않고 자연스럽게 늘어뜨려야 한다. 너비 9.1-12.2m, 높이 15.2-18.3m까지 자란다. 가을에 익는 솔방울은 장미꽃처럼 아름답게 벌어져 장식용으로 활용하기 좋다.

'아르젠티아Argentea' 품종은 수형이 피라미드 모양이며, 바늘처럼 뾰족한 잎은 흰색에 가까운 은청색을 띤다. 내한성 6-8등급으로, 반양지에서도 자라지만 햇볕이 잘 드는 곳에서 자란 나무의 잎 색이 더 선명하다. 적당량의 물을 필요로 하며, 배수가 원활하고 적당히 촉촉한 산성의 양토를 선호한다. 강풍을 피할 수 있는 환경이 바람직하다.

미국 코네티컷 대학의 2015년 자료에 따르면,[5] 다음의 아틀라스 개잎갈나무 품종도 있다.

'글라우카Glauca'는 '푸른 아틀라스 개잎갈나무'라고 불린다. 가장 널리 보급되어 원종보다 많이 재배되는 품종이다. 잎은 청록색을 띠며, 푸른 바늘잎이 달린 나무에서 자란 묘목은 잎 색이 푸른색부터 녹색까지 다양하다.

'글라우카 펜둘라Glauca Pendula'는 잎과 가지가 아래로 늘어지는 수종으로 잎은 푸른 빛이다. 성장 초기에 가지치기하고 받침목으로 받쳐 주면 나무의 수형과 생장 습관이 좋아진다. 높이는 4.6m까지 자란다. 가지가 층층이 늘어지는 모습이 멋스러워 현대 조경에서 인기가 높지만, 관리가 소홀할 경우 지저분해 보일 수 있다.

'페스티지아타Fastigiata'는 위로 곧게 자라는 품종으로, 잎이 청록색을 띤다. '글라우카 페스티지아타Glauca Fastigiata'는 좁은 원통형으로 자라는 품종으로, 다 자라도 너비가 3m를 넘지 않고 잎은 독특한 회청색을 띤다.

산딸나무

Cornus spp.,
Cornus kousa var. *chinensis*

산딸나무에는 다음과 같은 이야기가 전해진다.[6] 예수님 시대에 산딸나무는 참나무에 버금갈 정도로 거대한 크기에 목질도 단단하고 튼튼해 십자가를 만드는 데 사용되었다. 그러나 산딸나무는 자신이 그처럼 잔혹한 목적으로 활용된다는 사실에 크게 마음 아파했다. 십자가에 못 박히신 예수님께서는 당신의 수난을 보고 슬퍼하는 산딸나무의 마음을 헤아리며 이렇게 말씀하셨다.

"나의 고통에 슬퍼하고 동정심을 보인 산딸나무야, 이제부터 너는 십자가로 쓰일 만큼 크게 자라지 않을 것이다. 너의 줄기는 가늘어지고, 가지는 구부러지고 휘게 자랄 것이며, 꽃은 두 장의 긴 꽃잎과 두 장의 짧은 꽃잎이 십자가 모양으로 피어나리라. 뾰족한 꽃잎 가장자리에는 못에 박힌 상처를 닮은 붉은 자국이, 꽃 한가운데는 가시관 모양의 꽃술이 자랄 것이다. 앞으로 모든 사람이 너를 보며 나의 수난을 기억할 것이다."[7]

사실 산딸나무는 이스라엘에서 자생하지 않으므로 실제로 십자가를 만드는 데 사용되었을 가능성은 적다. 그러나 이 이야기 덕분에 산딸나무는 그리스도교에서 깊은 상징성을 지니게 되었으므로 다양한 테마의 기도 정원에 활용하면 좋다.

비바람이 몰아쳐도 꿋꿋하게 피어나는 산딸나무의 꽃은 인내를, 단단하고 질긴 목재는 신뢰를 나타낸다. 두 덕목은 성령의 은사이자 사추덕 중 하나인 '용기'를 드러낸다. 산딸나무는 '고난 속 사랑'이라는 의미도 있기 때문에 십자가의 길에도 상징적으로 잘 어울린다.

산딸나무의 속명 코르누스 *cornus*는 라틴어로 '엄니', '뿔'이라는 뜻이다. 단단한 산딸나무가 단검, 꼬챙이, 화살처럼 날카로운 도구를 만드는 데 사용된 것에서 유래한 이름이다. 영어 이름 dogwood는 '나무'를 의미하는 wood와 중세 영어로 '뚫

산딸나무의 상징	정원 테마
고난 속 사랑	십자가의 길
인내	성령
신뢰	덕
용기	

다', '찌르다'라는 뜻의 dag의 합성어로, '개'를 뜻하는 dog와는 아무 관련이 없다.[8]

산딸나무 가꾸기

중국산딸나무 *Cornus kousa* var. *chinensis*는 가장 대표적인 품종으로, 내한성 5-8등급에 해당한다. 볕이 바로 드는 곳에서도 자랄 수 있지만, 약간 그늘이 진 곳이 가장 좋다. 생육에 필요한 물의 양은 보통 수준이지만, 무덥고 건조한 여름에는 더 많이 주어야 한다. 유기물이 풍부하고 배수가 잘되는, 약산성에서 중성 토양이 알맞다. 이 나무는 너비 4.6-9.1m, 높이 6.1-9.1m까지 자란다.

미주리 식물원에 따르면 일반 산딸나무 *Cornus kousa*는 주변에서 흔히 볼 수 있는 꽃산딸나무 *Cornus florida*보다 병충해에 강하고, 재배할 수 있는 지역도 더 넓다. 따라서 탄저병 발생 위험이 있는 곳에서는 이 병에 고질적으로 취약한 꽃산딸나무보다 일반 산딸나무를 추천한다.[9]

산딸나무는 봄에 무성하게 돋아나는 밝은 녹색 잎과 여름에 피는 꽃(실제로는 꽃이 아니라 포엽)도 예쁘지만, 자홍색에서 진홍색으로 물드는 가을 단풍과 새들이 좋아하는 산딸기 모양의 열매도 매력적이다. 겨울에는 독특한 무늬의 나무껍질과 수평으로 뻗은 가지가 인상적인 실루엣을 만들어 사계절 내내 관상 가치가 높다.

풀산딸나무 *Cornus canadensis*는 일반 산딸나무처럼 십자가 모양의 흰색 꽃이 피지만 너비가 30-38cm, 높이가 15cm에 불과한 여러해살이 지피식물이다. 정원에 산딸나무의 상징을 표현하고 싶은데 나무를 심을 공간이 부족하다면 풀산딸나무가 제격이다. 내한성 2-6등급의 식물로 반양지에서 잘 자라며, 촉촉하고 물이 잘 빠지는 토양이 필요하다.

참고로 미국 남동부에서는 늦봄에 찾아오는 꽃샘추위를 '산딸나무 추위'라고 부른다. 농부들은 산딸나무에 꽃이 피어야 겨울이 물러났다고 여겨, 산딸나무 개화를 기준으로 작물의 파종 시기를 결정했다.

전나무

Abies spp., *Abies concolor*

전나무는 성 보니파시오 덕분에 그리스도교에서 중요한 상징성을 갖게 되었다. 전해지는 이야기는 이러하다. 어느 날 성 보니파시오는 이교도 무리가 전나무를 신처럼 숭배하는 모습을 목격하였다. 그는 화가 나서 전나무가 신이 아님을 증명하기 위해 도끼로 나무를 찍어 넘어뜨렸다.

그가 전나무를 베어 내자, 놀랍게도 밑동만 남은 나무의 뿌리 근처에서 어린싹이 돋아났다.[10] 보니파시오 성인은 이를 하느님의 계시라 생각하고 이렇게 말했다. "이 겸손한 나무로 집을 짓고, 그리스도가 여러분 가정의 중심이 되게 하십시오. 어두운 날에도 늘 푸르른 이 나무처럼, 그리스도가 항상 여러분의 빛이 되게 하십시오. 가지를 널리 뻗어 포용하고 하늘을 향해 우뚝 선 이 나무처럼, 그리스도에게서 위안을 얻고 그리스도를 바라보는 삶을 사십시오."[11]

성경에서 언급되는 전나무는 사실 편백이나 소나무를 지칭하는데, 과거 번역 과정에서 단어가 혼용되어 전나무로 잘못 기록된 것으로 보인다. 그러나 편백이든 전나무든, 모든 상록수는 뾰족한 바늘잎이 사계절 내내 푸르름을 유지한다는 점에서 불멸을 상징하며, 푸르른 녹색은 생명을 나타낸다.

그리스도교 전통에서, 불멸성(영생)은 지복직관beatific vision을 숙고하게 한다. 이 세상을 살아가는 동안 우리는 믿음, 소망, 용기 안에서 하느님께 가까이 다가가기 위해 마음을 '드높이며' 살다가, 이후 죄와 무지에서 벗어난 천국에서 거룩하신 하느님과 영원히 함께한다. 우리 삶은 하느님과 함께하는 영원을 향해 한 걸음씩 나아가는 여정으로, 하느님은 이 모든 과정을 인내로 기다려 주신다. 하느님의 자비에 봉헌하는 정원에 전나무를 가꾸며 그분의 자비로운 마음을 기억해 보자.

전나무의 상징	정원 테마
영원	하느님의 자비
인내	덕
충실	성 보니파시오
드높임	

전나무 가꾸기

전나무속 Abies에는 50종이 넘는 식물이 있는데, 대부분 뾰족한 바늘잎 뒷면에 은빛 기공선(숨쉬기와 증산 작용을 하는 구멍-옮긴이)이 있는 것이 특징이다. 상록수로 분류되는 전나무는 북반구 전역에서 자라며, 크기도 다양하다.

햇빛이 잘 들고, 촉촉하면서도 물이 잘 빠지는 약산성 토양에서 잘 자란다. 서늘하면서 습도가 높은 환경이 이상적이고, 건조한 바람은 좋지 않다. 공해에 약해 도시에서 키우기에는 적절하지 않다. 생장 속도가 느리지만, 관리하기가 쉬워서 인상적인 조경을 연출할 수 있다.

아래에 소개하는 품종들은 크기가 작거나 가지 형태나 잎 색깔이 독특해 인기가 많다. 다양한 특성을 살펴보고, 정원에서 키우기에 알맞은 것을 골라 보자.

은청전나무 Abies concolor는 내한성 3-7등급으로, 너비 4.6-6.1m, 높이 12.2-21.3m까지 자란다. 다른 전나무속 품종보다 환경을 덜 가리며, 건조한 토양을 비롯한 다양한 조건에서 잘 자란다. 잎 앞면은 은빛이 감도는 푸른색, 뒷면은 녹색이다. '비올라세아 Violacea' 품종은 나무의 크기도 크고 잎의 푸른빛이 선명해 새잎이 돋을 때 특히 아름답다. '카디칸스 Cadicans'는 6.4cm 길이의 은청색 바늘잎이 빽빽하게 자라는 모습이 특징이다(본문 그림 참조).

노드만전나무 Abies nordmanniana는 내한성 4-6등급으로 너비 6.1-9.1m, 높이 10.7-15.2m까지 자란다. 나뭇가지가 층층이 수평으로 뻗어 있고, 표면에 윤기가 흐르는 청흑색 바늘잎의 뒷면은 은빛을 띤다.

니코전나무 Abies homolepis를 재배할 수 있는 지역은 내한성 5-6등급에 한정된다. 너비 6.1-9.1m, 높이 9.1-18.3m까지 자라며, 원산지는 일본 산악 지역이다. 성숙한 나무는 초여름에 양초처럼 생긴 좁고 보랏빛을 띠는 푸른 원뿔 모양 열매를 맺는다. 다른 전나무보다 대기 오염에 강하다.

치자나무

Gardenia jasminoides,
Gardenia jasminoides 'Crown Jewel'

치자꽃은 예로부터 아름다움과 향기 때문에 완벽한 꽃으로 여겨졌다. 실제로 치자꽃 향은 그 어떤 꽃보다 독특하고 몽환적이다. 치자나무는 원래 중국이 원산지로, 고대 중국 미술을 보면 예전부터 중국에서 야생 치자와 겹꽃 치자가 재배되었음을 짐작할 수 있다. 치자는 지금도 중국 풍경화에서 인기 있는 소재다.

치자나무 꽃은 오래전부터 순수한 사랑, 지상의 행복을 초월하는 고결하고 지고지순한 사랑을 상징했다. 따라서 치자나무는 사랑, 기쁨, 인내, 성실, 순결 같은 그리스도인의 덕목을 표현하기에 더없이 적합하다. 순백색 치자꽃은 순결, 온유, 품위를 나타내므로 성모 마리아를 상징하기에도 완벽하다.

매끈하고 반짝이는 치자나무 잎은 명료함과 자기 성찰, 즉 깨달음을 상징한다. "믿음만으로 이룰 수 없는 일도 성령께서 통달의 은사를 주시면 가능해진다. 이 은사는 인간의 이해력을 넘어서는 거룩한 방식으로 우리를 깨우쳐 준다. 우리는 성령께서 주시는 빛과 깨달음에 힘입어 인투스 레제레intus legere, 즉 거룩한 신비의 본질을 읽게 된다."[12]

치자나무는 밤에 꽃을 피우며, 순백색 꽃은 초승달이 뜬 어두운 밤의 작은 달빛만으로도 환하게 빛난다. 이에 각종 전승과 신화에서 치자나무는 '달의 진주', '달의 눈물', '달의 열매'로 지칭되어 왔다. 꽃향기도 낮보다 밤에 더 강하게 풍기는데, 향을 발산하는 오일이 저녁 무렵에 가장 신선하며 차갑고 습한 밤공기가 꽃향기를 지면 가까이에 머물게 하기 때문이다.

치자나무는 '기쁨의 전파'라는 상징과 저녁에 꽃이 피는 특성이 있어 부활의 의미를 효과적으로 표현할 수 있다. 마리아 정원이나 묵주기도 정원에 심기에 적합하며,

치자나무의 상징	정원 테마
순결	성령
온유	덕
은총	성모 마리아
기쁨의 전파	
이끌림	

특히 환희의 신비에서 주님의 탄생 예고 혹은 탄생을 묵상하는 데에 잘 어울린다.

치자나무 가꾸기

치자나무는 온난한 기후를 좋아하는 상록성 떨기나무로 내한성 8-11등급에 해당한다. 해가 잘 드는 곳이나 약간 그늘이 드는 곳에서 잘 자라며, 적당량의 물이 필요하다. 배수가 원활하고 촉촉한 산성 부식토에서 잘 자란다. 품종마다 크기는 다르지만, 평균적으로 너비 91-150cm, 높이 1.2-1.8m까지 자란다.

매혹적인 향을 자랑하는 치자꽃은 사계절 내내 핀다. 치자나무 잎은 광택이 있고 매끈하지만, 꽃잎은 광택이 없고 보송보송한 질감을 띤다. 생장 속도가 느리고 손이 많이 가지만, 바람을 피할 수 있는 곳에 적절하게 배치하여 심으면 인상적인 상록수로 자란다.

치자나무는 비료를 충분히 주어야 하고, 염분이 있는 해안 환경이나 정수 또는 연수 처리된 물을 견디지 못한다. 이 나무는 다른 식물과의 뿌리 경쟁을 싫어하므로 옮겨심기에 적합하지 않다. 따라서 나무뿌리가 없는 장소를 선택하고, 나무 근처에 잡초가 생기지 않도록 뿌리덮개를 넓게 덮어 주면 좋다.

'크라운주얼Crown Jewel'은 너비 91-120cm, 높이 1.2-1.5m까지 자라는 소형 품종이다. 내한성 6-11등급으로 영하의 날씨도 견딜 수 있으며, 다양한 토양에서 잘 적응한다. 지름이 8cm인 겹꽃은 묵은 가지와 새 가지에서 모두 핀다.

산사나무

Crataegus spp.,
Crataegus laevigata 'Superba'

아리마태아 출신의 요셉은 십자가 위에서 돌아가신 예수님의 시신을 거두어 장례를 치른 인물로, 이후 고향을 떠나 복음 전파의 여정을 시작했다. 유럽으로 향한 그는 가장 먼저 프랑스 마르세유 지역에 갔고, 그다음에는 영국인들에게 그리스도교를 전하기 위해 잉글랜드 남쪽의 글래스턴베리로 이동했다.

글래스턴베리에서 요셉과 일행은 오랜 여정에 지쳐 언덕에서 잠시 쉬어 가기로 했다. 요셉은 지팡이를 땅에 꽂아 두고 옆에 누워 잠을 청했다. 잠시 후 잠에서 깬 그의 눈앞에 놀라운 일이 벌어졌다. 지팡이가 땅에 뿌리를 내려 산사나무가 되고, 꽃이 피기 시작한 것이다. 요셉 일행이 머물렀던 언덕에는 훗날 글래스턴베리 수도원이 지어졌고, 산사나무는 수도원 터에 자리를 잡고 매년 부활절과 성탄절 무렵에 꽃을 피우며 무럭무럭 자랐다.

그러나 청교도가 득세하면서 수도원은 파괴되고 1653년에 군인들이 산사나무마저 베어 냈다. 그러나 누군가 나뭇가지를 꺾어 몰래 삽목으로 번식시키면서 그 혈통이 근근이 이어졌다. 이후에도 산사나무를 없애려는 시도가 계속되었으나, 비밀리에 심긴 나무들은 수도원 터에서 계속 자라났다.[13] 이 산사나무는 반복적인 훼손을 겪으면서도 2010년까지 자리를 지켰으나, 2019년 5월 역사 속으로 사라졌다. 이 나무의 품종은 단자산사나무 '바이플로라'*Crataegus monogyna* 'Biflora'이다. '바이플로라'라는 이름에서 알 수 있듯이 한 해에 두 번 꽃이 핀다.

떨기나무 형태로 자라는 산사나무는 과거 중세 시대 수도원에서 울타리로 흔히 사용되었다. 나무 울타리를 만들 때는 먼저 정원 경계에 도랑을 파서 말뚝을 박은 다음 말뚝 사이에 산사나무 묘목을 심는다. 그리고 묘목이 곧게 자랄 수 있도록 가로로 난간을 설치하고, 이후 나무가 자라면 나뭇가지를 꼬아 단단한 울타리를 만

산사나무의 상징	정원 테마
희망	예수성심
깨어 있음	십자가의 길
약속	성모 마리아
사랑의 결합	성인

든다. 이렇게 만들어진 울타리는 튼튼하고 간격이 촘촘해 사람이나 동물의 침입을 막는 데 효과적이었다.[14]

산사나무 꽃은 '사랑의 결합'을 상징한다. 뾰족한 가시가 꽃을 보호하듯 부부의 결합도 사랑으로 보호받아야 한다는 뜻이다. 산사나무의 풍성한 열매는 자녀를 얻을 희망을 상징해 산사나무 꽃은 결혼식 부케에 자주 사용되었다.

이 외에도 약속과 깨어 있는 희망을 상징하는 산사나무는 예수성심, 복되신 성모님, 성인, 십자가의 길 등 다양한 테마의 정원에 두루 잘 어울린다.

산사나무 가꾸기

산사나무 꽃은 흰색, 빨간색 등 여러 색상이며, 꽃잎은 단색이거나 여러 색이 섞여서 홑꽃 또는 겹꽃으로 피어난다. 억센 가시가 있는 품종도 있지만 아래 소개하는 뿔산사나무 '이네르미스'처럼 가시가 거의 없는 것도 있다.

서양산사나무 '수페르바' *Crataegus laevigata* 'Superba'는 내한성 4-8등급의 품종이다. 양지를 좋아하고, 한번 자리를 잡으면 가뭄도 잘 견딘다. 토양 조건을 크게 가리지 않으며, 너비 4.6-7.6m, 높이 6.1-7.6m까지 자란다. 이 품종은 토양이나 공기 중의 염분에 취약하므로 날씨가 추워지면 제설제를 뿌리는 도로 가까이에는 심지 않는 것이 좋다. 가지가 아래로 늘어지는 경향이 있으므로 사람이 자주 오가거나 차량 통행이 많은 장소에도 적합하지 않다.

산사나무는 수명이 길고, 봄에는 아름다운 꽃, 가을에는 근사한 단풍, 겨울에는 사랑스러운 실루엣이 돋보인다. 게다가 봄철에는 수분 매개 곤충들에게 꿀을, 겨울에는 새와 동물들에게 열매를 공급한다.

뿔산사나무 '이네르미스' *Crataegus crus-galli* var. *inermis*는 가시가 없는 품종으로 흰 홑꽃과 붉은 열매, 은회색 나무껍질이 특징이다. 윤기 나는 진녹색 잎은 가을에 청동빛에서 적자색으로 변한다. 다른 산사나무 품종보다 병충해에 강하며, 겨울이 되면 잿빛 나무껍질이 세로로 벗겨지는 독특한 모습을 볼 수 있다.

호랑가시나무

Ilex spp., *Ilex* × *meserveae*

호랑가시나무에는 다양한 품종이 있는데, 그중 미국호랑가시나무*Ilex opaca*와 유럽호랑가시나무가 성탄절 장식으로 가장 많이 활용된다. 두 품종 모두 반짝이는 진녹색 잎과 붉은 열매가 눈길을 끌며, 축일 장식에서 흔히 볼 수 있다.

호랑가시나무의 여러 상징성은 서로 긴밀하게 연결된다. 호랑가시나무의 꽃말은 '선견지명', 즉 미래에 대한 '예견'과 '예언'이다. 이는 예수님의 탄생과 삶의 목적을 상기시키는 말로, 뾰족한 잎사귀는 예수님의 가시관을, 붉은 열매는 십자가에서 흘리신 피를 연상시킨다. 대림 시기의 호랑가시나무 가지 장식은 인간이신 예수님께서 이 세상에서 이루신 바를 묵상하는 의미가 있다. 감탕나무속*Ilex*인 호랑가시나무는 다른 상록수와 마찬가지로 잎이 늘 푸르다는 점에서 영원한 생명을 상징한다. 반면 낙엽수는 해마다 잎이 진다.

십자가의 길은 라틴어로 비아 돌로로사Via Dolorosa라고 한다. 이는 '고통의 길', '슬픔의 길'이라는 뜻이다. 전해지는 이야기에 따르면, 십자가의 길을 따라 자라던 호랑가시나무의 열매는 원래 흰색이었으나 예수님께서 넘어지며 흘리신 피로 붉게 물들었다고 한다. 따라서 호랑가시나무는 예수 그리스도의 수난을 묵상하기에 적합한 식물이다. 십자가의 길 정원에서 예수님께서 넘어지심을 묵상하는 곳(3, 7, 9처)에 심으면 그 의미가 더욱 돋보인다.

호랑가시나무는 공간 구획에 활용하기 좋은 식물이다. 높은 울타리를 만들거나 그늘을 조성하려면 키가 큰 품종을, 낮은 울타리를 만들려면 키가 작은 품종을 선택한다. 특정한 장소에 상징적인 의미를 부여하고 싶다면 부담 없는 크기의 왜성 품종을 추천한다.

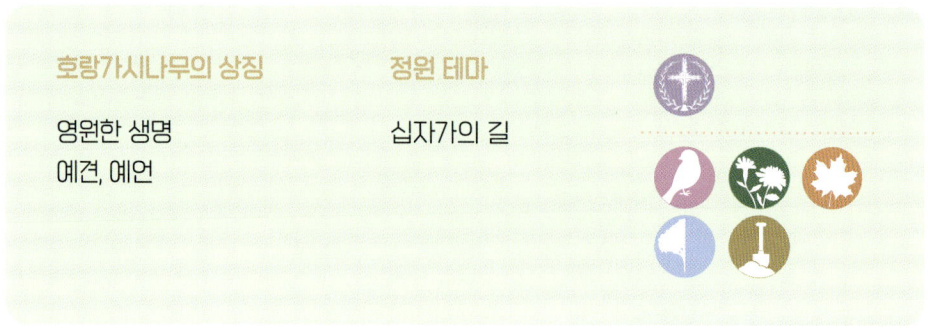

호랑가시나무의 상징

영원한 생명
예견, 예언

정원 테마

십자가의 길

호랑가시나무 가꾸기

감탕나무속에는 약 500가지에 달하는 종과 교배종, 재배종이 있으며 재배 요건과 크기도 각기 다르다. 상록수는 물론 낙엽수도 있고, 떨기나무와 덩굴식물도 있다. 잎의 모양, 형태, 질감, 색깔뿐만 아니라 열매의 모양과 색도 다양하다. 대부분 감탕나무속 식물은 대기오염에 강하고 점성이 강한 점토질 토양에서 잘 자란다. 그중 미국호랑가시나무는 품종이 천 가지가 넘을 정도로 많다. 내한성은 5-9등급이며, 재배 가능 지역이 넓은 만큼 기후에 적합한 품종을 잘 골라야 한다.

여기서 소개하는 품종은 푸른 호랑가시나무 Ilex × meserveae로, 잎의 색이 짙어서 '푸른' 호랑가시나무라고 불린다. 내한성이 강한 품종으로 4b-7등급 지역에서 잘 자란다. 양지나 반양지를 좋아하며, 햇빛을 충분히 받을수록 가지와 잎이 풍성해진다. 유기물이 풍부하고 물이 잘 빠지는 약산성의 촉촉한 토양에서 키우는 것이 좋다.

푸른 호랑가시나무 중 가장 인기 있는 품종은 '블루 프린스Blue Prince'와 '블루 프린세스Blue Princess'로 너비 2.4-3m, 높이 3-3.7m까지 자란다. '차이나 보이China Boy'와 '차이나 걸China Girl'도 선호도가 높은 품종으로, 블루 프린스/프린세스보다 재배 가능 지역이 더 넓고, 크기는 작으며(너비와 높이 모두 1.8-2.4m), 수형이 둥글다.

이 품종들 모두 겨울철에 냉풍을 피할 수 있고, 더운 여름철에는 오후에 그늘이 드리우는 장소에 심는 것이 이상적이다. 호랑가시나무는 암나무와 수나무가 따로 있어 열매를 맺으려면 같은 품종의 암수를 함께 심어야 한다. 푸른 호랑가시나무는 수나무 한 그루당 암나무 다섯 그루를 30.4m 이내에 심기를 권한다. 식재 거리와 암수 비율은 품종마다 다르니 미리 확인해야 한다.

향나무

Juniperus spp.,
Juniperus communis

향나무는 성경에서 직접 언급되는 식물(에제 27,5; 31,8; 시편 104,17 참조;《성경》에서 '에제키엘서'는 방백나무로, '시편'은 전나무로 옮겼다-옮긴이)로 그리스도교 미술사와 전승에서도 뚜렷한 상징성을 지닌다. 이사 60,13에서는 전나무fir, 사이프러스cypress와 함께 주님의 성전 터를 영화롭게 하는 세 나무 중 하나로 등장한다 (《성경》은 방백나무, 사철가막살나무, 젓나무로 옮겼다-옮긴이).

그러나 성경 속 몇몇 식물처럼 향나무 역시 발음상의 유사함 때문에 히브리어로 '로템'이라 불리는 양골담초속Genista 식물과 혼동되어 잘못 번역되었다. 라틴어 genista는 '빗자루'를 뜻하며, 로템은 흔히 빗자루나무나 싸리나무로 번역되었다. 하지만 일부가 이를 '삼나무'로 오역했고, 향나무 목재도 '삼나무'라 불렸기에 결국 싸리나무와 향나무가 같은 식물로 여겨지게 되었다.

향나무는 백향목Lebanon cedar과 마찬가지로 하느님의 힘과 영광을 상징한다. 더불어 외형도 아름다운 향나무는 과거에 수도원 정원에서 흔히 재배되었는데, 특히 회랑 안뜰에는 대부분 이 나무를 심었다. 향나무 목재는 부패하지 않고, 잎은 늘 푸르러 생명의 나무로 여겨졌다.

향나무 가지는 예로부터 성수를 뿌리는 도구로 사용되었다. 잎과 가지가 풍성해 물을 넉넉히 머금을 수 있어 한 번에 많은 양의 성수를 뿌릴 수 있기 때문이다. 지금도 일부 지역에서는 부활절에 향나무 가지로 성수를 뿌리는 전통이 이어진다. 한 축복식에서 이 장면을 직접 보았는데, 신자들의 머리가 젖을 정도로 성수가 뿌려지자 곳곳에서 환호와 탄성이 터져 나왔다. 삼위일체의 축복이 신자들에게 전해지는 것을 보며 기뻐하는 사제의 모습도 퍽 인상적이었다.

향나무는 순결을 상징한다. 미술 작품에서 뾰족한 향나무 바늘잎이 열매를 보

향나무의 상징

생명의 나무, 영원의 나무
순결
그리스도의 수난

정원 테마

십자가의 길
덕
성모 마리아
성경

호하는 모습은 우리의 복되신 성모님이나 연인의 순결을 나타낸다. 가시 같은 잎이 돋은 가지들은 예수님의 가시관을 암시해 예수님 탄생 장면이나 성모자를 담은 작품에 그려졌다. 따라서 향나무는 십자가의 길에서 예수님의 수난을 묵상하는 매개체로 적합하다.

향나무에는 다음과 같은 이야기가 전해진다. 요셉이 마리아와 아기 예수님을 데리고 헤로데 임금의 박해를 피해 이집트로 향하였다. 이때 길에 있던 거대한 향나무가 두 팔을 벌리듯 가지를 펼쳐 군사들에게 쫓기는 이들을 숨겨 주었다. 이에 마리아가 고마움의 표시로 향나무를 축복했고, 지금도 시골의 마구간과 헛간에는 성탄절에 향나무 가지를 걸어 두는 풍습이 있다.

향나무 가꾸기

향나무는 내한성 3-9등급 지역에서 자라며(품종에 따라 다름), 햇빛이 잘 드는 양지부터 반양지까지를 선호한다. 생육에 필요한 물의 양은 보통 정도다. 물 빠짐이 좋은 보통의 토질이 가장 적합하지만, 지나치게 건조하거나 습하지만 않다면 대부분 토양에서 무리 없이 자란다.

상록수인 향나무는 겨울철에도 잎이 푸른데, 추운 지역에서는 일부 품종의 잎이 자주색이나 진한 파란색으로 변하거나 끝부분만 분홍색으로 물들기도 한다. 나무의 모양을 유지하려면 겨울에 손가위로 가지를 치고, 되도록 전기톱은 사용하지 않는 것이 좋다.

향나무에는 수백 가지 품종이 있다. 높이가 40m나 되는 큰키나무도 있고, 15cm 정도로 작은 떨기나무도 있다. 매서운 추위나 무덥고 건조한 환경은 물론이고, 염분에도 강해 바닷가나 도로 근처에 심어도 무방하다. 다만 비가 많이 내리고 습도가 높은 지역에서는 가지 곰팡이병에 걸리기 쉬우니 주의해야 한다.

품종마다 차이는 있으나, 대개 늦겨울부터 초봄인 1-4월에 꽃을 피운다. 개화 시기는 일반적인 봄철 식물과 다르므로 꽃가루 알레르기가 있다면 참고해야 한다. 꽃이 거의 없는 시기에 꿀벌에게 먹이를 공급하므로 양봉에 관심이 있다면 유용한 정보다.

라일락

Syringa spp., *Syringa vulgaris*

라일락은 그리스도교에서 풍부한 상징성을 지닌 식물이다. 늦봄부터 초여름까지 꽃을 피우는 특성 덕분에 전 세계에서 '주님 승천의 꽃'이라고 불린다.

예수님의 부활 후 40일째 되는 날은 주님 승천 대축일, 그로부터 9일 뒤에는 주님의 사랑이 성령의 모습으로 지상에 내려온 것을 기념하는 성령 강림 대축일이 이어진다. 성령 강림 대축일은 영어로 펜테코스트Pentecost라고 하는데 이는 '50번째'라는 뜻의 그리스어에서 유래했다. 이날을 끝으로 50일간의 부활 시기가 마무리되는데, 늦봄에서 초여름 무렵인 이 기간은 라일락의 개화 시기와 일치한다.

라일락의 자생지는 아시아와 유럽으로, 라일락이라는 이름의 어원도 이 지역들에서 유래했다. 라일락lilac은 '푸르스름한'이란 뜻의 페르시아어 닐락nilak과 튀르키예어 레일락leylak에서 온 단어로, 이후 스페인어와 프랑스어에 유입되었다가 오늘날 우리가 부르는 이름이 되었다. 라일락이 연보라색을 지칭하게 된 것은 그로부터 한참 뒤인 1700년대 후반의 일이다.

라일락의 속명 시링가Syringa는 '피리' 또는 '대롱'을 뜻하는 그리스어 시링크스syrinx에서 유래했다. 과거 목동들은 식물의 줄기 속을 파내 피리를 만들어 불었으며, 예수님의 탄생 장면을 담은 그림에는 피리를 연주하는 목동들이 종종 등장한다. 오늘날 우리가 팬플루트라고 하는 악기의 원조가 바로 이 목동의 피리이다.

라일락은 기본적으로 사랑을 상징하지만, 꽃 색깔마다 의미가 조금씩 다르다. 풋풋한 사랑부터 완숙한 사랑까지, 사랑의 모든 단계를 나타내는 라일락의 상징성은 영국 빅토리아 시대에 확립된 것으로 보인다. 푸른 라일락은 젊은 연인들의 사랑, 앞으로 더욱 뜨겁게 불타오르길 희망하는 사랑을 상징한다. 동시에 라일락은 죽음도 갈라놓을 수 없는 영원한 사랑을 뜻해 과거에는 라일락이 만발하는 봄이

라일락의 상징	정원 테마
승천	성령
풋풋한 사랑	덕
(완숙한 사랑)	묵주기도

되면 과부들이 옷에 푸른 라일락을 달곤 했다.

 라일락이 상징하는 애덕caritas, 곧 자선의 덕은 부부의 사랑과도 연결된다. 사람을 끌어당기는 라일락의 아름다운 꽃과 향기는 사랑의 속성과 비슷하고, 튼튼한 뿌리와 매년 변함없이 꽃을 피우는 나뭇가지는 인내를 연상시킨다. 필자가 사는 미국 중서부는 광활한 농장 지대로, 차를 타고 지나면서 집과 도로변에 라일락 덤불이 피어 있는 모습을 흔히 본다. 이를 볼 때면 젊은 부부가 소박한 집을 짓고, 현관 옆에 라일락 나무를 심고 가꾸며, 라일락이 피면 꽃을 꺾어 집 안에 두고 사랑과 희망으로 가득한 삶을 꽃피워 가는 모습을 상상하곤 한다.

▍라일락 가꾸기

수수꽃다리속 식물인 라일락은 내한성 3-7등급 지역에 적합하다. 볕이 충분히 드는 곳에서 키워야 하며, 습하거나 조금만 그늘이 져도 잎에 흰가루병이 생기기 쉽다. 생육기에는 적당한 양의 물을 필요로 하지만, 성숙해지면 가뭄도 잘 견딘다. 과도하게 습하거나 축축하지만 않으면 대부분 토양에서 잘 자란다. 다른 수수꽃다리속 식물처럼 뿌리줄기로 번식하고, 너비 3-4.6m, 높이 5.5-6.1m에 달할 정도로 크게 성장한다.

 라일락 꽃은 묵은 가지 끝에 원추꽃차례(한 꽃대에서 갈라진 곁가지에 꽃이 달려 전체적으로 원뿔 모양을 이루는 상태-옮긴이)로 핀다. 꽃차례의 길이는 13-20cm로 꽃향기는 진한 편이며, 개화 기간은 대부분 2주, 서늘한 곳에서는 3주 정도다.

 수수꽃다리속에는 약 25가지 종과 수천 가지의 품종이 있어서 어떤 것을 심을지 선택하기가 간단하지 않다. 필자는 지금까지 5가지 품종을 키워 봤는데, 그중 서양라일락 *Syringa vulgaris*이 30년째 집 마당에서 자리를 지키고 있다. 외형이 화려하지는 않지만, 떨기나무 아래쪽은 단정하고 위로 갈수록 꽃이 풍성하게 피는 모습이 매력적이다.

도금양나무

Myrtus communis

도금양나무(은매화나무)는 성경에 나오는 식물이다. 예언자들은 이 나무를 들어, 바다를 덮는 물처럼 주님에 대한 앎이 땅에 가득할 때가 오리라고 예언했다.[15] 대표적으로 이사 41,19-20에서 "나는 광야에 향백나무와 아카시아, 도금양나무와 소나무를 갖다 놓고 사막에 방백나무와 사철가막살나무와 젓나무를 함께 심으리라. 이는 주님께서 그것을 손수 … 창조하셨음을 모든 이가 보아 알고 살펴 깨닫게 하시려는 것이다"라고 언급된다. 이어지는 55,13에서 "가시덤불 대신 방백나무가 올라오고 쐐기풀 대신 도금양나무가 올라오리라. 이 일은 주님께 영예가 되고 결코 끊어지지 않는 영원한 표징이 되리라"라며 또 한 번 등장한다.

위 성경 구절에서 짐작할 수 있듯이, 도금양나무는 유대교 전통과 예배 의식에서 중요한 위치를 차지한다. 유대인들은 예전부터 도금양나무가 에덴동산을 상징하며, 도금양의 향기가 에덴동산의 향기를 나타낸다고 생각했다. 이들은 매년 가을 초막절(히브리어로 *Sukkot*)이라는 축제를 일주일 동안 성대하게 지내는데, 도금양나무는 이때 사용되는 신성한 4가지 식물 가운데 하나다.

한편 도금양나무는 배우자에 대한 사랑, 정결, 충실을 약속하는 혼인 서약을 나타낸다.[16] 이는 그리스도교 안에서 주님께 자신을 봉헌하는 수도자들의 서원, 교회에 대한 사랑과 충성을 맹세하는 성직자들의 서약으로 연결된다. 이에 예로부터 신랑과 신부는 도금양나무 잎과 꽃으로 만든 화관을 머리에 쓰고, 종신서원을 하는 수도자들은 도금양나무 가지를 손에 들거나 서원식 장식으로 활용하는 일이 많았다.

전승에 따르면, 마리아는 요셉과 혼인할 때 도금양 꽃과 장미로 만든 화관을 썼다고 한다. '성령으로 잉태한 선택된 그릇'으로서,[17] 아들 예수님의 영광을 위해 평

도금양나무의 상징	정원 테마
사랑	성령의 열매
정결	성모 마리아
순수	묵주기도
충실(금실 좋은 혼인)	성경

생을 헌신한 마리아의 성모성심은 금양나무의 상징성을 잘 보여 준다.

지중해 연안에서 흔히 볼 수 있는 도금양나무는 주로 약용과 요리용으로 재배된다. 특히 열매는 사르데냐섬, 코르시카섬, 카프라이아섬에서 제조되는 이탈리아 전통주인 미르토mirto의 주요 원료이다.

도금양나무 가꾸기

도금양나무는 넓은 잎을 가진 상록성 떨기나무로 분류된다. 내한성 8-11등급 지역에 적합하며, 볕이 잘 드는 곳을 좋아하지만 그늘이 약간 드는 곳에서도 잘 견딘다. 다만 그늘에서는 꽃이 풍성하게 피지 않을 수 있다.

성장 초기에는 보통 정도의 물이 필요하지만, 자리를 잡고 나면 가뭄도 잘 견딘다. 비옥하고 촉촉하며 배수가 원활한 토양이 적합하고, 뿌리가 축축해질 수 있는 습한 환경은 피해야 한다.

나무는 너비 91-150cm, 높이 1.8m까지 자라는데 일부 자생종은 높이가 최대 4.6m까지 크기도 한다. 늦봄부터 초여름까지 피는 흰 꽃은 향이 매우 진하고, 꽃잎이 가려질 정도로 길고 풍성한 꽃 수술이 특징이다. 길고 무더운 여름을 나면 이듬해 꽃이 풍성하게 핀다.

도금양나무는 여러 지역에서 약용 식물로 여겨지며, 그 외에도 다양한 용도로 쓰인다. 나뭇잎은 월계수처럼 요리에 활용되고, 꽃은 샐러드 재료로 쓰이며, 열매는 후추처럼 향신료로 사용된다.

참나무

Quercus spp., Quercus alba

참나무는 창세기부터 즈카르야서까지 25개 이상의 구절에서 언급될 만큼 구약 성경에서 중요한 의미를 지닌다. 《이스턴 성경 사전Easton's Bible Dictionary》에 따르면, 영어 성경에 '참나무oak'라고 번역된 히브리어 단어는 6개며, 그 대부분은 서기 330년 무렵 멸종한 테레빈나무를 지칭한다.[18] 사실 성경에 언급된 참나무가 실제로 어떤 나무인지에 대한 논쟁은 지난 수백 년 동안 이어져 왔다. 히브리어는 나무 종류를 형용사로 표현하기 때문에, 참나무라는 고유한 명사 대신 '강한 나무', '힘센 나무'라고 기록되었기 때문이다.

예로부터 사람들은 참나무 아래에서 약조를 하고, 참나무 그늘이 드리운 땅에 왕족들의 무덤을 만들었다. 참나무는 수명이 길어 무려 천 년 가까이 사는 예도 있다. 참나무의 긴 생명력은 하느님의 영원한 선하심을 드러내는 증거로 여겨졌다. 이는 나아가 승리, 인내, 안정, 강인함이라는 상징으로 발전했다.

참나무는 교회 십자가의 재료로 자주 사용된다. 참나무가 승리를 상징하는 한편, 내구성이 뛰어나기 때문이다. 정원에 나무를 심을 충분한 공간이 있다면, 십자가의 길 한가운데에 참나무를 배치해도 좋을 것이다.

참나무에는 성녀 브리지다에 얽힌 흥미로운 일화가 있다. 아일랜드의 성녀 브리지다는 고국에 그리스도교를 전파하기 위해서는 무엇보다 원주민들의 이교적 관습을 타파하는 것이 급선무라고 생각했다. 그녀는 참나무를 숭배하는 켈트족의 믿음이 잘못되었음을 증명하기 위해 참나무를 베고, 그 나무로 수도원을 지었다. 지금은 사라지고 없지만, 과거에 이 수도원이 있었던 마을의 이름은 킬데어Kildare 였다. 이는 아일랜드어로 '참나무 교회Cill Dara'라는 뜻이다.

브리지다가 이 수도원 터를 어떻게 얻었는지 전해 오는 이야기가 있다. 브리지다

참나무의 상징	정원 테마
승리	십자가의 길
인내	성령의 열매
안정	성경
강인함	성인

는 마을 족장에게 수도원을 지을 땅을 내 달라고 부탁했다. 족장은 내키지 않았지만, 수많은 선행으로 평판이 훌륭한 브리지다의 요청을 단번에 거절할 명분이 없었다. 그래서 땅을 주긴 주되, 그녀의 망토로 덮이는 면적만큼만 주겠다고 조롱하듯 말했다. 브리지다가 하늘을 한 번 바라보고 대담하게 땅 위에 망토를 펼치자, 놀랍게도 망토가 기적처럼 커지기 시작해 수도원을 짓는 데 필요한 면적을 뒤덮을 정도로 계속해서 퍼져 나갔다.

참나무는 생장 속도가 느리지만 꾸준히 자라고, 뿌리가 깊이 내린 뒤에야 열매를 맺는다. 우리도 참나무처럼 나만의 속도로, 차분하고 끈기 있게 신앙을 가꾸어야 한다. 삶에 튼튼한 믿음의 뿌리를 내릴 때, 우리 영혼은 성령의 풍성한 열매를 맺을 것이다.

참나무 가꾸기

미국흰참나무 *Quercus alba*는 미국에서 흔히 볼 수 있는 대형 참나무 품종으로, 다른 참나무의 크기를 측정할 때 기준이 되는 나무다.[19]

이 품종은 내한성 3-8등급 지역에서 잘 자라며, 햇볕이 잘 드는 곳을 좋아한다. 생육에 필요한 물의 양은 보통 수준이지만, 뿌리가 어느 정도 자란 뒤에는 가뭄도 잘 견딘다. 촉촉하고 물이 잘 빠지는 산성 토양에서 키우면 좋다. 다 자란 나무는 너비 15.2-24.3m, 높이 18.2-27.4m에 달하며, 수명이 긴 편이다. 원뿌리가 깊이 발달해 옮겨심기가 어려우므로 처음 심을 때 장소를 신중하게 선택해야 한다.

참나무는 각종 동물에게 일용할 양식을 제공한다. 나무의 새순과 가지는 사슴과 토끼가 먹고, 도토리는 다람쥐는 물론 칠면조, 꿩, 오리 같은 새들이 먹는다. 도토리는 한여름에 생기기 시작해 늦가을에 익는데, 최소 50년이 지난 나무에서만 열린다.

가을이 되면 진한 와인 빛깔로 물든 단풍이 매우 아름답다.

협죽도

Nerium oleander,
Nerium oleander 'Hardy Pink'

협죽도는 성지에서 흔히 볼 수 있는 떨기나무로, 종소명 올리안더*oleander*는 올리브나무의 속명 올레아*Olea*에서 파생된 것으로 추정된다. 그러나 협죽도와 올리브나무는 잎 모양이 비슷하다는 것 외에는 닮은 점이 없다. 가령 협죽도는 모든 부분에 맹독성이 있지만, 올리브나무는 그렇지 않다.

협죽도가 죄와 경계를 상징하게 된 것이 바로 이 독성 때문이다. 우리는 종종 죄를 짓고도 유익하고 좋은 행동이라고 자신을 속인다. 그리하여 하느님께서 원하시는 것, 곧 우리에게 진정으로 좋은 것을 외면하고 스스로 판단하기에 좋아 보이는 행위를 선택하고 만다. 그렇게 저지른 죄는 아름다운 겉모습과 향기로 사람을 현혹하는 협죽도처럼 영혼에 맹독을 퍼뜨린다. 죄가 불러오는 위험을 인지하지 못하고 무심코 죄를 지을 때, 그 결과는 치명적일 수 있다.

사랑과 죽음이라는 맥락에서 협죽도는 심장, 즉 마음을 상징한다. 심장 박동을 멈추게 하는 협죽도의 독성에서 비롯된 이 상징은 인간의 죽음과 사랑의 중단을 뜻한다. 사랑이 시험에 들어도, 서로를 존중하는 연인은 신뢰를 잃지 않는다. 그러나 존중이 없는 사랑은 배신으로 이어지며, 맹독처럼 사랑의 숨통을 끊어 연인의 마음에 깊은 상처를 남긴다.

협죽도는 성 요셉에 관해 전해 오는 2가지 이야기에도 등장한다. 하나는 마리아의 배필을 찾는 일화이다. 요셉을 비롯한 남자들이 지팡이를 가지고 성전으로 모이자, 하느님께서 요셉의 지팡이에서 백합이 피어나게 하시어 그가 마리아의 배필임을 확증하셨다. 이후 대천사 가브리엘이 요셉을 찾아와 마리아와 혼인하게 될 것이라는 하느님의 뜻을 전하자, 하느님 약속의 증표로 요셉의 지팡이에서 흰색 협죽도 꽃이 피어났다.

협죽도의 상징

(사랑과 죽음 안에서의) 마음
죄
경계

정원 테마

성 요셉
성경
성인

또 다른 일화는 성 요셉의 치유 기적을 전한다. 스페인에 한 어머니와 열병을 앓는 딸이 있었다. 그녀는 딸을 살리기 위해 갖은 노력을 했지만, 아이의 병세는 차도를 보이지 않았다. 절망한 어머니는 무릎을 꿇고 딸아이를 살려 달라고 요셉 성인에게 간절히 전구를 청했다. 기도를 마치고 일어나자 방 안은 따뜻한 장밋빛 광채로 가득 차 있었고, 요셉 성인의 형상이 몸을 굽혀 소녀를 바라보고 있었다. 성인은 소녀의 가슴 위에 분홍색 협죽도 꽃가지를 올려 두고 사라졌다. 어머니가 아이의 상태를 살펴보니 아이는 열병에 걸린 이후 처음으로 편안하게 잠을 자고 있었다. 소녀는 곧 회복해 건강을 되찾았으며, 이때부터 협죽도는 요셉 성인의 꽃으로 불리게 되었다.[20]

▎협죽도 가꾸기

무늬협죽도 '하디핑크'*Nerium oleander* 'Hardy Pink'는 내한성 7-11등급으로, 햇볕이 잘 드는 곳에서 잘 자란다. 물은 보통 수준으로 주되, 일단 뿌리가 내리면 더 적게 주어도 된다.

촉촉하고 물이 잘 빠지면 대부분의 토양에서 잘 자라지만, 뿌리가 습하면 쉽게 시들 수 있으니 주의한다. 이 품종은 수형이 둥글고 생장이 빠른 편으로, 다 자라면 너비가 1.8-3m, 높이는 2.4-4.6m에 달한다.

향기로운 협죽도 꽃은 여름부터 가을까지 핀다. 협죽도는 상록수로 외관이 화려하고, 염분, 바람, 공해에 강해 해안가나 도심에 심으면 좋다.

협죽도는 매년 가지치기를 해야 하며, 가지와 잎에 독성이 있으므로 낙엽을 태우거나 퇴비로 만들지 말고 봉투에 담아 버려야 한다. 물에 잎이 몇 장만 떨어져도 그 물을 마시는 동물에게 치명적일 수 있고, 나뭇가지를 꼬치 등으로 사용하는 것은 어린이에게 매우 위험하다.

백양나무

Populus alba,
Populus × canadensis 'Robusta'

백양나무(포플러나무)는 구약성경에 등장하며, 번역본에 따라 최대 6회까지 언급된다. 구체적으로는 은백양나무 *Populus alba*와 떨기나무처럼 생긴 유프라테스 포플러 *Populus euphratica* 두 종이다. 은백양나무는 흔히 실버 포플러라고도 불리는데, 어린 줄기는 흰색을 띠고 나무껍질은 크림색에서 밝은 회색이다. 짙은 녹색 잎의 뒷면에는 솜털이 빽빽이 덮여 있어 은빛을 띤다.

백양나무는 성지에서 주로 시냇가에 서식하며, 사람들에게 시원한 그늘을 제공하는 유용한 나무다. 필자는 할아버지 댁 앞마당에 있던 은빛 백양나무에 대한 어린 시절의 추억이 있다. 여름날이면 그 거대하고 아름다운 나무에 올라 가지를 타고 깊게 드리운 그늘 밑을 끝없이 뛰어다니며 놀곤 했다. 이런 기억은 중동에 사는 아이들과 크게 다르지 않을 것이다.

은백양나무는 촉촉한 토양에서 잘 자라기 때문에 이스라엘에서는 지중해 연안이나 강변에 흔하며, 토양이 거칠고 메마른 삼림 지대에서는 거의 찾아볼 수 없다. 번식력이 왕성한 은백양나무는 하느님께서 이사야의 후손들을 강복하시는 장면에도 언급된다. "너의 후손들에게 나의 영을, 너의 새싹들에게 나의 복을 부어 주리라. 그들은 물길 사이의 풀처럼, 흐르는 물가의 버드나무처럼 솟아나리라"(이사 44,3-4).

창세기에는 야곱이 은백양나무 가지를 활용해 자신이 원하는 양과 염소를 번식시키는 장면이 나온다. "야곱은 은백양나무와 편도나무와 버즘나무의 싱싱한 가지들을 꺾고, 흰 줄무늬 껍질을 벗겨 내어 가지의 하얀 부분이 드러나게 했다. 그런 다음 껍질을 벗긴 가지들을 물통에, 곧 양들과 염소들이 물을 먹으러 오는 물구유에 세워, 가축들이 그 가지들을 마주 보게 하였다"(창세 30,37-38).

백양나무의 상징

용기, 강인함
승리
변혁
하늘로 향함

정원 테마

성경
성인

백양나무는 예로부터 영원함을 상징하여 '생명의 나무'라 불렸다. 백양나무의 뛰어난 번식력과 생명력은 승리와 강인함의 표상으로 받아들여졌으며, 하늘을 향해 쉼 없이 자라는 모습은 변혁을 연상시킨다.

　백양나무가 순교를 직접 상징하지 않지만, 용기와 강인함이라는 의미를 지니므로 순교 성인의 위대한 믿음을 나타내는 소재로 활용하기에 좋다. 하느님께 목숨을 바친 순교자들을 기념하는 정원에서 깊은 묵상을 도울 수 있을 것이다.

▌백양나무 가꾸기

　백양나무에는 시나 수필의 소재로 사랑받는 작은 크기의 북미사시나무*Populus tremuloides* 부터 거대한 미루나무*Populus deltoides*까지 다양한 품종이 있다. 기후와 개인 취향을 고려해 정원에서 키울 품종을 잘 골라 보자. 품종마다 차이는 있지만, 백양나무는 대개 수명이 짧고 목질이 연하며 강풍에 쉽게 부러진다. 또 근맹아가 자주 발생하고 번식력이 강해 관리하기가 쉽지 않아 정원수로 그다지 추천하지 않는다.

　더 튼튼하고 많이 찾는 품종으로는 캐나다 백양나무*Populus × canadensis* 'Robusta'가 있다. 이 품종은 내한성 5-9등급으로, 양지에서 잘 자라며 생육에 필요한 물은 보통 수준이다. 다 자라면 가뭄에 강하고 대부분의 토양에서 잘 자란다. 생장이 빠르지만, 이 때문에 목질이 다소 무른 편이다. 너비는 12.2-15.2m, 높이는 27.4-30.4m에 달하며, 뿌리가 넓게 퍼지므로 건물에서 충분히 떨어진 곳에 심어야 한다. 수명은 50-100년이며, 염분, 공해, 바람에 강하다. 또한 공기 중을 떠다니는 종자솜털을 만들지 않는다.

　수랜드*Populus deltoides* 'Siouxland'는 비교적 최근 개발된 품종으로 크기가 더 작고 씨앗과 종자솜털이 생기지 않는다. 내한성 3-10등급으로 너비 7.6-12.2m, 높이 18.2-24.3m까지 자라며, 수명은 30-50년으로 짧은 편이다.

장미

Rosa spp.,
Rosa rugosa 'Pink Robusta'

성 프란치스코 살레시오는 이런 말을 남겼다. "주님의 가시관을 견딘 사람만이 장미 화관을 쓸 수 있다."[21] 고난이 선행되어야 기쁨과 영광을 얻는다는 점은 부인할 수 없는 사실이다. 화가들이 순교한 성인들을 표현할 때 장미를 함께 그리는 이유도 여기에 있다. 물론 그리스도교에서 장미가 상징하는 가장 대표적인 존재는 성모 마리아다.

고대 전설에 따르면 인간이 타락하기 전에는 장미에 가시가 없었다. 성모 마리아는 원죄에 물들지 않았기에 '가시 없는 장미'라고 불렸다. 이 영향으로 '장미와 성모 마리아'나 '장미 덩굴 아래 성모 마리아'를 주제로 한 예술 작품이 유행했다. … 또 장미는 마리아의 원죄 없는 잉태를 그린 성화에 등장한다. 성모 승천을 묘사한 작품에서는 마리아의 빈 무덤에 백합과 함께 장미가 피어난 모습이 그려진다. 천상 모후의 관을 받는 마리아를 표현한 작품에도 장미가 나타난다.[22]

장미는 구약성경에 처음 언급된 이래 수백 년 동안 그리스도교 문화의 일부였다. 현존하는 가장 오래된 장미는 야생 덩굴장미의 일종인 개장미 *Rosa canina*이다. 지금도 독일 힐데스하임 대성당 뒷벽에서 그 모습을 볼 수 있다. 1945년에 대성당이 폭격을 당했을 때도 이 장미의 뿌리는 잔해 속에서 살아남아 꽃을 피웠다.

묵주기도 정원에서는 몇 가지 색상으로 4가지 신비와 다양한 성령의 열매를 상징할 수 있다. 여러 색상의 장미를 활용해 묵주기도나 성령의 열매를 표현하는 정원을 가꾸어 보자. 더 자세한 내용은 '가톨릭 교리 상식' 편을 참고한다.

장미의 상징

붉은색: 슬픔, 열정(타인에 대한 깊은 사랑)
흰색: 순교자의 죽음
복숭아색: 겸손, 순결
분홍색: 은총, 온유, 기쁨, 행복

정원 테마

하느님의 자비
십자가의 길
성령의 열매
성모 마리아
묵주기도
성인

장미 가꾸기

장미는 품종마다 내한성과 재배 요건이 다르다. 대부분은 내한성 6-9등급이지만, 관목장미의 일종인 해당화*Rosa rugosa*는 3-9등급 지역에서도 잘 자란다. 접붙이지 않고 키운 장미는 내한성이 강해 서늘한 지역에서 키우기에 적합하다. 햇볕이 잘 드는 곳이나 따뜻한 지역에서는 오후에 그늘이 지는 곳이 좋으며, 촉촉하고 물이 잘 빠지는 약산성 토양에서 잘 자란다. 일부 품종은 정기적으로 비료를 주고 병충해를 입지 않도록 돌봐야 한다.

장미는 종, 교배종, 품종이 매우 다양하므로 지역의 기후와 개인의 취향에 따라 신중하게 선택한다. 이어서 소개하는 장미 종류와 특징을 참고하되, 같은 계통이라도 품종마다 예외가 있음을 염두에 두자.

하이브리드 티Hybrid tea는 줄기 하나에 꽃 한 송이가 사계절 내내 피는 장미로, 겹꽃과 반겹꽃이 있다. 플로리분다Floribunda는 사계절 내내 꽃이 풍성하게 피는 품종으로, 꽃의 크기와 색이 다양하다. 하이브리드 티 유형 꽃도 있고 홑겹 꽃이 여러 송이 피는 스프레이 형태도 있다. 하이브리드 티보다 내한성이 강하고 병충해도 잘 견딘다.

그랜디플로라Grandiflora는 하이브리드 티와 플로리분다의 교배종으로, 긴 줄기 끝에 하이브리드 티 장미가 여러 송이 핀다. 꽃은 사계절 피며 현대 장미 품종 중 가장 키가 크고 내한성이 강하다. 덩굴장미는 한 줄기에 꽃이 한 송이 혹은 여러 송이 달리며, 대개 1년에 한 번 핀다. 스스로 서지 못하기 때문에 지지대에 덩굴을 묶고 매년 봄에 가지치기한다. 오래된 줄기의 생장점 위를 자른 다음에는 며칠간 상태를 살피는 것이 좋다.

영국장미English rose는 떨기나무의 일종으로 꽃향기가 강하고 수명이 길다. 크기가 크고 둥근 모양의 꽃이 연속으로 핀다. 관목장미는 품종마다 개화 시기, 꽃 모양, 향기가 다르다. 수명이 길고 튼튼하며, 재배할 수 있는 범위가 넓다. 키가 크고(최대 2.1m까지 크는 품종도 있다) 아치형으로 자라 울타리용으로 적합하며 병충해에 강하다. 관목장미 중에서도 해당화*Rosa rugosa*(본문 그림 참조)는 초여름부터 꽃을 피우는데, 꽃과 봉오리, 열매를 같은 시기에 볼 수 있다. 내한성 3-9등급으로, 염분과 가뭄도 잘 견딘다.

원종장미는 야생장미라고도 하며, 일부 지역에서는 공격적으로 번식한다. 향기로운 홑겹 꽃이 초여름에 한 번 핀다. 너비와 높이는 각각 최대 2.4-2.7m까지 자라며, 열매는 야생동물들의 좋은 먹이가 된다.

자주받침꽃

Calycanthus spp.,
Calycanthus floridus

자주받침꽃속Calycanthus 식물은 잎에서 특유의 향이 나며, 특히 잎을 짓이기면 시나몬, 정향, 육두구 향이 어우러진 올스파이스와 비슷한 냄새가 난다. 자주받침꽃이 올스파이스나무의 상징을 그대로 물려받게 된 것도 바로 이 때문이다.

올스파이스는 원산지인 중앙아메리카에서 진통과 소염, 면역 체계 강화, 혈액순환 촉진 등에 다양하게 쓰인다. 올스파이스의 뛰어난 약효가 사람들의 고통을 덜어 준다는 점에서 연민과 자비의 상징으로 알려졌고, 향기가 비슷한 자주받침꽃도 자연스럽게 '자비'를 상징하게 되었다.

자비는 그리스도교 전통에서 가장 중요한 개념 중 하나로, 하느님께서 우리에게 베푸시는 사랑의 속성이자 그분과 우리 사이를 잇는 다리와 같다. 주님께서는 성녀 파우스티나를 통해 우리에게 자비의 중요성을 강조하시고, 당신의 자비를 신뢰해야 한다고 말씀하셨다. 그리고 성녀 파우스티나와 교황 요한 바오로 2세를 통해 하느님의 자비에 대한 신심을 촉구하셨다.

《가톨릭 교회 교리서》는 "사랑의 열매는 기쁨과 평화와 자비이며 … 사랑은 상호 유대를 촉진하고 욕심이 없고 너그럽다"(1829항)라고 말한다. 또한 육체적·영적 자선을 "육체적으로나 영신적으로 궁핍한 이웃을 돕는 사랑의 행위"(2447항)라고 정의한다.

호세 6,6은 하느님 백성이 가장 먼저 깨우치고 실천해야 할 덕목으로 자비를 꼽는다. "정녕 내가 바라는 것은 희생 제물이 아니라 신의다. 번제물이 아니라 하느님을 아는 예지다."[23] 예수님께서도 마태오의 집에서 바리사이들에게 이렇게 말씀하셨다. "너희는 가서 '내가 바라는 것은 희생 제물이 아니라 자비다' 하신 말씀이 무슨 뜻인지 배워라. 사실 나는 의인이 아니라 죄인을 부르러 왔다"(마태 9,13).

자주받침꽃의 상징	정원 테마
자비	하느님의 자비
연민	성령의 열매
호의	성모 마리아

자비와 호의는 어린 시절에 배운 기본 원칙이다. 우리는 이 원칙에 따라 살아가고, 젊은이들이 이 선물을 서로 나누며 성장하고 사랑의 열매를 계속해서 나누도록 북돋운다. 복되신 성모님은 자비와 호의의 덕을 온전히 갖춘 분으로, 이를 상징하는 자주받침꽃은 마리아 정원에 더할 나위 없이 잘 어울린다.

이 꽃의 향기는 품종마다 강도와 특색이 조금씩 다르다. 자주받침꽃을 상록수를 함께 배치하면 자비와 영원한 생명을 함께 표현하게 되어 그 의미가 깊다.

자주받침꽃 가꾸기

자주받침꽃은 내한성 4-9등급의 식물로, 햇볕이 잘 드는 곳을 가장 좋아하지만 무더운 지역에서는 약간 그늘진 곳에서도 잘 자란다. 생육에는 적당량의 물이 필요하며, 촉촉하고 유기물이 풍부한 토양에서 키우는 것이 좋지만, 점토질 토양에서도 무리 없이 자라는 편이다. 이 식물은 너비와 높이가 각각 2.4-3.7m까지 자란다.

향기로운 암적색 꽃은 늦봄부터 줄기의 거의 모든 잎 마디에서 피기 시작한다. 품종마다 향기의 강도와 특색에 차이가 있다. 이 꽃은 꽃꽂이로 활용하기에 좋은데, 가지를 자를 때는 올바른 방법을 따라야 한다.

자주받침꽃속 식물은 약간 그늘이 진 곳에서는 웃자라기 쉽고, 수형을 유지하려면 가지치기를 꾸준히 해야 한다. 꽃이 진 직후에 가지치기해야 여름 내내 새 가지가 자라 이듬해 건강한 새순에서 꽃이 핀다.

나무 겉껍질 근처에 공기가 잘 통하지 않으면 상하기 쉬우니, 뿌리덮개를 덮을 때는 줄기 밑동에서 20cm 정도 여유를 두어야 한다.

부겐빌레아

Bougainvillea spp.

부겐빌레아는 3개씩 반복되는 꽃의 구조로 인해 '삼위일체의 꽃trinitarian flower'이라고 불린다. 하나의 꽃줄기에서 3개의 꽃대가 올라오고, 이 꽃대에서 꽃처럼 보이는 3개의 포엽이 한 묶음으로 형성된다. 그리고 각 포엽의 중심부 근처에는 작은 관 모양의 꽃이 하나씩 핀다.

성경에서 성부, 성자, 성령은 예수님이 요르단강에서 세례를 받으시는 장면(마태 3,16-17)에 처음 등장한다. "예수님께서는 세례를 받으시고 곧 물에서 올라오셨다. 그때 그분께 하늘이 열렸다. 그분께서는 하느님의 영이 비둘기처럼 당신 위로 내려오시는 것을 보셨다. 그리고 하늘에서 이렇게 말하는 소리가 들려왔다. '이는 내가 사랑하는 아들, 내 마음에 드는 아들이다.'" 그곳에 있던 사람들은 예수님과 성령을 보고, 하느님의 목소리를 들었다. 이후 예수님이 베드로, 야고보, 요한 앞에서 영광스러운 모습으로 변모하셨을 때도 이와 비슷한 상황이 연출되었다.

공생활이 끝나갈 무렵, 예수님께서는 겟세마니에서 고뇌에 싸여 기도하셨고, 그때 성부와 성령이 다시 한번 함께하신다. 루카 22,39-46은 예수님이 아버지께 기도를 드리자, 천사가 나타나 그분의 기운을 북돋아 드렸다고 전한다. 이는 예수님이 아버지의 뜻을 따를 수 있도록 성령께서 그분의 의지를 뒷받침해 주신 것이라고 이해할 수 있다.

이 두 사건은 묵주기도의 신비에 담겨 있다. 우리는 빛의 신비 1단에서 예수님의 세례를 묵상하며 우리가 받은 신앙에 감사드리고, 4단에서 그분의 거룩한 변모를 묵상하며 영적인 용기를 청한다. 그리고 고통의 신비 1단에서 겟세마니에서 고뇌에 싸여 기도하시는 예수님을 묵상하며, 우리에게 회개를 촉구하시는 그분을 기억한다.

남편, 아내, 자녀로 이루어진 가족은 삼위일체 안에서 하느님 사랑의 일치를 반

부겐빌레아의 상징

삼위일체

정원 테마

성령
묵주기도

영한다. 따라서 부겐빌레아의 상징성을 활용해 성가정과 우리 가족을 되돌아볼 수 있다.

숫자 3은 삼위일체뿐만 아니라 하느님에 대한 우리의 의무를 나타낸다. 《가톨릭 교회 교리서》는 이를 다음과 같이 설명한다. "예수님께서는 하느님에 대한 인간의 의무를 이 말씀으로 요약하셨다. '네 마음을 다하고 네 목숨을 다하고 네 정신을 다하여 주 너의 하느님을 사랑해야 한다'"(2083항).

이처럼 삼위일체를 다양한 방식으로 상징하는 부겐빌레아는 모든 기도의 정원에 두루 잘 어울린다.

부겐빌레아 가꾸기

부겐빌레아는 큰키나무, 떨기나무, 덩굴식물 등으로 종류가 다양하고, 교배가 쉬워 품종도 매우 많다. 일반적으로 내한성 9-11등급에 해당하며, 햇볕이 잘 들고 물 빠짐이 좋은 토양에서 잘 자란다. 화분에서는 물을 적게 필요로 하고, 정원에서는 가뭄에도 잘 견딘다.

크기는 품종마다 다른데, 화분용 품종은 대개 너비가 1.2-2.4m, 높이가 61-91cm 정도까지 자란다. 관리에 소홀해도 잘 자라지만, 화분에서 키울 때는 비료를 자주 주어야 한다.

부겐빌레아 꽃은 6-8주마다 피며, 온난한 기후에서는 연중 내내 꽃을 볼 수 있다. 가지치기를 가볍게 해 주면 곁가지가 많이 생겨 더욱 풍성해지지만, 가지에 미세한 가시가 있으니 작업 시 주의해야 한다.

풍년화

Hamamelis spp.,
Hamamelis × *intermedia*
'Arnold Promise'

풍년화는 영어로 '위치하젤witch hazel'이라 불리는데, '하젤hazel'은 '견과를 맺는 나무'라는 뜻의 히브리어 루즈luz에서 파생된 단어다. 하젤은 일부 성경 번역본에서 언급되며[24] 대부분 아몬드(편도)를 가리킨다. 한편 '위치witch'는 '구부리다'라는 뜻의 고대 영어 '위치wych'와 '활발한'을 뜻하는 '위키wicke'에서 파생되었다. 풍년화의 목질이 연하기 때문에 붙은 이름이지 마녀witch와는 아무 관련이 없다.

풍년화의 속명 하마멜리스Hamamelis는 히포크라테스가 서양모과에 붙인 명칭이다. 서양모과는 산사나무 열매와 겉모습이 비슷하지만 그보다 크기가 작다. 이 명칭은 그리스어로 '함께'와 '과일'을 뜻하는 두 단어의 합성어다. 꽃이 피자마자 열매를 맺어 씨를 퍼뜨리는 독특한 습성에서 유래했다.[25] 예로부터 그리스도인들은 서양모과처럼 꽃과 열매가 함께 자라는 식물이 영적인 성숙을 상징한다고 생각했다.

풍년화는 오랜 역사를 인류와 함께하며, 지난 수백 년 동안 약용 식물로 널리 사랑받았다. Y자 모양의 풍년화 나뭇가지는 수맥을 찾는 데 효과적이라는 믿음이 있다. 이를 두고 수천 년 동안 논란이 있었는데, 지금도 그 용도로 쓰이곤 한다.

성 켄티게른은 보호가 필요한 사람들의 수호성인이다. 스코틀랜드에서 사생아로 태어났는데, 성 세르바누스가 그를 거두어 제자로 삼고 문고Mungo('사랑하는 아이'라는 뜻)라는 애칭을 붙여 주었다. 그는 어린 시절부터 죽어 가는 붉은 새를 살려 내는 일과 같은 여러 기적을 행했고, 똑똑하고 재능이 많아 여러 스승에게 사랑을 받았다. 그러나 수도원 동료들은 이를 시기해 그를 괴롭히곤 했다.

그가 수도원의 난롯불을 살린 일화도 유명하다. 켄티게른이 수도원의 난롯불 관리를 책임지던 어느 날, 동료들이 골탕을 먹이려고 난롯불을 모두 꺼 버렸다. 그는 낙심해 수도원 밖으로 나가 풍년화 덤불이 가득한 정원으로 들어갔다. 그리고

풍년화의 상징	정원 테마
보호	성인
치유	천사

풍년화 가지를 꺾어 하늘 높이 들어 올린 다음, 십자성호를 그으며 나뭇가지를 축복하고 기도했다. 그러자 하늘에서 불꽃이 내려와 그가 들고 있던 나뭇가지에 불을 붙였다. 그는 불타는 가지를 들고 수도원으로 돌아와 꺼진 난로에 다시 불을 피웠다.

풍년화 중 일부 품종은 가을 단풍이 매우 아름답다. 잎 가장자리는 빨간색, 주황색, 노란색으로 물들고, 잎 가운데는 초록색 바탕에 보라색 반점이 생겼다가 시간이 지나면 선명한 붉은색으로 전부 물드는 모습이 인상적이다.

풍년화 가꾸기

여기서는 풍년화의 다양한 품종 가운데 하나인 인테르메디아 풍년화 '아놀드 프로미스'*Hamamelis × intermedia* 'Arnold Promise'를 소개한다. 이 품종은 향기로운 노란 꽃과 가을 단풍으로 인기가 많다.

내한성 5-8등급으로, 햇볕이 잘 드는 곳을 좋아하지만 약간의 그늘도 견뎌 낸다. 늦겨울에 꽃을 피우며 진한 향기와 길고 가느다란 꽃잎이 특징이다. 날씨가 추워지면 꽃잎이 안으로 말려 들어가 동해凍害를 막아 주며, 4-6주에 달하는 개화 기간을 길게 유지하도록 돕는다.

다른 품종과 마찬가지로 생육에 필요한 물의 양은 보통 수준이며, 날씨가 건조할 때는 물을 더 주어야 잎이 마르지 않는다. 촉촉하고 유기물이 풍부한 산성 토양에서 키우는 것이 가장 좋으며, 물이 잘 빠지면 좋지만 점토질 토양에서도 무난하게 자란다. '아놀드 프로미스' 품종은 너비와 높이가 각각 3.7-4.6m에 이른다.

정원 가꾸기

기본도 작성하기

공간 평가하기

물 주기

비료 주기

식물의 수량 계산하기

초본식물과 목본식물

클레마티스 가지치기

"우리가 믿음의 덩굴손을 뻗어 저항의 벽을 넘어갈 때 우리 삶은 비로소 푸르고, 생명력 넘치며, 견고해진다. 우리는 볕을 쬐고 있는 야생 장미다. 의식적으로 낙관적인 마음을 갖고, 반대에 부딪혀도 신앙의 발판을 찾아 나아간다면 우리 삶은 은총의 토양에 뿌리를 내릴 것이다. 그곳에서 우리는 양분을 공급받고, 번성하며, 축복을 누린다."

– 줄리아 캐머런[1]

이 장은 정원을 가꾸어 본 경험이 있는 사람에게는 그동안 쌓은 지식을 복습하는 기회가, 식물 기르는 데 재능이 없다고 여겨 정원 가꾸기에 가꾸기에 도전하기를 망설이는 사람에게는 유용한 길잡이가 될 것이다. 이 장의 내용을 숙지하면 어느 곳에 어떤 식물을 심으면 좋을지 감이 잡히고 자신감도 생길 것이니 두려워하지 말고 도전해 보기를 권한다.[2]

정원 가꾸기의 첫 단계는 공간을 어떻게 구성할지 계획하는 것이다. 그다음은 일조량, 그늘이 지속되는 정도, 토양 상태, 관수량 등을 평가한다. 이 장에서는 정원 가꾸기의 기초만 다루므로, 더 자세한 정보가 필요하다면 가까운 교육기관이나 화훼 유통업체, 원예 전문가 등에게 조언을 구하기를 권한다.

기본도 작성하기

정원과 공간의 청사진 역할을 하는 기본도는 다음과 같은 순서로 작성한다.

1. 공간 스케치
먼저 공간의 전체적인 형태와 건물, 산책로, 나무, 연못 등 주요 구성 요소들을 그려 본다. 정확한 치수는 기본도 작성 단계에서 측정할 예정이므로 여기서는 대략적인 윤곽만 잡는다. 이때 동서남북을 반드시 표시해야 한다. 그래야만 공간 계획 시 그늘이 드는 위치를 파악할 수 있다.

2. 공간 평가
스케치를 검토하면서 바꿀 수 있는 부분과 바꾸고 싶은 부분이 있는지 생각해 본다. 건물, 차도, 울타리, 전기·통신 설비 등은 변경하기 어려운 요소고, 성장이 모두 끝난 나무도 상태가 양호하며 미관상 문제가 없다면 되도록 유지하는 편이 좋다. 에어컨 실외기, 쓰레기장, 전기·수도 계량기 같은 실외 시설의 위치와 물이 고이는 장소는 점선으로 표시한다.

3. 기본도 작성
줄자를 사용해 지도에 표시한 각 요소를 정확히 측정한다. 기본도는 1cm 모눈종이에 작성하며, 소규모 정원에는 1:30 축척을, 대규모 공간에는 1:150에서 1:180 축척을 적용하는 것이 바람직하다. 기본도 작성이 끝나면 사본을 만들고, 그 위에 투사지를 덮은 다음 정원에 추가하고 싶은 식물이나 장식 등을 투사지에 그려 본다.

공간 평가하기

공간 평가는 정원을 조성할 공간의 물리적 특성을 이해하는 과정으로 대상 장소를 집중적이고 면밀하게 분석하는 작업이다. 이 결과에 따라 정원에 심을 식물을 선택하게 된다. 공간 평가는 이미 조성된 정원의 일부만 기도 공간으로 구획하려는 경우에도 도움이 된다. 기도 공간에 각종 상징적인 식물을 심고 나면 그 분위기에 맞춰 다른 공간도 조정하고 싶다는 생각이 들 수 있기 때문이다.

1. 내한성 등급

공간 평가의 첫 단계는 정원이 위치한 지역의 내한성hardiness 등급을 파악해 해당 지역에서 살아남을 수 있는 식물이 무엇인지 확인하는 것이다. 이 책에서 내한성은 추위를 견디는 능력을 기준으로 평가하지만, 더위와 습도, 건조함 같은 전반적인 기후 조건도 고려될 수 있다. 내한성 등급은 더위나 추위로 식물의 뿌리가 절반까지 고사해도 생존할 수 있는 기후 조건을 여러 단계로 나눈 것이다.

어떤 식물이 특정 내한성 구역의 경계에 있다면, 정원의 미기후微氣候를 고려해 심는 방법도 있다. 가령 내한성 5등급 지역에서 6등급 지역에 적합한 식물을 기르고 싶다면, 건물과 가깝고 토양의 온도가 높으며 바람을 피할 수 있는 곳에 심어야 한다. 겨울철에는 강풍을 막아 주고, 뿌리덮개를 두껍게 덮어 관리하는 것이 좋다.

2. 일조량 분석

두 번째 단계는 공간에 드는 빛의 양과 질을 파악하는 것이다. 하루에 직사광선이 몇 시간 동안 비치는지 확인하여 직사광선이 6시간 이상 들면 양지, 4시간은 반양지, 2시간은 반음지, 2시간 이하거나 전혀 들지 않으면 완전한 음지로 분류한다. 하루 중 다양한 시간대마다 빛과 그늘의 지속 상태를 관찰한다. 여기서 '직사광선'이란 차

단되거나 가려짐 없이 식물의 잎에 직접 닿는 햇빛을 말한다. 햇빛이 분산되거나 가려지면 그늘이 생긴다.

정원에는 보통 다음과 같은 다양한 유형의 그늘이 존재한다.

- **짙은 그늘**: 나무나 건물에 하루 종일 햇빛이 가려져서 빛이 전혀 들지 않는 곳이다. 정원 가꾸기에 매우 어려운 환경이지만, 잘 꾸미면 그만큼 보람도 크다. 반음지에서 완전한 음지로 분류된다.
- **옅은 그늘**: 키 큰 나무의 가지 사이로 햇빛이 걸러져 부분적으로만 드는 장소이다. 교외 주택가 정원에서 흔한 유형이다.
- **오후 그늘**: 아침에는 부드러운 햇빛이 들고, 오후에는 그늘이 드는데 약했다가 점차 짙어진다. 그늘 정원을 가꾸기에 가장 좋은 조건이다. 반음지로 분류된다.
- **오전 그늘**: 아침에는 그늘이 약간 들었다가 오후에는 햇볕이 강하게 내리쬔다. 음지식물을 키우기에는 적합하지 않다. 양지로 분류된다.
- **볕이 잘 드는 곳**: 일출부터 일몰까지, 대개 하루 6시간 이상 직사광선이 드는 장소다. 양지로 분류된다.
- **건조한 그늘**: 어떤 유형의 그늘이든 간에 심을 수 있는 식물이 매우 제한적이다. 빗물이 닿지 않는 건물과 건물 사이의 공간, 그늘진 경사지, 나무가 우거진 삼림 등이 여기에 해당한다. 면적이 좁으면 바닥의 흙을 높게 쌓거나 토탄이나 퇴비를 섞어 토양의 수분 함유량을 개선할 수 있다. 단, 나무 몸통 주변에 흙이나 뿌리덮개를 두껍게 깔면 나무껍질이 부패하면서 줄기가 썩을 수 있다. 공간이 넓으면 환경에 적합한 식물을 심는 것이 바람직하다.
- **촉촉하고 배수가 잘되는 그늘**: 대부분의 마당이나 뜰에 해당한다. 토양은 유기물이 풍부하고, 물이 잘 빠진다. 적당히 촉촉하면서도 무겁지 않아서, 완전한 음지만 아니라면 심을 수 있는 식물의 선택 폭이 가장 넓다.

3. 토양

토양은 식물이 생장하는 곳으로, 해안가의 사질양토부터 양분이 많고 점성이 강한 점토까지 특성이 다양하다. 토양은 박테리아부터 곰팡이, 곤충, 미생물 등 이른바 '흙일'을 하는 생명체의 서식처다. 토양은 식물에 양분과 수분과 산소를 공급하고, 온도를 적절히 유지하며, 식물이 뿌리를 내리고 단단하게 고정될 수 있는 기반이다.

그러나 초보 정원사에게 토양은 이해하기 어려운 대상이다. 이에 초보자들도 이해할 수 있도록 토양의 기본 유형을 쉽게 설명했으니 참고하기를 바란다.

먼저 정원 공간을 둘러보면서 현재 어떤 식물이 자라고 있는지, 생육 상태는 어떤지 살펴보자. 온라인 또는 인쇄물로 제공되는 지역별 식물 재배 안내서를 보면 해당 지역의 전반적인 토양 환경을 이해할 수 있다. 잡초는 토양의 특성을 파악할 수 있는 좋은 지표다. 잡초 몇 포기만 봐서는 알 수 없지만, 대규모로 자라는 잡초는 토양의 종류를 분명하게 드러낸다. 숙련된 농부는 잡초를 보고도 토양의 상태를 알 수 있다. 손질이 잘된 잔디밭은 토양 분석에 별 도움이 되지 않는데, 이는 잔디가 대부분 자생하지 않고 사람이 주는 물과 비료로 자라기 때문이다. 정원 외에 주변의 다른 공간에서 자라는 식물의 상태가 어떠한지 유심히 보는 것도 유용하다. 어떤 식물들이 건강하게 번성하고, 어떤 것들이 마르고 약하게 자라는지 관찰하기를 바란다.

토양의 화학 성분을 분석하려면 전문 기관의 도움을 받는 것이 좋다. 대개 토양 표본을 채취해 검사를 의뢰하는데, 기관마다 검사 방법이 다를 수 있으므로 자세한 내용은 해당 기관에 문의하자. 검사 결과를 받은 후에는 담당자를 만나 그 결과의 의미를 이해하고, 필요한 경우 토질 개선 방법을 협의한다.

다음은 토양의 상태를 나타내는 물리적인 특징 3가지다.

(1) 성분

모래, 미사, 점토가 토양에 섞인 상대적인 비율에 따라 결정되는, 해당 지역 토양의 고유한 성질이다. 토성土性은 그 토양의 상태에 영향을 미치는데, 배수성 같은 요건이 포함된다. 좁은 구역에서는 토탄이나 퇴비를 섞어 토성을 개선할 수 있다.

(2) 경작성

식물의 파종, 발아, 뿌리 침투의 용이성과 관련된 토양의 물리적 상태를 나타낸다. 식물의 생장을 돕는 토양의 지력을 보여 주는 지표로, 토성을 개선하면 경작성도 향상된다.

(3) 경도

경반층이란 토양에 공기와 물이 이동할 공간이 없을 정도로 토양 입자가 밀착된, 경도가 높은 단단한 토양 상태를 말한다. 자동차 하중으로 단단해진 비포장도로나 차도가 대표적인 예다. 이 굳은 흙은 아무리 갈아엎어도 경작할 수 있는 상태로 돌아오지 않는데, 이는 땅의 좋은 성질이 사라졌기 때문이다.

토성을 확인하는 방법은 간단하다. 땅에 15cm 깊이로 구멍을 파고, 흙을 한 줌 가볍게 쥐어 손에 물기가 얼마나 느껴지는지 확인한다. 비가 내린 지 얼마 안 되었다면 토양이 머금은 물이 적당히 빠지도록 하루나 이틀쯤 기다렸다가 검사하는 것이 좋다. 흙을 쥐었을 때 건조하고 푸석푸석하게 느껴지면 사질토, 시원하고 축축하면서 흙이 잘 뭉치면 양토, 질감이 무겁고 끈적끈적하게 서로 붙는 느낌이 들면 점토다.

유리병을 이용하면 간단하고도 쉽게 토성을 알아낼 수 있다. 유리병에 흙과 물을 넣고 흔들면 흙 입자가 무게에 따라 분리되면서 층을 형성한다. 가장 무거운 모래는 바닥에, 중간 무게의 미사는 가운데에, 가장 가벼운 점토는 위에 쌓인다. 점토 입자가 매우 곱고 가벼운 경우에는 물에 떠서 물이 뿌옇게 보일 수도 있다. 이렇게 형성된 토양층의 상대적인 비율을 통해 토성을 정확히 파악할 수 있다.

모래, 미사, 점토의 비율이 이상적인 양토는 최적의 식재 환경이다. 정원의 토양 상태가 양토와 얼마나 가까운지를 기준으로 적절한 토질 개선 방법을 결정한다.

유리병을 이용한 토양 검사

① 땅에 15cm 깊이의 구멍을 파고 토양 표본을 채취한다. 정원의 여러 위치에서 수집한 표본을 섞어 정원 전체의 토성을 검사해도 좋고, 위치별로 개별 검사를 진행해도 좋다. 토양에 이물질이 섞여 있으면 제거하고 덩어리는 잘게 부수어 고르게 섞는다. 토양은 1컵(250mL) 분량을 준비한다.

② 뚜껑을 단단히 닫을 수 있는 1L 용량의 투명한 유리병을 준비한다.

③ 토양을 병의 절반까지 채운다.

④ 병의 입구에서 2.5cm 아래까지 물을 채운다.

⑤ 뚜껑을 꼭 닫고, 물과 토양이 잘 섞이도록 1분가량 병을 흔든다.

⑥ 병을 움직이지 않고 24시간 동안 두어 입자가 완전히 가라앉게 한다. 그러면 토양은 모래, 미사, 점토로 층으로 나뉜다.

⑦ 병 옆면에 자를 대고, 침전된 각 층의 높이를 측정한다.

⑧ 1분 후, 가라앉은 모래층의 높이를 기록한다.

⑨ 1시간 후, 전체 높이에서 모래층 높이를 빼면 미사층의 두께를 구할 수 있다.

⑩ 24시간 후, 전체 높이에서 모래층과 미사층의 높이를 빼면 점토층의 두께를 구할 수 있다.

⑪ 각 층의 비율을 계산한다: (각 층의 두께 ÷ 전체 두께) × 100 [3]

유리병을 이용한 토양 검사 결과 해석

토양이 점토 20%, 미사 40%, 모래 40%로 구성되어 있으면 대부분의 원예용 작물에 적합하며, 이를 양토라고 한다.

기타 주요 토성 유형은 다음과 같다.

- 점토 30%, 미사 60%, 모래 10% ⇨ 미사질식양토
- 점토 15%, 미사 20%, 모래 65% ⇨ 사질양토
- 점토 15%, 미사 65%, 모래 20% ⇨ 미사질양토

정원의 일부분만 토성을 개선하려면 아래 재료를 토양에 섞을 수 있다.

- 정원 폐기물로 만든 퇴비
- 낙엽
- 작물 찌꺼기
- 가축의 배설물로 만든 거름

토양의 특성은 색깔로도 나타난다. 대체로 밝은색 토양은 어두운색 토양보다 유기물 함량이 적고, 어두운색 토양은 밝은색 토양보다 봄철에 더 빨리 따뜻해진다.

정원에 가장 적합한 토양은 양토와 사질양토다(유리병 검사 결과에서 미사보다 모래가 더 많은 경우). 그러나 토양이 점토질이라 해서 안타까워할 이유는 없다. 점토 함량이 높은 토양에서도 잘 자라는 식물을 심거나 뿌리를 뻗어 단단한 점토를 느슨하게 푸는 식물을 활용하는 방법도 있기 때문이다.

한 가지 주의할 점은 토양층이 단단하고 배수가 원활하지 않다고 해서 반드시 점토질이라고 볼 수는 없다는 것이다. 경작성이 없는 경반층은 점토, 미사, 모래로 분리되지 않는다. 경반층이든 점토질 토양이든, 이런 땅에서는 정원 조성이 불가능하기 때문에 화분을 활용하는 것이 바람직하다.

물 주기

수돗가에 호스를 연결해 물을 직접 주는 방법이 가장 일반적이나 정원이 아주 넓다면 이 방법으로는 정원 가장자리까지 물을 공급하기 어렵다.

비가 온 직후나 충분히 물을 준 뒤에 땅이 얼마나 빨리 마르는지부터 먼저 확인한다. 토양이 금세 건조해진다면 물을 더 자주 주어야 한다. 모래가 많은 토양, 비탈진 곳, 건물 처마나 나무 그늘 아래에 식물을 심은 경우 물이 부족할 가능성이 크다. 이러한 곳에서는 가뭄에 강한 식물을 심거나 토성을 개선하거나 뿌리덮개를 활용해 토양의 수분 증발을 막고 물을 자주 공급해야 한다.

반대로 저지대에 위치하거나 지하 수위가 높은 곳은 배수가 잘되지 않아 습할 수 있다. 이 경우에는 습지에서 잘 자라는 식물 중심으로 꾸미는 것이 좋다. 비가 내린 후 땅이 금방 마르지 않고 오랫동안 축축하다면 이는 빗물이 땅에 고여 있다는 증거다. 이때는 빗물이 가까운 배수구로 흘러가도록 유도하는 인공 장치를 설치하거나, 별도의 배수 방법이 없다면 빗물 정원을 만드는 것이 최선이다.

이제 식물에 물을 주는 기본적인 방법부터 살펴보자. 작은 구멍이 뚫린 호스를 이용해 뿌리 주변으로 방울방울 물을 주는 점적 관수법이 이상적이지만, 실제로는 스프링클러나 호스를 이용한 방법이 더 자주 사용된다. 물 주기에 가장 좋은 시간은 이른 아침, 특히 잎에 이슬이 맺혀 있을 때다. 한낮은 증발량이 많아 수분 손실이 크므로 피한다. 두 번째는 늦은 오후인데, 해가 지기 전이라 잎이 마를 수 있다. 다만 잎이 젖은 채로 해가 지면 잎에 밤새 습기가 남아 병충해가 발생할 수 있으므로 주의해야 한다. 저녁에만 물을 줄 수 있어도 걱정하지 마라. 특히 건조한 시기에는 가끔 저녁에 물을 주는 것이 아예 주지 않는 것보다 낫다.

물이 스며드는 깊이를 간단히 확인하려면 긴 드라이버나 금속 막대를 이용한다. 물을 준 지 한 시간쯤 후에 금속 막대를 땅속으로 밀어 넣는다. 젖은 흙은 쉽게 들어가지만, 마른 땅에서는 막히는 지점이 나타난다. 땅 표면에서 손가락으로 막대를 잡고 꺼내면, 그 위치까지가 물이 스며든 깊이다. 나무는 가지 끝에서 떨어지는 낙수 지점, 즉 가장 바깥쪽 가지 부근에서 깊이를 측정한다.

오래되고 녹슨 철근을 활용하는 방법도 있다. 철근을 1-2분 정도 땅에 꽂아 두면 토양의 수분으로 인해 철근 표면의 색이 변하는데, 이를 통해 물의 깊이를 확인할 수 있다. 이 측정값을 통해 필요한 깊이까지 물을 주는 데 시간이 얼마나 걸리는지도 잴 수 있다.

식물이 필요로 하는 물의 양은 토양의 수분 유지력뿐만 아니라 뿌리의 분포 범위에 따라서도 달라진다. 일반적으로 초본식물은 30cm, 떨기나무는 60cm, 큰키나무는 90cm 깊이까지 물이 필요하다.

우량계는 정원사의 필수품으로, 이를 통해 강우량이나 스프링클러의 관수량을 확인할 수 있다. 정원에 뿌리를 얕게 내리는 꽃이나 채소를 심었으면 일주일에 평균 2-3cm 깊이의 물을 공급한다. 다만 토양 상태, 기온, 지피식물 식재 여부, 기후 등 환경 여건에 따라 요구되는 물의 양은 달라질 수 있다.

기후가 덥고 건조하거나, 물을 자주 주기 어려운 경우라면 건식 조경을 추천한다. 이 책에 나오는 재배 특성 기호 중 '가뭄에 강함' 표시가 있는 식물을 참고하라. 무거운 점토질 토양은 물을 천천히 흡수하고 오래 유지하기 때문에 물을 덜 줘도 된다. 반대로 모래가 많거나 다공성 토양은 배수가 빠르므로 더 자주 주어야 한다. 물은 자주 얕게 주는 것보다 한 번에 충분히 땅을 적시는 것이 좋다. 물이 부족하면 뿌리가 지표면 가까이에 얕게 발달해 식물이 불안정해지고 가뭄에 취약해진다.

유기질 뿌리덮개는 토양 온도를 시원하게 유지하고, 뿌리를 보호하는 역할을 한다. 또한 토질을 개선하고 토양의 수분 손실도 방지한다. 단, 큰키나무와 떨기나무에서는 뿌리덮개가 나무껍질에 닿지 않도록 주의해야 한다. 떨기나무는 줄기에서 손가락 2개 정도 떨어진 지점부터, 가지가 여러 갈래로 퍼져 있다면 가장 바깥쪽 가지가 있는 지점까지 뿌리덮개를 덮는다. 큰키나무는 주먹 2개 정도(대략 25-30cm) 떨어진 곳부터 덮는다. 나무의 잔뿌리는 대개 낙수 지점 주변에 있으므로, 나무 몸통 가까이에 뿌리덮개를 두는 것은 토양의 수분 유지보다 잡초 방제가 목적이다.

요약하면 이른 아침, 일주일에 평균 2.5-5cm 깊이까지 토양을 충분히 적시도록 물을 주는 방식을 권한다. 정원에는 관수량이 비슷한 식물들을 함께 심으면 좋다. 심고 나서는 물을 자주 주고, 몇 주 후 뿌리가 어느 정도 자리를 잡으면 보통 수준의 관수량을 유지한다. 큰 떨기나무나 큰키나무는 잔뿌리가 발달해 있는 낙수 지점 부근에 집중적으로 물을 주면 더 효율적이다.

비료 주기

식물을 건강하게 키우려면 봄부터 복합비료를 일정한 간격으로 주기 시작하고, 공급량과 횟수는 제품 설명에 적힌 지침을 따라야 한다. 다음 표에 나와 있는 다양한 비료와 토양 개량제 종류를 참고한다.

비료를 주기 전에 먼저 토양을 분석해 어떤 영양소가 필요한지 파악하는 것이 중요하다. 지나치게 많은 비료를 주는 것은 오히려 식물에 해로울 수 있다. 토양의 pH(산성도)는 식물의 양분 흡수에 큰 영향을 미친다. 대부분의 식물은 pH 6-7의 약산성 또는 중성 토양을 선호하며, 이 범위를 벗어나면 필수 양분을 잘 흡수하지 못한다.

비료의 3대 요소인 질소, 인산, 칼륨을 쉽게 기억할 수 있도록 다음과 같이 소개한다.

N = **질**소 = **질** 좋은 잎
P = **인**산 = **인**기 많은 꽃과 열매
K = **칼**륨(포타슘)[4] = **칼**처럼 튼튼한 뿌리와 줄기

비료 포장지에는 각 성분의 비율이 적혀 있으니, 이를 참고해 알맞은 것을 선택한다.

비료와 토양 개량제[5]

비료 이름	형태	종류	주성분	기타 성분
박쥐 구아노	분말, 과립	유기질	질소, 인산	대량·미량 영양소
혈분 비료	분말	유기질	질소	-
골분 비료	분말	유기질	인산	질소
구근 전용 비료	분말	무기질	인산	질소, 칼륨
석회 고토 비료	분말	무기질	칼슘	마그네슘, 알칼리 성분
어분 비료	액체	유기질	질소	인산, 칼륨
녹색 모래(그린샌드)	분말, 과립	유기질	칼슘	마그네슘, 미량 영양소
해조 추출물 비료	액체	유기질	칼슘	질소, 미량 영양소
황산마그네슘	분말	무기질	황, 마그네슘	-
버섯 퇴비	과립	유기질	-	대량·미량 영양소
암석 인산 비료	분말	유기질	인산	미량 영양소, 칼슘
과인산석회 비료	분말	무기질	인산	황
지렁이 퇴비	분말, 과립	유기질	질소	칼슘, 미량 영양소

식물의 수량 계산하기

필요한 식물 수량을 계산하려면, 각 식물의 크기 정보를 바탕으로 정원 면적부터 구해야 한다. 정원이 정사각형이나 직사각형이라면 가로와 세로 길이를 측정해 이 둘을 곱하고, 정원이 원형에 가까운 경우 가장 긴 거리(지름)를 측정한 다음, 그 값에

3.14(π)를 곱해 면적을 구한다.

정원 면적을 계산한 뒤 심을 식물을 구체적으로 선정하고, 각 식물의 수량을 산출한다. 식재 간격은 식물의 생장에 알맞은 배치 거리를 의미하며, 아래 표를 참고하면 0.1㎡당 필요한 식물 수를 계산할 수 있다.

정원이 작아 식물 몇 그루만으로 충분하다면 이 과정은 생략해도 된다. 하지만 정원이 넓거나 새로 조성하는 경우에는 아래 계수를 이용해 식재 수량을 반드시 계산해야 한다. 방법은 간단하다. 공간의 면적을 구한 다음, 권장하는 식재 간격에 해당하는 계수를 표에서 찾아 면적에 곱한다.

식재 간격	간격 계수*
10cm	9.0
13cm	5.76
15cm	4.0
18cm	2.94
20cm	2.25
23cm	1.78
25cm	1.45
28cm	1.19
30cm	1.0
38cm	06.4
46cm	0.44
61cm	0.25

*0.1㎡당 필요한 식물 수

초본식물과 목본식물

1. 화분에서 정원으로 옮겨심기

화분에 있는 식물을 정원으로 옮길 때 가장 유의할 점은 화분에 심었던 흙의 깊이와 땅에 심는 흙의 깊이를 동일하게 맞추는 것이다. 식물을 너무 얕게 심으면 뿌리가 공기에 노출되고 금방 말라 죽는다. 반대로 너무 깊이 심으면 빛과 산소가 부족해 줄기와 수관(가지와 잎이 무성한 나무의 윗부분)이 쉽게 썩을 수 있다.

먼저, 식물을 옮겨 심기 전날 밤에 물을 충분히 준다. 식물은 밤에 수분을 가장 많이 흡수하고 저장하는 경향이 있기 때문이다. 이렇게 미리 물을 주면 식물 세포가 수분을 충분히 머금어, 낮에 옮겨 심는 과정에서 뿌리가 손상되더라도 쉽게 시들지 않는다. 만약 무더운 낮을 피해 늦은 오후에 심을 계획이라면, 그전까지 화분을 그늘진 곳에 두어야 한다.

여러해살이나 한해살이 같은 초본식물과 큰키나무나 떨기나무 같은 목본식물을 심는 방법에는 약간 차이가 있을 뿐 대체로 비슷하다. 하지만 크기가 큰 목본식물을 심을 때는 파냈던 원래 흙을 다시 사용하는 것이 좋으며, 개량제 등으로 토질을 바꾸는 것은 바람직하지 않다는 연구 결과가 있다. 뿌리 발달을 촉진하기 위해 균근 접종제를 사용하는 것은 좋다. 균근 접종제는 식물 뿌리 주변에 유익한 미생물, 특히 좋은 균류를 늘려 주어 뿌리 성장을 촉진하고 토양 속 양분 흡수를 돕는다.

토양을 굳이 비옥하게 하지 않는 이유는 땅속으로 뻗은 뿌리가 개량된 토양에만 머물러서 더 단단하고 양분이 적은 토양으로 뻗어 나갈 가능성이 낮기 때문이다. 이렇게 되면 뿌리가 덩어리를 이루어 토양과 뿌리의 적정 비율이 무너지고, 말 그대로 뿌리의 '목 졸림' 현상이 발생해 식물이 죽을 수 있다. 따라서 기존 토양 상태에 맞는 식물을 선택하는 것이 언제나 최선이다.

초본식물과 목본식물을 심는 방법은 다음과 같다.

① 식물이 담긴 화분 또는 뿌리 덩어리보다 폭은 2배, 깊이는 1.5배 크게 구멍을 판다. 구멍에 물을 붓고 물이 빠질 때까지 기다린다.

② 초본식물의 경우, 토양에 퇴비를 섞는다.

③ 구멍에 충분한 양의 토양을 넣어, 구멍 바닥이 화분이나 뿌리 덩어리의 높이와 같아지도록 한다. 작업을 마쳤을 때 구멍 속 흙이 화분 속 흙과 같은 높이가 되도록 해야 한다. 뿌리가 뭉친 나무나 떨기나무의 경우에는 구멍의 너비를 가득 채우는 곧고 좁은 나무 막대 등을 활용해 적절한 흙 높이를 확인한다.

④ 뿌리 성장을 촉진할 수 있는 균근 접종제를 토양에 섞고, 섞은 흙을 바닥에 깔아 준다.

⑤ 식물을 화분에서 꺼내고 뿌리 덩어리를 감싼 비닐(또는 두꺼운 천이나 철사 등)을 모두 벗긴다. 뿌리를 느슨하게 풀어 주고, 심하게 엉켰을 때는 바닥 쪽에서 뿌리 가장자리를 서너 번 가볍게 잘라 엉킨 뿌리를 풀고 새 뿌리가 자랄 수 있도록 한다.

⑥ 식물을 구멍에 넣고 뿌리를 고르게 펴 준 다음 물을 조금 붓는다. 이식 영양제가 있다면 물에 희석해 함께 공급한다. 식물이 너무 깊거나 얕게 심어지지 않았는지 확인한다.

⑦ 구멍에 흙을 채우고 기포가 생기지 않도록 꼼꼼하게 메운다. 손으로 가볍게 두드려 탄탄하게 다지되 너무 세게 압박하지 않는다.

⑧ 식물 줄기나 수관 부분에 흙이 너무 높게 쌓이지 않도록 바깥쪽으로 흙을 살짝 밀어낸다. 이렇게 하면 식물 주변에 물을 모아 두는 일종의 도랑못이 만들어져 뿌리의 수분 흡수를 돕는다.

⑨ 충분한 양의 물을 준다. 아주 큰 나무를 옮겨 심는데 뿌리 덩어리가 많이 건조한 경우, 나무 몸통 근처에 호스를 끌어와 서너 시간 정도 물을 조금씩 흘려서 뿌리를 충분히 적신다.

⑩ 뿌리가 자리 잡는 첫 1년 동안 나무가 휘지 않도록 지주대를 설치한다. 두꺼운 철사나 노끈을 짧게 자른 고무호스 안에 넣고, 호스를 나무 몸통에 감싼 다음 철사를 지주대에 묶어 고정한다(아래 그림 참조). 이때 나무 몸통을 조이지 말고 느슨하게 묶는다. 나무가 자라는 동안 지주대 상태를 계속 점검하고, 나무가 커지면 지주대가 나무를 압박하지 않도록 느슨하게 풀어 준다.

⑪ 뿌리덮개는 도랑못 가장자리까지 덮는다. 뿌리가 자리를 잡은 후에는 도랑못을 평평하게 고르고, 그 위에도 뿌리덮개를 덮는다. 초본식물은 보통 몇 주 안에 뿌리가 자리를 잡지만, 크기가 큰 나무는 몇 달에서 길게는 1년이 걸릴 수도 있다.

2. 지주대 고정하기

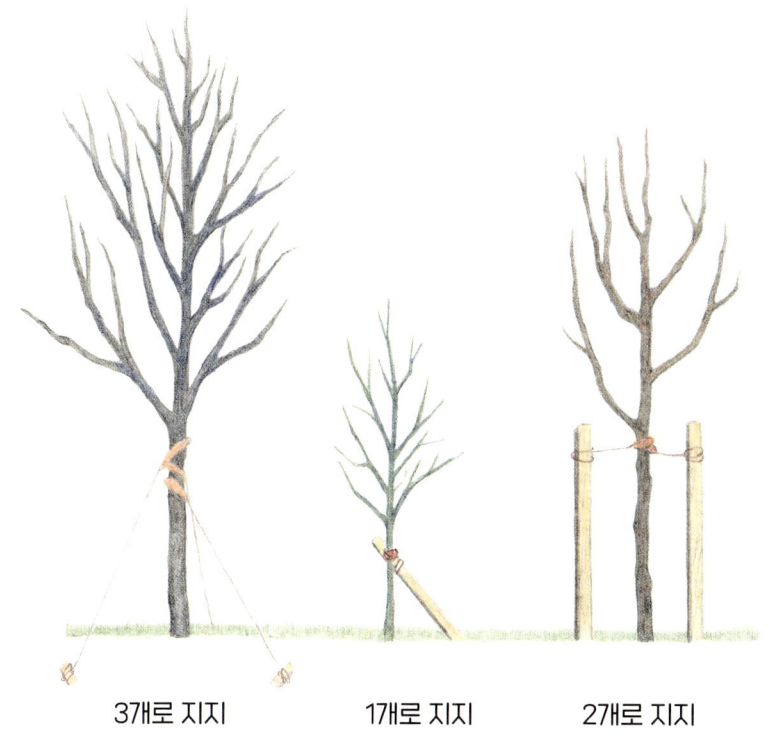

3개로 지지 　　　1개로 지지 　　　2개로 지지

3. 옮겨심기

봄은 식물을 옮겨심기에 가장 적합한 시기지만, 큰키나무나 떨기나무가 휴면기에 접어드는 초가을도 좋다. 여름에 옮겨 심어야 한다면 이식 후에 식물이 자리를 잡고 물을 잘 흡수할 때까지 강한 햇빛, 고온, 바람으로부터 보호해야 한다(초본식물은 옮겨 심은 후 자리 잡기까지 열흘에서 2주 정도 소요된다).

나는 오래된 침대 커버 같은 흰색 천을 활용해 그늘을 만드는 방법을 자주 사용한다. 흰색 천은 직사광선을 차단하되 너무 어두운 그늘이 생기지 않아 그늘막으로 활용하면 좋다. 키가 큰 식물의 경우, 햇빛과 바람이 들어오는 방향에 식물 키보다 1/3 정도 더 높은 길이의 기둥을 2-3개 세우고, 천을 기둥에 고정해 햇빛과 바람을 막는 벽을 만든다. 키가 아주 작은 식물이라면, 낮에 해가 뜨거워지기 전 식물 위에 천을 한 겹 덮고 천이 날아가지 않도록 뿌리덮개나 작은 돌을 올려 고정한다. 늦은 오후에 천을 걷어 밤과 이른 아침 동안 통풍이 잘되게 한다.

4. 나무 주변에 심기

나무 아래 그늘에 다른 식물을 심으려면 먼저 토양을 개선해야 한다. 이때 나무의 뿌리나 몸통에 손상이 가지 않도록 주의한다. 토양 개선은 길게는 2-3년까지 소요될 수 있으며, 그때까지는 식물을 땅에 바로 심는 대신 나무 주변에 화분을 배치해 공간을 가꾸는 것을 권한다. 나무는 토양의 양분과 수분을 많이 빨아들이기 때문에, 토질을 개선하더라도 정원의 다른 공간에 심을 때보다 계획과 관리는 물론이며, 식물 선정, 관수, 비료 공급까지 더 신중하게 진행해야 한다.

토양 개선은 완전히 퇴비화된 유기물과 낙엽을 활용한다. 낙엽을 모아 잘게 자른 다음에 유기물과 섞어 나무 아래에 뿌린다. 이때 퇴비층의 두께는 한 해에 10cm를 넘지 않게 한다. 퇴비는 나무 몸통에서 최소 15-20cm 떨어진 곳부터 뿌리고, 퇴비 발효를 촉진하는 활성화제나 잘게 자른 서양톱풀을 덧뿌리고 물을 준다. 겨울 전까지 퇴비가 촉촉한 상태를 유지하되 물이 고이지 않도록 관리한다. 이듬해 여름 잡초가 뿌리를 내리면 잡초를 모두 제거한다. 이때 땅 표면에 드러난 나무뿌리를 훼손하지 않도록 주의한다. 가을이 되면 자른 낙엽을 한 번 더 뿌려 준다.

이 과정을 한 해 더 반복해 나무 바깥쪽으로 총 20-25cm 두께의 퇴비층이 쌓이게 한다. 나무 몸통 가까이에는 퇴비를 덮지 말고, 가장 안쪽도 두께가 2.5cm를 넘지 않게 한다. 몸통이 지면에서 뿌리로 이어지는 부위는 공기가 잘 통해야 하므로 퇴비로 덮는 것은 좋지 않다. 세 번째 또는 네 번째 해 여름이 되면 나무 아래 그늘에 새로운 식물을 심기에 적합한, 부드럽고 촉촉한 양질의 토양이 마련된다.

5. 시든 꽃 제거하기

정원을 가꾸는 사람이라면 누구나 풍성한 꽃을 오래 볼 수 있기를 바란다. 이를 위해서는 여름 내내 꽃이 피는 여러해살이 식물을 심거나 시든 꽃을 꾸준히 제거해 개화 기간을 늘리는 방법이 있다.

시든 꽃을 제거하는 작업을 '데드헤딩deadheading'이라고 한다. 이 작업은 식물의 미관을 개선하고, 씨앗을 만드는 데 필요한 에너지가 식물의 뿌리와 줄기에 집중되도록 하며, 여러해살이 식물의 경우 개화 기간이 몇 주 더 길어지는 효과를 낸다. 개화 기간을 연장하는 것은 '반복 개화'와는 다른 개념이다. 반복 개화는 시든 꽃 제거와 같은 인간의 개입 없이 같은 해 여러 번 꽃 피우는 것을 말한다.

데드헤딩은 온도, 강우량, 식물의 종류에 따라 매일 해야 할 때도 있고, 격주로 한 번이면 충분할 때도 있다. 그 시기는 꽃이 전체적으로 시드는 모습을 보고 판단하되, 씨앗을 받을 계획이 없다면 너무 미루지 않는 것이 좋다. 꽃이 시들어 씨앗이 되면 더 이상 꽃을 피우지 않는 화학 변화가 일어날 수도 있기 때문이다.

데드헤딩 방식은 식물 유형마다 조금씩 다르다. 가령 줄기를 따라 순차적으로 꽃이 피는 식물과 꽃대 말단에만 꽃이 피는 식물의 경우, 시든 꽃과 그 아래 잎이 쌓으로 달린 부분 또는 다음 꽃봉오리 사이 부분을 자른다.

반면 어떤 식물은 하나의 꽃대 또는 여러 대의 꽃대를 따라 아래에서 위로 꽃이 핀다. 이때 꽃대가 하나인 식물은 꽃대의 3/4 정도가 시들면 앞에서 설명한 지점을 자른다. 여러 대의 꽃대에서 큰 꽃이 피는 식물이라면 시든 꽃과 그 꽃대 부분을 가운데 줄기까지 바짝 자른다.

1년에 꽃이 한 번만 피는 식물은 시든 꽃을 제거해도 개화 기간이 늘어나지는 않지만, 미관상 더 깔끔해 보인다. 이러한 식물로는 금낭화, 백합류, 붓꽃, 램스이어 등이 있다. 백합이나 붓꽃은 매일 시든 꽃을 제거해도 무방하고, 꽃이 모두 지면 꽃대 자체를 제거하는 것이 좋다.

꽃이 한꺼번에 많이 시든 경우 전지가위로 시든 꽃을 일괄 제거하는 방법이 효율적이다. 한 손으로 시든 꽃이 붙은 줄기를 모아 쥐고, 다른 손으로 전지가위를 사용해 줄기와 상단 잎까지 한꺼번에 다 잘라 낸다. 자른 직후에는 다소 지저분해 보일 수 있지만 며칠이 지나면 자연스럽게 정돈되어 깔끔해 보일 것이다.

6. 순 자르기

순 자르기는 줄기 끝에서만 꽃이 피는 식물의 수를 늘려 꽃을 더 풍성하게 만드는 작업이다. 순 자르기는 식물의 햇가지가 25% 정도 자랐을 때 한 번, 그로부터 약 30일 뒤에 한 번 해서 총 두 차례 실시한다.

새순을 자를 때는 가지 끝에서 1/3쯤 되는 지점에 잎이 두 장 나 있는 마디 바로 위를 자른다. 첫 번째 순 자르기 이후 약 30일 뒤에 새로 자란 부분의 1/3을 다시 잘라 낸다. 이렇게 하면 국화처럼 가지가 여러 갈래로 뻗는 식물은 더 많은 가지에서 더 풍성하게 꽃을 피울 수 있다.

7. 씨앗 받기

식물의 씨앗을 직접 수확하여 이듬해 뿌리면 좋아하는 식물을 매년 감상할 수 있다. 다음은 씨앗을 받는 간단한 방법이다.[6]

① 씨앗을 받으려면 자연수분 품종을 심어야 한다. 이런 품종은 씨앗을 통해 대대로 모본 특성이 유지된다. 그러나 교배종은 받은 씨앗의 발아율이 20%를 넘지 않고, 발아하더라도 모본 형질을 이어받지 않는 경우가 대부분이다.

② 꽃이 줄기에서 자연스럽게 시들어 마르도록 둔다. 시든 꽃을 잘라 작은 종이 봉투에 담고, 봉투에 식물 이름을 유성 펜으로 적는다. 손가락으로 꽃의 머리 부분을 부드럽게 비벼 씨앗을 분리한 후 껍질은 버린다. 과채류의 경우 열매가 완전히 익으면 따서 껍질을 깨끗이 닦고 과육에서 씨앗을 분리한다.

③ 채취한 씨앗은 신문지(검정 잉크로 인쇄된 신문지만 가능), 제빵용 유산지, 키친타월, 종이봉투 등에 펼쳐 일주일 정도 자연 건조한다. 어떤 식물의 씨앗이었는지 나중에 헷갈리는 일이 없도록 반드시 이름을 적어 둔다. 금속으로 된 식힘망 위에 씨앗을 올린 종이를 겹겹이 쌓고, 작은 철끈으로 고정하면 공간을 효율적으로 활용할 수 있다.

④ 채소의 씨앗은 키친타월 위에서 말릴 수 있지만, 씨앗이 마르면서 타월에 들러붙는다. 그 대신 타월째 말아서 보관할 수 있다는 장점이 있다. 심을 준비가 되면 타월을 펼쳐서 조금씩 찢은 다음, 씨앗 몇 알과 함께 흙에 심는다.

⑤ 말린 씨앗을 종이 봉투에 넣는다. 봉투 겉면에 씨앗 이름과 보관하는 날짜 등을 적은 다음, 입구를 풀로 붙인다.

⑥ 씨앗을 담은 봉투는 깨끗한 밀폐 용기에 보관한다. 비닐 지퍼백, 뚜껑이 꽉 닫히는 유리병(입구가 넓은 것을 추천), 고무마개가 있는 유리 용기도 좋다.

⑦ 습기를 방지하기 위해 코팅되지 않은 반다공성 티슈(미용 티슈 등) 네 겹에 두 순갈 분량의 분유를 싸서 보관함에 같이 넣는다. 씨앗을 1년 이상 보관할 경우 6개월마다 교체한다. 분유 대신 실리카겔을 넣어도 좋다.

⑧ 습기와 더위는 씨앗의 저장 수명을 단축하므로 냉장고 같은 서늘하고 어둡고 건조한 곳에 보관하되, 얼지 않도록 주의한다. 심을 때는 씨앗 보관함을 냉장고에서 꺼낸 뒤에 씨앗이 실온 정도로 따뜻해질 때까지 뚜껑을 열지 않는다. 그렇게 하지 않으면 공기 중의 수분이 씨앗에 응결된다.

⑨ 씨앗을 보관할 때는 채종 연도를 매년 날짜별로 기록한다. 씨앗의 대부분은 보존 기간이 3년 정도다(일부는 2년). 그 날짜를 보면 그 씨앗이 파종 적기를 지났는지 금방 알 수 있다.

⑩ 파종 시기가 되면 소량의 씨앗으로 발아율을 시험한다. 채종과 보관을 철저히 했어도 모든 씨앗이 다 싹을 틔우지는 않는다. 발아율을 확인하면 원하는 식물 수량을 얻기 위해 씨앗을 얼마나 뿌려야 할지 가늠할 수 있다.

하느님께서는 씨앗 안에 그 씨앗이 앞으로 필요로 할 모든 것을 담으셨다. 우리에게 주어진 일은 오로지 그 씨앗을 심고 돌보는 것뿐이다.

클레마티스 가지치기

클레마티스Clematis는 색상과 품종이 다양하고, 그리스도교적 상징성도 풍부해 기도의 정원에 두루 잘 어울리는 식물이다. 이 덩굴식물을 건강하게 키워 풍성한 꽃을 보려면 적절한 가지치기가 필요한데, 그 시기와 방법은 품종마다 차이가 있다.

클레마티스는 개화 시기에 따라 다음과 같이 세 유형으로 분류된다.

- **유형 1:** 이른 봄에 개화하며, 묵은 가지에서 꽃이 핀다. 이 유형은 손상된 가지만 제거하거나 3-4년에 한 번 솎아 내는 것이 좋다. 가지치기는 개화 직후에 하는 것이 가장 효과적이다.
- **유형 2:** 늦봄에서 초여름 사이에, 묵은 가지와 새 가지에서 모두 꽃이 핀다. 이 유형은 늦겨울이나 초봄에 꽃눈이 나오기 시작하면 꽃눈 위쪽으로 약 1cm 떨어진 지점을 자른다.
- **유형 3:** 한여름에서 늦여름에, 새로 난 가지에서만 꽃이 핀다. 가지치기가 가장 간단한 유형으로, 이른 봄에 원가지까지 바짝 자른다.

가톨릭 교리 상식

미로

성물 배치하기

정원의 유형

축복받은 성물 폐기하기

묵주기도 정원의 색상

십자가의 길

신심 행위 안내

토리노 수의와 꽃의 흔적

> "우리가 해야 할 일은 예수님과 일치되고
> 그분의 삶을 우리 삶 안에 재현하는 것 …
> 그분께서 우리를 다스리시고 우리 안에 사시도록 하는 것입니다."
>
> – 성 샤를 드 푸코

이 장에서는 기도의 정원을 구상할 때 참고할 만한 가톨릭교회의 신심과 종교적 테마를 소개한다.[1] 십자가의 길이나 묵주기도 정원을 만들 때 참고할 수 있는 정보는 이 책 말고도 다양하게 있으니 여러 자료를 두루 살펴보기를 권한다.

십자가의 길은 직선형으로 디자인해도 좋고, 원형으로 구상해도 좋다. 묵주기도 정원은 더 유연한 방식으로 디자인할 수 있다. 각 신비에 따라 색깔별로 정원을 다섯 구역으로 나누거나, 금속 볼이나 디딤돌로 묵주알을 표현할 수 있다. 또는 정원 전체를 하나의 신비로 구성해도 좋다.

이 외에도 가톨릭 전통 내에서 미로 정원을 조성하는 방법이나 성상 배치에 대한 유용한 정보를 다룬다. 가톨릭 신자라면 누구나 십자가나 성상 등 사제로부터 축복받은 성물을 갖고 있을 것이다. 이 장에서는 시간이 지나 색이 바래고 낡은 성물을 경건한 방식으로 폐기하는 방법도 소개한다.

정원은 다양한 테마와 분위기를 통해 사람들의 영적 성장과 치유를 돕는다. 이 장의 내용이 독자 여러분에게 영감을 주어, 자신에게 가장 적합한 기도의 정원을 만드는 데 도움이 되기를 바란다.

미로

미로labyrinth는 지난 20세기 뉴에이지의 유행과 맞물려 큰 인기를 끌었지만, 실제로는 수백 년 전부터 존재해 왔다. 이 용어는 '양날 도끼'라는 뜻의 그리스어 라브리스 *labrys*에서 유래했으며, 이 도끼는 오늘날에도 임업에서 사용된다. 신중세 시대에 만들어진 단일 경로의 미로 정원을 위에서 보면 대칭형 도끼와 닮았다. 반면 중세 시대의 미로는 여러 개의 동심원과 4개의 축으로 이루어져 있으며, 가장 대표적인 예가 프랑스 샤르트르 대성당 안에 있는 미로다.

고대와 중세 그리스도교인들은 그리스·로마의 관습과 전통을 그리스도교적으로 재해석했으며, 미로도 그중 하나였다. 중세인들은 미로를 구원의 상징으로 보았는데, 처음부터 미로가 순례의 한 형태로 사용된 것은 아니었고 시간이 흐르면서 그 의미가 변화한 것으로 추측된다.

십자군 전쟁으로 성지 방문이 어려워지면서 성지 순례를 대신하는 십자가의 길 기도 신심이 발전하고, 미로도 '예루살렘으로 가는 길Chemins de Jerusalem'을 대신하게 되었다. 예루살렘 성지에 갈 수 없는 그리스도교인들은 미로를 걷고, 때로는 통회하는 마음으로 무릎을 꿇고 미로를 따라가며 예수 그리스도의 수난을 묵상했다.[2]

미로는 길을 벗어나지 않고 따라가면 결국 중앙에 도달하는 구조로 설계되어 있는데, 미로의 중앙은 대개 천국을 상징한다. 하느님께 나아가는 길을 묵상하기에 참으로 적절하고 아름다운 구조가 아닌가! 미로에는 오직 하나의 입구와 출구만 존재하며, 그 안의 길은 매우 좁다. 곧 하느님께로 나아가거나 하느님에게서 멀어지는 하나의 길만이 있다. "길이신 주님께로 나아가는 길은 오직 하나지만, 그 길 위에는 고난과 시련이 있다. … 그러나 미로 속에서 헤매고 있을지라도 우리 앞에는 항상 주님의 나라가 있으며, 그 길을 따라가기만 하면 언젠가는 원하는 곳에 도달할 수 있다."[3]

그러나 모든 이들이 이런 종류의 명상 기도를 편하게 받아들이는 것은 아니다. 일부 가톨릭 신자들은 미로가 이교적이거나 뉴에이지 사상과 연관된 것이라고 우려를 표한다. 따라서 직접 만든 미로나 그리스도교 성지나 성당에 있는 미로 외에 배경이 의심스러운 미로는 피하는 것이 좋다.

미로에서의 기도 방식은 개인의 신심에 따라 선택할 수 있다. 묵주기도나 십자가의 길을 묵상하는 방법도 있고, 예수님께서 십자가 위에서 하신 마지막 일곱 말씀이나 성모칠고 같은 가톨릭교회의 모든 전통을 묵상할 수도 있다. 미로를 걸으면서 주님과 대화를 나누며 자신의 고민에 대한 해답을 찾는 것도 훌륭한 방법이다. 요즘은 손에 들고 걸을 수 있는 휴대용 미로부터 땅에 직접 설치할 수 있는 미로 키트까지 있으니 선호하는 방법에 따라 미로를 활용해 보면 좋겠다.

정원에 미로를 직접 만들고 싶다면, 7개 또는 14개의 동심원으로 구성된 단순한 형태를 추천한다. 7은 성경에서 중요한 의미가 있는 숫자고, 14는 십자가의 길 14처를 뜻할 수 있다. 개인적으로는 잔디 미로가 주는 편안한 형태와 분위기를 선호한다. 땅에 홈을 내듯 얕게 파서 잔디를 심어 길을 만들고, 자연석이나 폭이 좁은 포장재로 경계를 표시한다. 자연석이나 포장재 높이가 낮으면 잔디 깎는 기계가 쉽게 지나갈 수 있어 관리하기가 쉽다. 이런 디자인의 미로는 정원 한가운데 배치할 수 있어서 가정에서도 쉽게 조성할 수 있다. 미로의 입구나 중앙에 벤치를 두거나, 중앙에 나무를 심고 그 둘레에 원형 벤치를 설치하는 방법도 있다.

성물 배치하기

나는 정원에 나무로 만든 작은 성물함을 놓고, 그 안에 좋아하는 성물을 보관하곤 한다. 가끔은 기도문을 적은 종이를 접어서 성물함 안에 넣기도 한다. 성물함 만들기는 아주 간단하고 쉽다. 유리문이 달린 투명한 직사각형 랜턴이나 나무 상자 또는 아래에 소개할 새집 등을 활용할 수 있다.

성물함 안에 작은 성상을 넣고 성상 주변을 장식하거나, 이콘, 예수성심, 성모성심 이미지를 배치하는 방법도 있다. 안에 무엇을 넣든 방수 스프레이를 뿌려 보호하는 것이 좋으며, 이콘이나 기도 카드 등을 넣을 때는 이왕이면 크고 잘 보이는 것을 고른다.

다음은 대형 새집을 활용해 성물함을 만드는 방법이다.
① 새집의 앞면을 제거한 다음, 방수 실리콘으로 이음새를 밀봉하고 내부를 흰색이나 밝은색으로 칠한다.
② 성화나 기도 카드 겉면을 코팅하거나 래미네이팅 처리한 후, 뒷면 모서리에 방수 실리콘을 발라 새집 안쪽 벽면에 부착한다.
③ 새집 안에 작은 양초나 LED 티라이트를 넣어 두면 따뜻한 분위기를 연출할 수 있다.
④ 기도하는 자리 근처에 있는 기둥이나 나무 위에 설치한다.

정원의 유형

영성을 위한 정원에서 식물과 인간은 함께 성장한다. 인간은 거룩한 공간에서 자신의 내면을 마주한다. 거룩한 공간은 우리가 소란한 세상에서 벗어나 보호받고 쉴 수 있는 안식처로, 성전이 될 수도 있고 정원이 될 수도 있다. 우리는 그곳에서 기도하고, 활력을 되찾고, 과거를 돌아보며 초심을 되찾는다. 우리의 몸과 마음, 그리고 영성을 돌볼 수 있는 대표적인 정원의 유형은 다음과 같다.

1. 치료 정원
몸과 마음을 치료하는 재활 공간이다. 이곳에서 사람들은 자연과 적극적으로 교감하고 정원을 돌보면서 신체와 정신을 회복한다. 원예치료사는 이 정원을 활용해 환자를 치료하거나 회복 요법을 시행한다. 치료 정원은 병원이나 재활시설 안에 조성되는 경우가 많으며, 환자에게만 개방되고 외부인의 출입은 제한된다.

2. 치유 정원
치유 정원은 치료 정원과 비슷하지만 한 가지 중요한 차이점이 있다. 치유 정원에서는 물리적인 활동을 하거나 자연을 직접 가꾸지는 않는다. 이곳은 일종의 야외 명상 공간으로, 환자들이 심신의 스트레스를 완화하고 내면을 새롭게 할 수 있도록 돕는다. 또한 몸이 회복되는 동안 영혼도 다시 건강해질 수 있도록 한다. 이러한 정원은 병원이나 요양원 등에 많이 있으며, 대개 공공시설이지만 개인이 운영하기도 한다. 약용식물을 재배하거나 아로마 요법을 활용하는 정원도 치유 정원의 한 유형이다.

3. 명상·기도 정원

마음 모으기, 올바른 성찰, 내적 쇄신을 위한 정원으로, 정원 설계자나 방문객의 종교 또는 철학적 신념이 반영될 수 있다. 정원에 축복받은 성물을 배치하는 경우가 많다. 기도 정원의 종교적 요소가 치유 정원에 포함되는 일도 종종 있다. 기도 정원은 공공 공간이자 사적 공간이 될 수 있다.

4. 추모 정원

특정한 인물, 단체, 사건을 기리고 추모하는 공간이다. 추모 정원은 어떤 대상에 우리의 마음을 집중한다는 의미에서 본질적으로 명상적인 성격을 갖는다. 개인적인 공간일 수도 있고 공공에 개방될 수도 있다.

살펴본 바와 같이, 정원의 목적과 유형은 서로 중첩될 수 있으며, 정원의 개념과 조성 방식도 공공 정원과 개인 정원에 모두 적용될 수 있다. 따라서 정원을 만들 때는 해당 공간을 어떻게 활용할 것인지, 목적이 무엇인지 먼저 생각하고 계획을 유연하게 세울 필요가 있다.

구상 단계에서는 공용 공간으로 할지, 본인이나 가족, 친구를 위한 개인 공간으로 사용할지를 먼저 결정한다. 개인 정원의 경우 어떤 요소가 내 마음을 집중시키고 경건하고 평화롭게 이끄는지 살핀다. 공용 정원은 방문하는 사람들의 기대와 사용 목적을 고려해야 하며, 해당 지역과 공동체의 규정도 준수해야 한다.

축복받은 성물 폐기하기

가톨릭 신자들은 묵주, 성상, 성수 등의 성물을 사제로부터 축복받아 사용한다. 이를 '준성사'라고 하며, 《가톨릭 교회 교리서》는 다음과 같이 설명한다. "준성사는 성사처럼 성령의 은총을 주지는 못한다. 그러나 교회의 기도를 통하여 은총을 받을 수 있도록 준비하고 은총에 협력하도록 결심하게 한다"(1670항).

모든 축복받은 물건은 경건하게 사용해야 하며, 더 이상 사용할 수 없게 되거나 기능을 잃으면 물건이 부정하게 훼손되지 않도록 잘 폐기해야 한다. 폐기 방식은 성물의 재질에 따라 다르지만, 모든 경우 해당 물건을 그 본래의 자연적 상태로 돌려보낸다는 원칙을 따른다.

- 오염된 성수는 사람이 다니지 않는 땅에 구멍을 파고 그곳에 붓는다.
- 나무나 종이에 그려진 성화, 성경, 성지聖枝 등 가연성 물건은 불에 태운 후 남은 재를 사람이 다니지 않는 땅에 묻는다.
- 정원에 둔 성상이 풍화되고 부서지면 오래된 성상은 새것으로 교체하고, 기존 성상은 원형을 알아볼 수 없도록 작게 부순다. 흙으로 만든 성물과 마찬가지로 사람 발길이 닿지 않는 땅에 묻는다.
- 금속으로 제작된 성물은 성물 전문 보석상 등의 도움으로 녹여서 새로운 용도로 사용할 수 있다.
- 세례자 요한의 축일 전날인 6월 23일에는 모닥불을 피워 폐기할 성물을 태우는 관습이 있으며, 이때 타고 남은 재는 땅에 묻는다.

묵주기도 정원의 색상

아래 표는 가톨릭교회에서 묵주기도 신비를 상징하는 전통적인 색상과 색이 미치는 심리적 영향에 대해 현대적으로 해석한 내용을 요약한 것이다 색상 이론에 대한 자세한 내용은 다음에 이어지는 '기도의 정원 만들기' 편을 참고한다.

	전통	현대
환희의 신비	흰색	금색 또는 주황색
빛의 신비	보라색 또는 진한 암적색	흰색과 노란색
고통의 신비	빨간색	진한 암적색 또는 보라색
영광의 신비	노란색	파란색

환희의 신비

1단 마리아께서 예수님을 잉태하심을 묵상합시다.
2단 마리아께서 엘리사벳을 찾아보심을 묵상합시다.
3단 마리아께서 예수님을 낳으심을 묵상합시다.
4단 마리아께서 예수님을 성전에 바치심을 묵상합시다.
5단 마리아께서 잃으셨던 예수님을 성전에서 찾으심을 묵상합시다.

빛의 신비

1단 예수님께서 세례 받으심을 묵상합시다.

2단 예수님께서 카나에서 첫 기적을 행하심을 묵상합시다.

3단 예수님께서 하느님 나라를 선포하심을 묵상합시다.

4단 예수님께서 거룩하게 변모하심을 묵상합시다.

5단 예수님께서 성체성사를 세우심을 묵상합시다.

고통의 신비

1단 예수님께서 우리를 위하여 피땀 흘리심을 묵상합시다.

2단 예수님께서 우리를 위하여 매 맞으심을 묵상합시다.

3단 예수님께서 우리를 위하여 가시관 쓰심을 묵상합시다.

4단 예수님께서 우리를 위하여 십자가 지심을 묵상합시다.

5단 예수님께서 우리를 위하여 십자가에 못 박혀 돌아가심을 묵상합시다.

영광의 신비

1단 예수님께서 부활하심을 묵상합시다.

2단 예수님께서 승천하심을 묵상합시다.

3단 예수님께서 성령을 보내심을 묵상합시다.

4단 예수님께서 마리아를 하늘에 불러올리심을 묵상합시다.

5단 예수님께서 마리아께 천상 모후의 관을 씌우심을 묵상합시다.

십자가의 길

가정 정원에 십자가의 길을 조성할 경우, 숫자를 적은 원목 블록이나 글자판을 활용해도 좋고 성전에서 흔히 볼 수 있는 그림이나 부조 작품을 사용할 수도 있다. 각 처에 어울리는 식물 가운데 기후에 적합한 것을 선택해 장식하면 더욱 의미 있는 기도 공간을 만들 수 있을 것이다.

제1처 예수님께서 사형 선고 받으심을 묵상합시다.
제2처 예수님께서 십자가 지심을 묵상합시다.
제3처 예수님께서 기력이 떨어져 넘어지심을 묵상합시다.
제4처 예수님께서 성모님을 만나심을 묵상합시다.
제5처 시몬이 예수님을 도와 십자가 짐을 묵상합시다.
제6처 베로니카, 수건으로 예수님의 얼굴을 닦아드림을 묵상합시다.
제7처 기력이 다하신 예수님께서 두 번째 넘어지심을 묵상합시다.
제8처 예수님께서 예루살렘 부인들을 위로하심을 묵상합시다.
제9처 예수님께서 세 번째 넘어지심을 묵상합시다.
제10처 예수님께서 옷 벗김 당하심을 묵상합시다.
제11처 예수님께서 십자가에 못박히심을 묵상합시다.
제12처 예수님께서 십자가 위에서 돌아가심을 묵상합시다.
제13처 제자들이 예수님 시신을 십자가에서 내림을 묵상합시다.
제14처 예수님께서 무덤에 묻히심을 묵상합시다.

신심 행위 안내

1. 요일별 묵상

    일요일   지극히 거룩하신 삼위일체, 부활, 영광의 신비

    월요일   성령, 연옥 영혼, 환희의 신비

    화요일   천사, 고통의 신비

    수요일   성 요셉, 영광의 신비

    목요일   성체성사 제정, 빛의 신비

    금요일   그리스도의 수난, 지극히 거룩하신 예수 성심, 고통의 신비

    토요일   천사들의 모후이신 마리아, 원죄 없이 잉태되신 성모 성심, 환희의 신비

2. 월별 신심

    1월   예수의 거룩한 이름, 아기 예수

    2월   성가정(전통적으로 그리스도의 수난을 기념한 달)

    3월   성 요셉(한국 천주교회에서는 '성 요셉 성월'–옮긴이)

    4월   축복받은 성찬례(전통적으로 주님의 부활을 기념한 달)

    5월   성모 마리아(한국 천주교회에서는 '성모 성월'–옮긴이)

    6월   지극히 거룩하신 예수 성심(한국 천주교회에서는 '예수 성심 성월'–옮긴이)

    7월   지극히 거룩하신 예수님의 성혈

    8월   원죄 없이 잉태되신 성모 성심

    9월   성모 마리아의 일곱 가지 슬픔과 고통(전통적으로 수도회를 위해 기도한 달; 한국 천주교회에서는 '순교자 성월'–옮긴이)

    10월   묵주기도와 천사(한국 천주교회에서는 '묵주기도 성월'–옮긴이)

    11월   연옥 영혼(한국 천주교회에서는 '위령 성월'–옮긴이)

    12월   원죄 없이 잉태되신 동정 마리아와 예수 성탄

토리노 수의와 꽃의 흔적

토리노 수의는 십자가에서 내려진 예수님의 시신을 감쌌던 천으로 알려져 있다. 과학자들은 19세기 말부터 이 수의에 대해 조사를 시작했다. 연구에 참여한 식물학자들은 수의에서 발견된 꽃가루와 식물의 흔적이 계절과 지역에 대한 단서가 될 수 있음을 확인했다.

수의에서 발견된 4가지 식물은 중요한 의미를 지닌다. 연구자 다닌과 바루흐는 '이 식물들이 함께 나타나는 곳은 지구상에서 단 한 곳, 예루살렘 인근의 유대 산지와 광야뿐'이라고 보고했다.[4]

이 전문가들은 수의에서 총 36종의 식물을 확인했다(36종 이상이 발견되었으나 아직 명확한 종 분류 작업은 이루어지지 않았다). 그들은 천에 남아 있는 꽃의 형상과 꽃가루가 예수님의 머리가 놓였을 것으로 추정되는 자리에 집중되어 있음을 밝혀냈고, 수의의 다른 부분에서도 꽃가루와 식물 조각을 발견했다.[5]

식물학자들은 수의의 진위를 연구하거나 이에 대해 의문을 제기하는 사람들이 흥미롭게 여길 만한 몇 가지 사실을 발견했다.

- 발견된 식물은 모두 이스라엘에서 자생하는 것으로, 그중 20종은 예루살렘에서, 다른 8종은 유대 광야와 사해 연안에서 자란다.
- 이들 중 일부는 유럽에서도 발견되지만, 14종은 중동 지역에서만 서식한다.
- 27종은 유대인들의 봄 파스카 축제 기간에 개화한다.
- 콩 케이퍼*Zygophyllum dumosum*는 수의에서 형상과 꽃가루가 모두 발견된 식물로, 이스라엘, 요르단, 시나이 반도에서만 자생한다.
- 방랑초는 예수님의 가시관 형상이 남아 있는 수의 머리 부분에서 발견된 식물로 수의에서 발견된 꽃가루 가운데 가장 양이 많으며, 수의가 사용된 계절을 암시한다.

토리노 수의에서 발견된 식물[6]

학명	일반명
Anabasis aphylla	아나바시스
Acacia albida	아카시아
Artemisia herba-alba	흰쑥
Atraphaxis spinosa	아트라팍시스
Capparis ovata	케이퍼
Carduus	지느러미엉겅퀴
Cedrus libanoticus	백향목
Echinops glaberrimus	절굿대
Fagonia mollis	파고니아
Gundelia tournefortii	방랑초
Haplophyllum tuberculatum	운향
Hyoscyamus reticulatus	사리풀
Linum mucronatum	아르메니아 아마
Paliurus spina-christi	지중해 갯대추나무
Prosopis farcta	시리아 메스키트
Reaumuria hirtella	로무리아
Ricinus communis	피마자
Scabiosa prolifera	카멜 데이지
Scirpus	고랭이
Secale	호밀
Secale	나문재
Tamarix	위성류

기도의 정원 만들기

조경 의도 파악하기

색상 이론

디딤돌 만들기

기도의 정원 일지 기록하기

조경 의도 파악하기

> 인간은 땅의 생명력을 한순간도 마음대로 할 수 없지만,
> 그럼에도 땅은 우리에게 손에 흙을 묻히고 일하라고 부른다.
> 그러나 정원사는 그 찰나의 순간을 거룩하게 활용할 줄 안다.
>
> – 톰 잠피노(시인, 2021)

다음 질문들은 독자 여러분의 정원 구상을 구체화하고 통찰을 얻도록 도와줄 것이다. 뻔한 질문 같아 보일 수 있지만, 실제로 고민하고 답을 생각해 보는 것과 하지 않는 것에는 큰 차이가 있다. 직접 답을 글로 작성하며 생각을 정리해 보자.

① 정원을 방문하는 이유는 무엇인가? 마음의 안정을 위해서인가, 미적 아름다움을 즐기기 위해서인가? 다른 이들과 함께 시간을 보내거나 하느님과 만나기 위해서인가? 또는 마음에 활력을 얻기 위해서인가?

② 기도의 정원을 조성하는 이유는 무엇인가? 마음에 평화를 얻기 위해서인가, 일상에서 벗어나기 위해서인가? 아니면 홀로 있는 시간을 마련하기 위해서인가?

③ 정원은 누구를 위한 공간인가? 나만을 위한 것인가 아니면 모두를 위한 것인가? 또는 고인을 추모하기 위한 장소인가?

④ 정원의 용도는 무엇인가? 추모나 피정, 묵상을 위한 공간인가? 어떻게 사용할 것인가?

⑤ 공간을 어떻게 이용할 것인가? 주로 앉아서 기도하는 공간인가 아니면 산책을 위한 공간인가? 아침 또는 저녁 중 언제 이용할 것인가? 외부인에게 개방할 것인가?

⑥ 정원의 위치는 어디인가? 차고 뒤편인가, 소나무 숲 근처인가? 성당 건물 옆 공터인가?

이제 여러분의 답변을 읽어 보면서 공통으로 등장하는 단어나 주제를 찾아보자. 답변의 의도나 목적에는 일관성이 있어야 한다. 핵심 단어들에 동그라미를 치고 요약하며 마음을 모아 기도해 보자. 여러분의 답변에 담긴 의도가 정원 구상의 기초가 될 것이다.

1. 영적인 감정 찾기

이 단계는 여러분을 기도로 이끄는 아이템을 파악하기 위한 과정이다. 정원의 어떤 요소가 영적인 느낌을 주는지, 창조주와 연결되어 있다고 느끼게 하는지 생각해 본다. 성인이나 천사의 조각상, 그림, 십자가의 길과 같은 성물이 대표적인 예다.

필자는 몇 년 전 영적인 조경의 역사와 설계에 대한 교육 프로그램에[1] 참여한 적이 있는데, 그때 배웠던 것들 가운데 개인적으로 조금 수정해서 지금까지 잘 활용하고 있는 기법 하나를 소개한다.

종이에 표 하나를 그린 다음 세 열을 만들고, 각 열 상단에 다음과 같이 적는다.

아이템	속성	감정

첫 번째 열에는 정원에 배치하고 싶은 아이템을 적는다. 물, 새, 돌, 노란 꽃, 파란 금속 볼 등 머릿속에 떠오르는 대로 자유롭게 적어 본다. 종교색을 띠는 요소보다는 종교적 요소와 조화를 이룰 만한 자연물이나 주변 환경에 집중해 본다.

두 번째 열에는 각 아이템의 특징과 속성을 적는다. 가령 돌은 '단단함', '정지됨', '움직이지 않음', 파란 금속 볼은 '되비침', '깨지기 쉬움'의 속성을 갖는다. 각 아이템을 어떻게 표현할 수 있는지 곰곰이 생각하고 적어 본다.

세 번째 열에는 아이템이 불러일으키는 감정을 기록한다. 이는 여러분이 정원에서 어떤 감정을 수련하고자 하는지에 대한 것이므로, 시간을 충분히 들여 숙고하기를 권한다. 같은 아이템이라도 사람마다 느끼는 감정은 다를 수 있다. 가령 단단하고 움직이지 않는 바위는 '강함', '신뢰' 같은 긍정적인 감정을 줄 수 있지만, '차가움', '경직됨' 같은 부정적인 감정을 유발할 수도 있다. 개인적으로는 정원에 큰 바위가 있는 것을 좋아하는데, 어떤 이들은 이를 '덩그러니 놓인 돌덩어리'처럼 느껴 거부감을 표현하기도 한다.

이 과정에는 정답이나 오답이 없다. 무엇이 다른 이의 마음에 들지 생각하지 말고, 자신의 느낌을 솔직하게 답한다. 선명한 오렌지색 꽃이 다른 이들의 눈에는 예뻐 보여도 당신은 선호하지 않을 수 있고, 오렌지에 알레르기가 있다면 그 색이나 향에 부정적인 감정을 느끼는 것은 자연스러운 반응이다.

예시

아이템	속성	감정
돌	단단함, 정지됨, 고정됨	강함, 안정됨
파란 금속 볼	되비침, 깨지기 쉬움	고요함
키가 큰 풀	흘러감, 빠른 성장, 움직임	솔직함

향기도 정원 조성에 중요한 요소다. 지금까지 작성한 내용 아래에 새로운 표를 만들고, 첫 번째 열에 좋아하는 꽃의 향기, 특정 기억을 떠올리게 하는 향기, 향기가 전달되는 방식을 적는다. 가령 백합은 '공기'를 통해, 라벤더는 '접촉'을 통해, 꽃냉이는

'공기와 열'에 의해 향기가 퍼진다.

향기는 오직 후각으로만 느껴지기 때문에 시인처럼 표현력이 뛰어난 사람이 아니라면 그 특징을 묘사하기란 쉽지 않을 수 있다. 향기는 매우 개인적이며 주관적인 감각이다. 가령 오리엔탈 백합 '스타게이저'의 강렬한 향기는 어떤 이에게는 천상의 향이지만, 다른 이에게는 불쾌한 어지럼증을 유발할 수 있다.

후각은 다른 감각보다 인간의 심리에 더 직접적인 영향을 미치기 때문에 세 번째 열을 채우기는 비교적 쉽다. 나는 딜dill 향기를 맡을 때마다 어린 시절 할머니와 피클을 만들기 위해 밭에서 함께 딜을 따던 포근한 기억이 떠오른다. 정원에 핀 딜을 손으로 '문지르면' 사랑받았던 어린 시절의 기억이 새록새록 되살아난다. 정원의 향기를 고려할 때는 좋아하는 향뿐만 아니라 싫어하는 향도 함께 생각한다.

어떤 사람은 히아신스 향에 두통을 느끼거나 파피라케우스 수선화의 짙은 향에서 고양이 배변통 냄새를 떠올리기도 한다. 특정 향에 부정적으로 반응한다면 첫 번째 열에 식물 이름을 적고, 세 번째 열에 빨간색으로 가위표를 해 둔다. 이런 요소를 미리 고려하면 의도치 않게 불쾌한 향의 식물을 심는 일을 막을 수 있다.

표의 마지막 부분은 색에 관한 내용이다. 새로운 표를 또 하나 만들어 다양한 색상을 나열한 다음, 어떤 색이 자신에게 특정 감정을 불러일으키는지 탐색한다.

어떤 색연필 브랜드는 '녹색', '금색', '살구색' 대신 '아즈텍 골드', '정글 그린', '카네이션 코랄' 같은 개성 있는 이름을 사용한다. 이런 독창적인 명칭은 색을 더욱 감각적으로 인식하게 하고, 직관적인 반응을 이끌어 낸다. 정원에서도 녹색은 단순한 배경 그 이상이다. 초록 자체가 하나의 색이며, 그 속에는 수많은 빛깔이 변주된다. 색의 미묘한 차이를 살피다 보면 자신을 사로잡는 영감을 발견하게 된다.

2. 영감의 선택과 집중

마지막 단계는 정원에 필요한 것과 정원에 배치하고 싶은 것의 범위를 좁히는 과정이다. 지금까지 작성한 내용을 다시 살펴보면서, 특히 '감정'을 중심으로 내가 만들고자 하는 공간의 방향성에 부합하는 단어에 동그라미를 친다.

나열된 감정의 종류가 많겠지만 처음 설정한 공간 의도와 가장 어울리는 감정만 선택한다. 공간의 목적이 삶에 활력을 얻기 위한 것이라면 '감동', '기쁨' 같은 단어를, 조용한 안식처를 원한다면 '고요', '사색' 같은 단어를 고른다.

이제 표의 왼쪽으로 이동해 선택한 감정을 유발하는 아이템이 무엇인지 확인한다. 그 아이템들이 여러분의 공간을 구성하는 기본 요소가 될 것이다. 해당 아이템에 밑줄을 그어 잘 보이게 표시한다.

이로써 기도 공간을 정의하는 중요한 단계가 끝났다. 공간을 어떻게 활용하고, 그곳에서 어떤 감정을 얻고자 하며, 이를 위해 어떤 것들을 배치할지를 모두 파악한 것이다. 다음 단계는 이 책의 시작 부분으로 돌아가, 이 새로운 자기 인식을 바탕으로 당신의 거룩한 정원을 만드는 여정을 이어가면 된다. 지금부터는 성상, 철제 십자가, 작은 나무 성물함, 혹은 다른 성물을 배치하고 그 주변에 어울릴 식물을 심고 보살필 차례다.

색상 이론

색은 기도 공간의 분위기 형성에 큰 영향을 미친다. 색은 인간의 영성에 광범위한 영향을 미치며 개인적·문화적 요인과도 밀접한 연관이 있다. 중요한 것은 특정 색이 불러일으키는 감정이 여러분이 조성하려는 공간의 의도와 일치해야 한다는 것이다.

여기서는 먼저 기본적인 색상 이론을 소개하고, 각 색상이 주는 일반적인 느낌과 영적인 의미를 설명하고자 한다. 가톨릭교회에서는 특정 축일이나 시기에 따라 일정한 전례색을 사용하며, 이는 미사를 집전하는 사제의 제의나 제대보의 색을 보면 알

수 있다. 기도 정원에서 화분, 화병, 천, 양초의 색을 전례색에 맞춰 배치하면 공간의 의미를 더 강조할 수 있다.

색상환은 1차색, 2차색, 3차색을 순서대로 배치한 원형 도표로, 유사색은 서로 인접해 있고 보색은 반대편에 있다. 색 조합은 디자인의 영역이나, 여러분이 정원에서 경험하는 감정에 영향을 미치기 때문에 이 부분에 대해 이해하는 것은 매우 중요하다. 색상환에서 기본이 되는 색은 1차색 3가지이며, 1차색을 기반으로 다른 모든 색이 만들어진다.

1차색

빨강, 노랑, 파랑 3원색을 말한다. 이 3가지를 희석하지 않고 그대로 사용할 때, 가장 강렬한 감정을 유발한다.

2차색

주황, 초록, 보라 3가지 색을 말한다. 1차색이 혼합되어 만들어지며, 1차색이 주는 강렬한 감정을 부드럽게 순화한다. 생기와 활기를 주는 노란색과 사색적이고 침착한 느낌의 파란색을 섞은 초록색은 강렬한 감정을 차분하게 만들고 안정감을 준다.

3차색

청록색, 다홍색처럼 1차색과 2차색을 섞어 만든 6가지 색을 말한다. 1차색, 2차색, 3차색이 합쳐져 기본적인 12색상환을 이룬다. 3차색 역시 2차색과 마찬가지로 원색이 주는 감정을 완화하는 효과가 있다.

유사색

12색상환에서 서로 인접한 2-4가지 색을 조합하는 방식이다(연두색, 노란색, 귤색 등). 유사색을 함께 배치하면 그중 하나가 시각적으로 더 돋보이는 경향이 있다. 가령 주황색 금잔화, 다홍색 원추리, 귤색 마리골드를 함께 심으면 금잔화가 중심이 되고, 원추리와 마리골드가 금잔화의 주황색을 강조하는 역할을 한다. 유사색 조합은 조화로움에서 오는 평화로운 분위기를 만든다.

보색

색상환에서 서로 반대편에 있는 2가지 색 조합을 말한다(예를 들어 빨간색과 초록색, 자주색과 연두색). 보색은 강한 대비로 안정감과 균형감을 연출하고, 정원에 활기와 생동감을 더한다. 색 조합을 결정할 때는 정원의 목적을 다시 한번 떠올려 보자. 활력과 에너지를 원한다면 보색을, 평온한 마음을 원한다면 유사색을 활용하는 것이 좋다.

단색

하나의 색에서 다양한 색조와 음영을 사용하는 방식이다. 유사색 배색과 마찬가지로 단색 역시 조화롭고 차분한 느낌을 준다. 색상 선택은 정원이 주는 감정적 에너지에 영향을 미친다. 활력이 느껴지는 정원을 원한다면 다홍색, 주황색, 복숭아색, 노란색이 적합하고, 차분하고 안정적인 분위기를 추구한다면 파란색, 회색, 은색 계열이 좋다.

    단색 정원을 조성하기는 쉽지 않지만, 잘 꾸미면 매우 세련되고 우아한 분위기를 연출할 수 있다. 다만 주의할 점이 있다. 단색 정원은 종종 지나치게 장식된 느낌을 줄 수 있다. 밝은색을 과하게 사용하면 화려해 보일 수 있고, 어두운색으로만 꾸미면 탁하고 무거운 분위기가 될 수 있으므로 균형을 잘 맞추는 것이 중요하다.

다색

여러 가지 색을 활용하면 축제나 파티처럼 활기찬 분위기를 연출할 수 있다. 주로 어린이를 위한 정원이나 어린이 추모 공간에 다색 배색 방식을 활용한다.

차가운 느낌을 주는 색

녹색, 파란색, 보라색 계열의 색으로 빨간색이나 노란색보다 더 차분하고 안정감 있는 느낌을 준다. 차가운 느낌을 주는 색은 멀리서 보면 배경에 스며들 듯 주변 색에 묻히기 쉬우므로 가까이에서 보이는 곳에 두는 것이 좋다.

따뜻한 느낌을 주는 색

노란색, 주황색, 빨간색 계열의 색으로 차가운 느낌을 주는 색보다 활기와 열정이 느껴지며, 멀리서도 눈에 잘 띈다.

파스텔색

흰색이 섞인 밝은 색조로, 중심이 되는 색의 느낌을 부드럽고 차분하게 만든다. 대부분의 따뜻한 색처럼 그늘진 부분에 밝은 빛을 끌어들이는 효과가 있다.

고채도/저채도 색

채도가 높은 색은 대담하고 생동감 있는 느낌을 주며, 보는 이에게 강렬한 감정을 유발한다. 반면 채도가 낮은 색은 부드럽고 무난한 이미지를 연출한다. 저채도 색은 강한 햇빛 아래서는 희미해 보일 수 있으므로 직사광선이 강하게 드는 곳에서는 진한 녹색 같은 강렬한 고채도 색을 사용하는 것이 효과적이다.

녹색

정원에서 가장 많이 볼 수 있는 색이다. 희망의 덕을 상징하는 녹색은 성장, 풍요, 재생, 조화, 평온, 휴식, 균형을 나타낸다. 우리가 그 필요를 의식하기도 전에 잠시 멈춰 마음속으로 숨을 고르게 하는 매력이 있다. 전례에서는 주님 세례 축일 후부터 사순 시기 전까지, 성령 강림 대축일 이후부터 대림 시기 전까지의 연중 시기에 사용한다.

파란색

세계를 관조하도록 이끄는 청량한 색으로, 하늘과 물을 상징한다. 우리의 시선을 저 너머로 인도한다. 마음을 가라앉히고 편안하게 하며, 열린 자세와 소통, 기도를 북돋운다. 파란색은 성모 마리아를 대표하는 색이기도 하다.

보라색

묵상을 불러일으키며 목적의식이 뚜렷한 색이다. 파란색의 차분함, 명료함, 포용성과 빨간색의 집중력, 에너지를 모두 담고 있으며, 영감과 창의성을 자극한다. 전례에서는 대림과 사순 시기(어떤 지역에서는 대림 시기에 청보라색, 사순 시기에 진보라색 사용), 위령미사에 사용한다(이때는 검은색도 가능). 보라색은 준비, 참회, 슬픔, 애도를 상징한다. 대림 3주일과 사순 4주일에는 보라색 대신 장미색을 사용해 기쁨을 표현한다.

빨간색

가장 따뜻한 색으로 강렬한 에너지와 열정을 담고 있다. 외향적이고 활동적이며, 활력, 힘, 번영을 상징한다. 빨간색 중 진한 암적색은 신비로운 느낌을 주며, 파란색과 감정적으로 반대되는 효과를 지닌다. 에너지가 강한 색이므로 기도의 정원에서는 아주 조금만 넣는다. 전례에서는 주님 수난 성지 주일, 성금요일 등 주님 수난 시기와 순교자 축일, 성령 강림 대축일에 쓰인다. 생명의 피로 상징되는 희생, 사랑, 불, 열정, 성령을 나타낸다. 추기경은 평상복으로 빨간색 옷을 입는다.

노란색

순수함과 밝음을 상징하며, 가장 눈에 띄는 색이다. 지적 에너지로 가득 차 있으며, 지혜와 기쁨, 행복과 배려, 성령의 비추심을 상징한다. 마음에 깨달음과 명료함을 가져다주는 색이다.

주황색

호기심과 탐구심을 자극한다. 변화를 상징하는데, 빨간색이 연상시키는 급진적인 변화가 아닌 신중한 변화의 역동을 나타낸다. 창의력과 활기를 드높인다.

흰색

성령, 진리, 거룩함의 색으로 순결, 순수, 호의를 나타낸다. 흰색은 우리가 색을 인식하는 방식에서 다른 색에 영향을 미치기 때문에, 관계에 대해 가르침을 준다. 흰색은 그 자체로 색이 아니라, 모든 색이 지닌 에너지가 완전히 드러난 상태이다. 성령의 완전함을 설명하기에 더없이 탁월하다. 정원을 구상할 때 흰색을 10% 정도 넣으면 다른 색을 더 돋보이게 만들 수 있다. 전례에서는 성탄과 부활 시기 그리고 주님, 성모님, 천사, 순교자가 아닌 성인의 축일, 모든 성인 대축일에 사용한다. 혼인 미사, 장례 미사에도 쓰인다. 흰색은 순결, 순수, 동정성, 기쁨, 미덕, 승리를 상징한다. 교황의 평상복도 흰색이다. 종종 은색과 금색이 흰색과 함께 쓰이거나 흰색을 대체한다.

검은색

신비로운 분위기를 자아내는 색이다. 검은색은 은유 또는 형태주의 심리학에서 잠재력이 가득한 무한함을 상징한다. 흰색과 마찬가지로 검은색도 그 자체는 색이 아니라, 모든 색을 흡수한 상태다. 검은색은 모든 색을 숨긴다. 정원에서는 완전한 검은색보다는 고채도의 보라색 같은 색조가 활용된다. 어두운 곳에서는 잘 드러나지 않기 때문에 가까이에서 볼 수 있는 지점에 강조하는 정도로 사용하는 것이 좋다.

회색

비어 있는, 움직임과 감정이 없는 색이다. 편안함, 성숙함, 안정감을 선사한다. 강렬한 고채도 색을 중화하기에, 회색이나 은빛 잎을 가진 식물을 정원에 심으면 눈의 피로를 덜어 준다.

디딤돌 만들기

디딤돌은 정원에 창의력을 표현할 수 있는 좋은 방법이다. 시멘트와 자연 소재를 활용해 개성을 더해 보자. 정원 가꾸기 강좌를 진행하면서 가장 좋은 반응을 얻었던 것은 디딤돌을 활용해 정원에 묵주기도 공간을 만드는 방법이었다. 한 수강생은 강좌가 끝난 후 디딤돌을 14개 만들어서 집 정원에 십자가의 길을 조성하기도 했다.

먼저 디딤돌에 넣을 다양한 재료를 수집한다. 조개껍질, 유리구슬, 스테인드글라스 조각, 모자이크 타일 조각, 작은 돌, 금속 물체 등 종류는 무궁무진하다. 비바람에 손상되지 않고 밟고 지나가도 깨지지 않을 정도로 단단해야 한다.

디딤돌을 만들 때 틀과 글자 스탬프 등이 포함된 디딤돌 제작 키트를 사는 방법도 있고, 직접 제작하는 방법도 있다. 직접 만들 경우에는 시멘트가 흐르거나 묻어도 상관없는 장소에서 작업을 진행한다. 야외 작업 공간이 있지만 호스로 물을 끌어올 수 없거나 시멘트 얼룩이 남으면 곤란한 경우에는 비닐 등을 깔고 작업한다.

비용을 들이지 않고 틀을 만들고 싶다면 가로와 세로 길이가 30cm인 상자를 구한 다음, 상자 옆면을 접착력이 강한 테이프로 2-3회 감아 단단하게 고정한다. 나무로 틀을 만들 경우, 시멘트가 나무에 붙지 않도록 안쪽에 비닐을 깔아 둔다. 플라스틱 용기를 활용해도 좋은데 이때도 비닐을 깔거나 안쪽 면에 바셀린을 발라 시멘트가 마른 뒤 쉽게 떼어 낼 수 있도록 한다. 직접 만든 디딤돌은 기성품보다 훨씬 소박하고 자연스러워 보인다.

시멘트를 반죽하기 위해서는 1L 크기의 양동이나 그릇, 호스, 물통, 방수 장갑, 마스크, 보안경이 필요하다. 시멘트에 물을 섞어 반죽하는 동안 가루가 날릴 수 있으므로 눈, 코, 입을 가릴 수 있는 장비를 반드시 착용한다.

시멘트를 굳힐 틀, 반죽에 넣을 소재, 겉면을 매끈하게 다듬을 삽이나 판자, 글자를 새길 막대기 등을 준비한다. 시멘트 반죽에 디딤돌 크기보다 작게 자른 철망을 넣으면 보강 효과가 있다. 필수 과정은 아니지만 만약을 대비해 추가하는 것이 좋다.

4.5kg짜리 건식 시멘트나 시멘트 믹스로는 30×30cm 크기의 디딤돌을 2개 반 만들 수 있다. 디딤돌을 하나만 만들 때는 포장된 양의 1/3 정도를 반죽통에 넣고 물을 한 번에 다 붓지 말고 조금씩 추가한다. 보통 물 250mL를 먼저 넣고 필요에 따라 60mL를 추가한다. 손에 장갑을 끼고 가루와 물을 섞어 쿠키 반죽 정도의 농도가 될 때까지 반죽한다. 반죽을 한 줌 쥐었을 때 형태가 그대로 유지되어야 하며, 반죽이 묽어 손가락 사이로 흐르거나 너무 건조해 부서지지 않아야 한다.

반죽이 완성되면 틀에 부어 형태를 만든다. 가장자리와 윗면을 매끄럽게 다듬은 뒤, 준비한 소재를 가장자리에서 2-3cm 안쪽까지 눌러 넣어 고정한다. 완성된 디딤돌은 두께에 따라 하루나 이틀 정도 건조하고 그늘진 곳에 두고 굳힌다.

시멘트가 굳으면 틀에서 떼어낸다. 반죽에 넣은 유리나 세라믹 표면에 시멘트가 묻었을 경우 수세미 등으로 문질러 자국을 제거한다.

이렇게 만든 디딤돌은 정원에 길을 놓거나, 화단 가장자리에 배치하거나, 성상이나 미니 분수대 바닥으로 사용할 수 있으며, 선물로도 훌륭하다.

기도의 정원 일지 기록하기

정원 일지는 정원에 심은 식물의 생장과 자신의 영적 성장을 함께 돌아보고 기록하는 수단이다. 식물이 생장을 멈추는 휴면기에 접어들면 지금까지의 변화를 돌아보고 다음 해에는 어떻게 개선하면 좋을지 생각해 본다. 일지의 형식은 자유롭다. 간단해도 좋고, 세부적인 내용을 꼼꼼하게 기록해도 좋다. 아래 내용을 참고해서 수첩이나 스마트폰 애플리케이션 등을 활용해 나만의 정원 일지를 작성해 보자.

일지 항목
- **정원 배치, 기본 지도**
- **계절별 정원 사진**
- **식물 일지**
  - 식물 이름
  - 그리스도교 상징
  - 종류: 나무, 풀 등
  - 형태: 종자, 화분 등
  - 구매한 날짜(영수증 첨부)
  - 심은 날짜
  - 씨 뿌린 날짜 및 옮겨 심은 날짜
  - 크기
  - 재배 조건
  - 개화 시기와 기간
  - 수확 시기와 기간, 수확량

- 포기나누기, 시든 꽃 제거, 가지치기한 날짜
- 성공한 식물과 실패한 식물(다시 심지 말아야 할 것 포함)
- 나중에 심고 싶은 식물
- 일조량과 그늘이 진 정도
- 기후, 기온, 강수량
- 사용한 비료 종류와 공급 날짜
- 사용한 토양개량제 및 공급 날짜
- **병충해 관리 기록**
  - 피해를 본 식물
  - 발생한 병충해 종류
  - 해결 방법
- 일별, 주별, 월별 관찰 내용 및 계절별 요약
- 일별, 주별 기도 성찰, 성경 말씀, 중재기도 및 감사기도 내용 등

참고 문헌

Armitage, Allan M., Chris Johnson, and Asha Keys. *Armitage's Manual of Annuals, Biennials, and Half-Hardy Perennials*. Portland, OR: Timber Press, 2002.
Dressendörfer, Werner, Klaus Walter Littger, Harriet Horsfield, Petra Lamers-Schütze, Meujem Niessen, Andrew Mikolajski, Judy Boothroyd, and Basilius Besler, *Florilegium: The Book of Plants — The Complete Plates*. Cologne: Taschen, 2016.
Bloom, Adrian. *Gardening with Conifers*. Buffalo, NY: Firefly Books, 2002.
Bremness, Lesley. *The Complete Book of Herbs: A Practical Guide to Growing & Using Herbs*. New York: Viking Studio Books, 1988.
Bryan, John E., *Bulbs*. Rev. ed. Portland, OR: Timber Press, 2002.
Catechism of the Catholic Church. Liguori, MO: Liguori Publications, 1994.
Catholic Biblical Association of America. *The New American Bible: Saint Joseph Edition*. Wichita, KS: Catholic Book Publishing Co., 1970.
Craig, Claire, ed. *500 Popular Garden Plants for Australian Gardeners*. New South Wales: Random House Australia Pty. Ltd., 2000.
Creasy, Rosalinda. *The Complete Book of Edible Landscaping*. San Francisco: Sierra Club Books, 1982.
Dirr, Michael A. *Dirr's Hardy Trees and Shrubs: An Illustrated Encyclopedia*. Portland, OR: Timber Press, Inc., 1998.
_____. *Manual of Woody Landscape Plants: Their Identification, Ornamental Characteristics, Culture, Propagation, and Uses*. 4th ed. Champaign, IL: Stipes Publishing Co., 1990.
Druse, Kenneth. *Planthropology: The Myths, Mysteries, and Miracles of My Garden Favorites*. New York: Clarkson Potter, 2008.
Easton, Matthew George, M.A., D.D. *Easton's Illustrated Bible Dictionary*. 3rd ed. Edinburgh: Thomas Nelson, 1897.
Ellacombe, Henry Nicholson. *The Plant-Lore and Garden-Craft of Shakespeare*, London: Edward Arnold, 1896. Digitally reprinted by HardPress Publishing, 2012.
Ellis, Barbara W. *Covering Ground: Unexpected Ideas for Landscaping with Colorful, Low-Maintenance Ground Covers*. North Adams, MA: Storey Publishing, 2007.
Ferguson, George. *Signs & Symbols in Christian Art*. London: Oxford University Press, 1961.
Fisher, Celia. *The Medieval Flower Book*. London: The British Library, 2013.
Folkard, Richard. Plant Lore, Legends, and Lyrics: *Embracing the Myths, Traditions, Superstitions, and Folk-lore of the Plant Kingdom*. London: Sampson Low, 1884.
Flowers of Mary: Or Devotions for Each Month in the Year. London: Burns and Lambert, 1862.
Forster, Thomas. *The Catholic Yearbook*. London: Keating and Brown, 1833. Digitally reprinted by BiblioLife, Wentworth Press, 2016.
Foster, Steven. "Witch Hazel *Hamamelis Virginiana* Article and Photos." Steven Foster Group, Inc. Accesssed

August 4, 2019. http://www.stevenfoster.com/education/monograph/witchhazel.html.

Gabriele di Santa Maria Maddalena, OCD, *Divine Intimacy.* Translated by Discalced Carmelite Nuns of Boston. London: Baronius Press, 2013.

Gemminger, Rev. Louis. *Flowers of Mary: 1858.* 4th ed. Translated by a Benedictine sister. Baltimore: John Murphy, 1894.

Guroian, Vigen. I*nheriting Paradise: Meditations on Gardening.* Grand Rapids, MI: Wm. B. Eerdmans Publishing Co., 1999.

Impelluso, Lucia. *Gardens in Art*. Translated by Stephen Sartarelli. Los Angeles: J. Paul Getty Museum, 2005.

_____. *Nature and Its Symbols.* Translated by Stephen Sartarelli. Los Angeles: J. Paul Getty Museum, 2005.

King, Eleanor Anthony. *Bible Plants for American Gardens*. New York: Macmillan, 1941.

Kowalchik, Claire, William H. Hylton, and Anna Carr, eds. *Rodale's Illustrated Encyclopedia of Herbs.* Emmaus, PA: Rodale Press, 1998.

Krymow, Vincenzina. Mary's *Flowers: Gardens, Legends, and Meditations*. Cincinnati: St. Anthony Messenger Press, 2002.

Landsberger, Sylvia. *The Medieval Garden*. New York: Thames and Hudson, 2003.

Malaguzzi, Silvia, and Brian Phillips. *Food and Feasting in Art*. Los Angeles: Getty Trust Publications, 2008.

McGee, Rose Marie Nichols and Maggie Stuckey. McGee & Stuckey's *The Bountiful Container: A Container Garden of Vegetables, Herbs, Fruits, and Edible Flowers*. New York: Workman Publishing, 2002.

Missouri Botanical Gardens. "Plant Finder." http://www.missouribotanicalgarden.org/plantfinder/plantfindersearch.aspx.

Mulholland, Clara, trans. *The Mystical Flora of St. Francis de Sales; Or the Christian Life Under the Emblem of Plants*. Dublin: M. H. Gill and Son, 1891.

Nau, Jim. *Ball Perennial Manual: Propagation and Production*. Batavia, IL: Ball Publishing, 1996.

Gençler Özkan, Ayşe Mine and Çiğdem Gençler Güray. "A Mediterranean: Myrtus communis L. (Myrtle)." In *Plants and Culture: Seeds of the Cultural Heritage of Europe, ed.* Jean-Paul Morel and Anna Maria Mercuri. Edipuglia Bari, Italy: Centro Europeo per I Beni Culturali Ravello, 2009. https://www.academia.edu/15831004/Myrtle

Realy, Obl. OSB, Margaret Rose. *A Catholic Gardener's Spiritual Almanac: Cultivating Your Faith throughout the Year*. Notre Dame: Ave Maria Press, 2015.

_____. *A Garden of Visible Prayer: Creating a Personal Sacred Space One Step at a Time*. Denver: Patheos Press, 2014.

Rose, Nancy, Don Selinger and John Whitman. *Growing Shrubs and Small Trees in Cold Climates*. Chicago: NTC/Contemporary Publishing Group Inc., 2001.

Seaton, Beverly. *The Language of Flowers: A History*. Charlottesville, VA: University Press of Virginia, 1995.

Shewell-Cooper, W. E. *Plants, Flowers, and Herbs of the Bible: The Living Legacy of the Third Day of Creation*. New Canaan, CT: Keats Publishing Inc., 1988.

Singleton, Esther. *The Shakespeare Garden*. New York: The Century Co., 1922. Digitally reprinted by Forgotten Books, 2012.

Skinner, Charles M. *Myths and Legends of Flowers, Trees, Fruits, and Plants in All Ages and in All Climes*. Philadelphia: J. B. Lippincott Co., 1911.

Taylor, Gladys Tall. *Saints and Their Flowers*. London: A. R. Mowbray & Co., 1956.

Taylor, Norman. *Taylor's Guide to Gardening Techniques*. Boston: Houghton Mifflin Harcourt, 1991.

_____. *Taylor's Guide to Trees*. New York: Chanticleer Press, 1988.

The New American Bible: Saint Joseph Edition. New York: Catholic Book Publishing Company, 1970.

The New Jerusalem Bible. New York: Doubleday & Company Inc., 1985.

Vickery, Roy. *A New Dictionary of Plant Lore*. Oxford: Oxford University Press, 1995.

주석

추천사

1. "The Religious Typology: A New Way to Characterize Americans by Religion," Pew Research Center, August 29, 2018, https://www.pewforum.org/2018/08/29/the-religious-typology/.

머리말

1. Edna St. Vincent Millay, "Renascene," 1917.
2. *Catechism of the Catholic Church* (Ligouri, MO: Ligouri Publications, 1994), 4 (《가톨릭 교회 교리서》, 교황 요한 바오로 2세 교서 〈큰 기쁨〉, 27쪽).
3. 교황 베네딕토 16세는 다수의 저서를 통해 창조와 진화에 대해 설명했다. 교황으로 선출되기 전, 추기경 시절의 강론을 묶은 *In the Beginning: A Catholic Understanding of the Story of Creation and the Fall*에서 발췌하였다.
4. Teresa of Ávila, *The Book of My Life: Part Two, The Four Waters*.

들어가기

1. "The Doctrine of Signatures and Healing Plants," Healthy Hildegard, https://www.healthyhildegard.com/doctrine-signatures-healing-plants/.
2. Beverly Seaton, *The Language of Flowers: A History* (Charlottesville, VA: University Press of Virginia, 1995), 2.

꽃

1. Celia Fisher, *The Medieval Flower Book* (London: The British Library, 2013), 19.

2. "Poppy Anemone," Mahmiyat.ps: *Your Guide to Nature in Palestine*, http://www.mahmiyat.ps/en/floraAndFauna/46.
3. Gary Lee Kraut, "The Begonia Conservatory: Without Rochefort There Would Be No Begonias," Touring in the Spirit of France Revisited, September 12, 2017, http://francerevisited.com/2017/09/begonia-conservatory-rochefort/.
4. 20세기 중반의 기도 카드에 실린 시에서 발췌한 내용으로 작자 미상이다.
5. 일부 블루벨 품종은 수술이 6개 이상이다. 자연의 다양성이란 실로 놀랍다.
6. "Saint George," Catholic Saints Info, http://catholicsaints.info/saint-george/.
7. Gladys Tall Taylor, *Saints and Their Flowers* (London: A. R. Mowbray and Co., 1956), 58.
8. Celia Fisher, *The Golden Age of Flowers: Botanical Illustration in the Age of Discovery 1600-1800* (London: The British Library, 2011), 139.
9. 성 바울리노는 431년에 세상을 떠난 주교로, 축일은 6월 22일이다. Thomas Forster, *The Catholic Yearbook* (London: Keating and Brown, 1833), 174.
10. Encyclopedia Britannica, s.v. "St. George: Christian Martyr," https://www.britannica.com/biography/Saint-George.
11. Lucia Impelluso, *Nature and Its Symbols*, trans. Stephen Sartarelli (Los Angeles: J. Paul Getty Trust, 2004), 115.
12. "*Dianthus carthusianorum*," Royal Botanic Gardens, Kew, http://www.plantsoftheworldonline.org/taxon/urn:lsid:ipni.org:names:302053-2.
13. 해당 어원의 출처는 옥스퍼드 영어 사전이다. 속명 아킬레지아가 '독수리'를 뜻하는 라틴어에서 유래했다는 주장도 있으나 근거가 빈약하며, 옥스퍼드의 설명이 더 신빙성 있다.
14. 자생종variety과 재배종cultivar은 종종 혼용되지만, 구분이 필요하다. 자생종이란 같은 종 내에서 자연적인 변이를 통해 형성된 개체군을, 재배종은 원예가가 인위적으로 육성한 개체군을 뜻한다. 자생종은 종자를 통해 번식이 가능하지만, 재배종은 씨앗으로 번식할 경우 모본 형질이 그대로 이어지지 않을 수 있다.
15. "Aquilegia Express: The Columbine Flower," US Forest Service, https://www.fs.usda.gov/wildflowers/beauty/columbines/flower.shtml
16. 문헌에서 언급된 수레국화는 *Centaurea depressa* 품종이다. Riklef Kandeler and Wolfram R. Ullrich, "Symbolism of Plants: Examples from European-Mediterranean Culture Presented with Biology and History of Art: SEPTEMBER: Cornflower," *Journal of Experimental Botany* 60, no. 12 (August 2009): 3297-3299, https://academic.oup.com/jxb/article/60/12/3297/523968.
17. Margaret Rose Realy, *A Catholic Gardener's Spiritual Almanac: Cultivating Your Faith Throughout the Year* (Notre Dame, IN: Ave Maria Press, 2015), 76.
18. Flower Style, "Larkspur and Delphinium: *Consolida ajacia: Delphinium elatum*," https://www.flower.style/flowers-we-love/delphinium.
19. 정확한 명칭은 다양하고 복잡하나 여기서는 편의상 품종명만 간단하게 소개했다. 델피니움 쿨토룸 *Delphinium × cultorum*은 가정 정원에서 부담 없이 재배할 수 있는 품종으로, 모품종은 델피니움 엘라툼*Delphinium × elatum*이다.
20. Katharine T. Kell, "The Folklore of the Daisy," *The Journal of American Folklore* 69, no. 271 (January-March 1956): 16, https://www.jstor.org/stable/536936.

21. Ibid., 15.
22. Ibid., 16.
23. Fisher, *The Golden Age of Flowers*, 76.
24. Richard Folkard, *Plant Lore, Legends, and Lyrics: Embracing the Myths, Traditions, Superstitions, and Folklore of the Plant Kingdom* (London: Sampson Low, 1884), 194. 문헌에 언급된 꽃은 국화과의 떡쑥 *Gnaphalium* sp.이다.
25. Impelluso, *Nature and Its Symbols*, 96.
26. Anca Husti and Maria Cantor, "Sacred Connection of Ornamental Flowers with Religious Symbols," *ProEnvironment Journal*, 8 (2015): 73-79, https://www.semanticscholar.org/paper/Sacred-Connection-of-Ornamental-Flowers-with-Husti-Cantor/9da8abb4e94bc1ca5cc7c75fffb077d50a923406.
27. 리스(-*lys* 또는 *lis*)는 프랑스어로 '백합'을 뜻한다. 일부 역사학자들은 루이 7세보다 앞선 왕의 재위기에 발생한 일이라고 주장한다.
28. "*Iris pseudacorus*," Flowers of Israel, http://www.flowersinisrael.com/Irispseudacorus_page.htm.
29. "*Iris germanica*," Missouri Botanical Garden, http://www.missouribotanicalgarden.org/PlantFinder/PlantFinderDetails.aspx?kempercode=f471.
30. 산형꽃차례는 하나의 꽃대 끝에서 짧은 꽃자루 여러 개가 마치 거꾸로 된 '우산살'처럼 퍼져 나가는 형태를 말한다.
31. Joshua E. Keating, "Who Are the Knights of Malta — And What Do They Want?" *Foreign Policy*, January 19, 2011, https://foreignpolicy.com/2011/01/19/who-are-the-knights-of-malta-and-what-do-they-want/.
32. David Beaulieu, "How to Grow Flower of Bristol Plant," July 26, 2021, https://www.thespruce.com/maltese-cross-plant-information-2132556.
33. Alan Bullion, "The Dragons of St. Leonard's Forest, Sussex," *The Journal of Geomancy* 2, no. 2 (January 1978): 32-33.
34. Harold N. Moldenke, "Flowers of the Madonna," EWTN, https://www.ewtn.com/catholicism/library/flowers-of-the-madonna-5669.
35. "*Nigella arvensis*, Love-in-a-Mist," Flowers of Israel, http://www.flowersinisrael.com/Nigellaarvensis_page.htm.
36. "나는 알라의 사도가 이렇게 말하는 것을 들었다. '니겔라는 죽음을 제외한 모든 질병을 치유할 수 있다.'" Narrated Abu Huraira (d. 678), from *The Prophet's Medicine*, quoted in http://www.flowersinisrael.com/Nigellaarvensis_page.htm.
37. "Lungwort," *The Medieval Garden Enclosed*, The Metropolitan Museum of Art, April 26, 2013, https://blog.metmuseum.org/cloistersgardens/2013/04/26/lungwort/.
38. Taylor, *Saints and Their Flowers*, 29.
39. Vincenzina Krymow, *Mary's Flowers: Gardens, Legends and Meditations* (Cincinnati: St. Anthony Messenger Press, 2002), 68.
40. 셈파수칠*cempasúchitl*은 아즈텍 제국의 언어인 나와틀어 *zempoalxochitl*에서 유래한 단어로 '20'을 의미하는 *zempoal*과 '꽃'을 의미하는 *xochitl*의 합성어다. 아즈텍 문화에서 숫자 20은 그리스도교의 숫자 7처럼 충만함과 완전함을 의미하며, 여기서는 마리골드의 꽃잎이 풍성함을 지칭한다.
41. Forster, *The Catholic Yearbook*, 273.

42. Realy, *A Catholic Gardener's Spiritual Almanac*, 179-180.
43. Dr. Leonard Perry, "Legends of the Chrysanthemum," University of Vermont Extension, Department of Plant and Soil Science, https://pss.uvm.edu/ppp/articles/mumsleg.html.
44. Impelluso, *Nature and Its Symbols*, 93.
45. Louis Gemminger, *Flowers of Mary* (Baltimore: John Murphy, 1858), 35
46. '다피다운딜리'는 표기 방식도 다양하고 이름의 기원, 의미도 문화권과 시대마다 다르다. 여기서는 어원이나 의미에 대한 설명은 생략하고, 그리스도교에서의 상징만 설명했다.
47. 셀리아 피셔의 *The Medieval Flower Book* (London: The British Library, 2013)은 중세 기도서에 그려진 꽃의 종류와 특정 꽃이 그려진 이유, 각 꽃이 지닌 상징성 등을 상세히 설명하고 있다.
48. Fisher, *The Medieval Flower Book*, 47.
49. "Red Showy Flowers or the Floral Glories of Israel," Flowers in Israel, http://www.flowersinisrael.com/RedShowyFlowers_page.htm.
50. David Yarham, "Wildflowers and Other Flowering Plants," Magog Trust, January 1995, http://www.magogtrust.org.uk/about/flowers_at_the_down/?artid=59&page Num=0&blk=282.
51. Forster, *The Catholic Year Book*, 36.
52. Gerald Klingaman, "Plant of the Week: Rose Campion," University of Arkansas System Division of Agriculture Research and Extension, May 18, 2012, https://www.uaex.edu/yard-garden/resource-library/plant-week/rose-campion-5-18-12.aspx#.
53. Folkard, *Plant Lore, Legends, and Lyrics*, 423.
54. Ibid., 55.
55. 19세기 프랑스 의사 피에르 바르베는 저서 *A Doctor at Calvary* (New York: Doubleday, 1963)에서 토리노의 수의를 분석한 법의학자의 의견을 근거로, 예수님께서 십자가에서 겪으신 고통이 인간으로서 감당할 수 없는 수준이었다고 설명한다.
56. Ibid., 329.
57. William Wordsworth, "To a Snowdrop," InternetPoem.com, https://internetpoem.com/william-wordsworth/to-a-snowdrop-poem/.
58. Michael McCarthy, "White Gold: Britain's New Love for Snowdrops," *The Independent*, February 9, 2008, https://www.independent.co.uk/environment/nature/white-gold-britains-new-love-for-snowdrops-780191.html.
59. John E. Bryan, *Bulbs*, rev. ed. (Portland, OR: Timber Press, 2002), 454.
60. Fisher, *The Golden Age of Flowers*, 136.
61. Impelluso, *Nature and Its Symbols*, 82.
62. Online Etymology Dictionary, s.v. "Veronica," https://www.etymonline.com/word/Veronica.
63. 영국 화가 존 윌리엄 워터하우스의 〈수태고지〉(1914)에는 제비꽃뿐만 아니라 마리아의 덕을 상징하는 여러 가지 꽃이 그려져 있다.
64. Krymow, *Mary's Flowers*, 32.
65. Felix Grendon, "The Anglo-Saxon Charms," *The Journal of American Folk Lore* XXII, no. LXXXIV, April-June, 1909): 132, https://www.jstor.org/stable/3713414.

허브와 과수

1. Encyclopedia Britannica Online, s.v. "Angelica Plant," https://www.britannica.com/plant/angelica-plant.
2. Claire Kowalchik, Anna Carr, and William Hylton, eds., *Rodale's Illustrated Encyclopedia of Herbs* (Emmaus, PA: Rodale Press, 1998), 13.
3. W. E. Shewell-Cooper, *Plants, Flowers, and Herbs of the Bible: The Living Legacy of the Third Day of Creation* (New Canaan, CT: Keats Publishing Inc., 1988), 51.
4. Impelluso, *Nature and Its Symbols*, 149.
5. "Saint Abundantia of Spoleto," CatholicSaints.Info, http://catholicsaints.info/saint-abundantia-of-spoleto/.
6. "Apple Tree," National Park Service, https://www.nps.gov/shen/learn/nature/apple_tree.htm.
7. "Seven of the Most Sacred Plants in the World," BBC Radio 4, BBC, https://www.bbc.co.uk/programmes/articles/1G40z4B6Ydmh8dSqFQSW1pQ/seven-of-the-most-sacred-plants-in-the-world.
8. Benedict XVI, *Deus Caritas Est*, Vatican.va, par. 10 (교황 베네딕토 16세의 회칙 〈하느님은 사랑이십니다〉).
9. Esther Singleton, *The Shakespeare Garden* (New York: The Century Co., 1922), 245.
10. Missouri Botanical Gardens, "Matricaria recutita."
11. W. J. Rayment, "Excerpt Analysis, Cucumbers in the Bible," http://excerpts.indepthinfo.com/cucumbers-in-the-bible.
12. Impelluso, *Nature and Its Symbols*, 175.
13. Samer Omari et al., "Landraces of Snake Melon, an Ancient Middle East Crop Reveal Extensive Morphological and DNA Diversity for Potential Genetic Improvement," *BCM Genetics* 19, no. 34 (May 23, 2018), https://www.ncbi.nlm.nih.gov/pmc/articles/PMC5966880/.
14. "Cucumbers," Almanac, Yankee Publishing, Inc., https://www.almanac.com/plant/cucumbers.
15. Impelluso, *Nature and Its Symbols*, 182.
16. Logan Kistler et al, "Transoceanic Drift and the Domestication of African Bottle Gourds in the Americas," Proceedings of the National Academy of Sciences of the United States of America, January 10, 2014, https://www.pnas.org/content/early/2014/02/06/1318678111.
17. George Ferguson, *Signs & Symbols in Christian Art* (London: Oxford University Press, 1961), 31.
18. Des Traditions Vivantes: Au Rythme des Saisons, Les Climats du vignoble de Bourgogne, https://www.climats-bourgogne.com/fr/traditions-vivantes_11.html.
19. Michela Centinari, Ph.D., and Michael Chen, "Backyard Grape Growing," PennState Extension, College of Agricultural Sciences, The Pennsylvania State University, June 16, 2005, https://extension.psu.edu/backyard-grape-growing.
20. Online Etymological Dictionary, s.v. "Lavender," https://www.etymonline.com/ordlavender#etymonline_v_6598.
21. Sharon F. "The Difference between Spikenard and Lavender Essential Oil," Sedona Aromatics, Aromatics and Blooms, LLC, May 12, 2014, https://sedonaaromatics.com/the-difference-between-spikenard-and-lavender-essential-oil/.
22. "Citrus Medica," ScienceDirect, Elsevier B.V., 2019, https://www.sciencedirect.com/topics/agricultural-and-biological-sciences/citrus-medica.
23. Judaism 101, "Know Your Etrog," http://www.jewfaq.org/etrog.htm.

24. Impelluso, *Nature and Its Symbols*, 137.
25. "Protoselinum Crispum," ScienceDirect, Elsevier B.V., https://www.sciencedirect.com/topics/agricultural-and-biological-sciences/petroselinum-crispum.
26. Folkard, *Plant Lore, Legends, and Lyrics*, 487.
27. Easton's Bible Dictionary, s.v. "Bitter Herbs," https://www.biblestudytools.com/encyclopedias/isbe/bitter-herbs.html.
28. Impelluso, *Nature and Its Symbols*, 168.
29. Ibid.
30. El Greco, *The Holy Family with Mary Magdalen*, c. 1590-1595, in The Cleveland Museum of Art, https://www.clevelandart.org/art/1926.247.
31. St. Francis de Sales, *The Mystical Flora of St. Francis de Sales*, trans. Clara Mulholland (Dublin: M. H. Gill and Son, 1891), 47.
32. Hong Jiang, "The Plum Blossom: A Symbol of Strength," *The Epoch Times*, June 12, 2011, https://www.theepochtimes.com/the-plum-blossom-a-symbol-of-strength_1497107.html.
33. de Sales, *The Mystical Flora of St. Francis De Sales*, 106-107.
34. 저온기는 섭씨 0-7.2도의 낮은 온도에서 노출된 누적 시간을 말하며, 과일이나 견과류 나무 대다수가 이 저온기를 거쳐야 이듬해 봄 새순이 돋고 나중에 과실을 맺을 수 있다.
35. Arbor Day Foundation, "The Best Low-Maintenance Fruit Trees," July 11, 2018, https://arbordayblog.org/landscapedesign/the-best-low-maintenance-fruit-trees/.
36. Liz Rueven, "Prosperity Chicken for Your Rosh Hashanah Table," *The Times of Israel*, September 17, 2017, https://www.timesofisrael.com/prosperity-chicken-for-your-rosh-hashanah-table/.
37. Impelluso, *Nature and Its Symbols*, 145.
38. de Sales, *The Mystical Flora of St. Francis de Sales*, 121.
39. Krymow, *Mary's Flowers*, 124.
40. Gemminger, *Flowers of Mary*, 137.
41. Taylor, *Saints and Their Flowers*, 62.
42. 마태 26,7; 마르 14,3; 루카 7,37-38; 요한 12,3.
43. Erasmo Leiva-Merikakis (Father Simeon), "They Looked for Jesus," Magnificat 13, no. 1 (April 2011) : 221.
44. "Strawberry Varieties," StrawberryPlants.org, https://strawberryplants.org/strawberry-varieties/.
45. Avinoam Danin et al., *Flora of the Shroud of Turin* (St. Louis: Missouri Botanical Garden Press, 1999), 18.
46. Ben Johnson, "The Thistle — National Emblem of Scotland," Historic UK, https://www.historic-uk.com/HistoryUK/HistoryofScotland/The-Thistle-National-Emblem-of-Scotland/.
47. Impelluso, *Nature and Its Symbols*, 134.
48. *Merriam-Webster*, s.v. "Thyme," https://www.merriam-webster.com/dictionary/thyme.
49. Beth Dunn, "The History Channel, A Brief History of Thyme, August 22, 2018," https://www.history.com/news/a-brief-history-of-thyme.
50. de Sales, *The Mystical Flora of St. Francis de Sales*, 49.

풀과 기타 화초

1. M. G. Easton, "Grass," *Eastons Bible Dictionary*, 3rd ed. (Edinburgh: Thomas Nelson, 1897).
2. Gemminger, *Flowers of Mary*, 24-25.
3. Footnote to Sir 24:23, United States Conference of Catholic Bishops translation, "Sirach," https://bible.usccb.org/bible/sirach/24.
4. Julia Cameron, *Blessings: Prayers and Declarations for a Heartfelt Life* (New York: TarcherPerigee, 1998), xii.
5. Impelluso, *Nature and Its Symbols*, 101.
6. Fisher, *The Medieval Flower Book*, 70.
7. "Folded Ferns," Answers in Genesis, September 1, 1996, https://answersingenesis.org/geology/catastrophism/folded-ferns/, originally published in *Creation* 18, no. 4 (September 1996). 50-51.
8. "*Adiantum capillus-veneris*," Missouri Botanical Garden, https://www.missouribotanicalgarden.org/PlantFinder/PlantFinderDetails.aspx?taxonid=285802.
9. John Huddlestun, "Was Moses' Name Egyptian?" Bible Odyssey, Society of Biblical Literature, https://www.bibleodyssey.org/en/people/related-articles/was-moses-name-egyptian.aspx.
10. Gemminger, *Flowers of Mary*, 29.
11. Ibid.
12. Janet Belding, "Vinca Minor Varieties," Garden Guides, Leaf Group Ltd., September 21, 2017, https://www.gardenguides.com/118603-vinca-minor-varieties.html.
13. Ronell R. Klopper, "Osmunda regalis," South African National Biodiversity Institute, February 2004, http://pza.sanbi.org/osmunda-regalis.
14. David Hugh Farmer, *Oxford Dictionary of Saints* (Oxford: Oxford University Press, 2004), 401.
15. "Osmunda regalis," Missouri Botanical Garden, https://www.missouribotanical garden.org/PlantFinder/PlantFinderDetails.aspx?kempercode=l320.
16. "Osmunda regalis - L," Plants for a Future, 2019, https://pfaf.org/user/Plant.aspx?LatinName=Osmunda+regalis.
17. Patricia Monaghan, *The Encyclopedia of Celtic Mythology and Folklore* (New York: Facts on File, Inc., 2004), 416.
18. Oxford Lexico, s.v. "Shamrock," 2019, https://www.lexico.com/en/definition/shamrock.

나무

1. "Tu B'Shevat: Tikkun Olam and Rosh Hashanah for Trees," Hebrew for Christians, John J. Parsons, https://hebrew4christians.com/Holidays/Winter_Holidays/Tu_B_shevat/tu_b_shevat.html.
2. de Sales, *The Mystical Flora of St. Francis de Sales*, 77.
3. Michael A. Dirr, *Manual of Woody Landscape Plants: Their Identification, Ornamental Characteristics, Culture, Propagation, and Uses*, 4th ed. (Champaign, IL.: Stipes Publishing Co., 1990), 190.
4. Ibid., 188.

5. "Cedrus atlantica: Atlas Cedar," College of Agriculture, Health and Natural Resources, University of Connecticut, http://plantdatabase.uconn.edu/detail.php?pid=95.
6. Realy, *A Catholic Gardener's Spiritual Almanac*, 125.
7. 17세기에 유래한, 문헌상에서 추정된 이야기일 뿐이다.
8. Online Etymology Dictionary, s.v. "Dagger (n.)" and "Dogwood (n.)," https://www.etymonline.com/word/dagger?ref=etymonline_crossreference.
9. "Cornus kousa," Missouri Botanical Garden, https://www.missouribotanicalgarden.org/PlantFinder/PlantFinderDetails.aspx?kempercode=j910.
10. 전나무속 식물은 잉글랜드 섬에 자생하지 않으므로, 이야기에서 언급되는 나무는 소나무속 식물로 추정된다.
11. 성 보니파시오는 오늘날 잉글랜드 섬의 크레디톤 지역 출신이다. 인용문은 크레디톤 교구 기록을 참고했다. https://www.creditonparishchurch.org.uk/.
12. Fr. Gabriele di Santa Maria Maddalena, OCD, *Divine Intimacy*, trans. Discalced Carmelite Nuns of Boston (London: Baronius Press Ltd., 2013), 902.
13. 이 이야기에는 여러 출처가 있으며, 여기서는 다음 자료를 참고했다. Douglas D. Anderson, "Glastonbury Thorn," The Hymns and Carols of Christmas, https://www.hymnsandcarolsofchristmas.com/Text/Brands/glastonbury_thorn.htm
14. Sylvia Landsberg, *The Medieval Garden* (New York: Thames and Hudson, 2003), 63-65.
15. Ayşe Mine Gençler Özkan and Çiğdem Gençler Güray, "A Mediterranean: Myrtus cummunis L. (Myrtle)," in Plants and Culture: Seeds of the Cultural Heritage of Europe, ed. Jean-Paul Morel and Anna Maria Mercuri (Edipuglia Bari, Italy: Centro Europeo per I Beni Culturali Ravello, 2009), https://www.academia.edu/15831004/Myrtle.
16. Gemminger, *Flowers of Mary*, 117.
17. Ibid., 117.
18. Easton's Bible Dictionary, s.v. "Oak."
19. Michael A. Dirr, *Dirr's Hardy Trees and Shrubs: An Illustrated Encyclopedia* (Portland, OR: Timber Press, 1998), 321.
20. Charles M. Skinner, *Myths and Legends of Flowers, Trees, Fruits, and Plants in All Ages and in All Climes* (Philadelphia: J. B. Lippincott Co., 1911), 201.
21. de Sales, *The Mystical Flora of St. Francis de Sales*, 88.
22. Impelluso, *Nature and Its Symbols*, 118.
23. *The New American Bible* (New York: Catholic Book Publishing, 1970), Hosea 6:6.
24. 하젤은 킹 제임스 성경 *King James Bible* 과 노아 웹스터 성경 *Webster's Bible Translation* 의 창세 30,37에서 언급된다.
25. Steven Foster, "Witch Hazel Hamamelis Virginiana," Steven Foster Group, Inc., https://web.archive.org/web/20131216095902/http://www.stevenfoster.com/education/monograph/witchhazel.html.

정원 가꾸기

1. Cameron, *Blessings: Prayers and Declarations for a Heartfelt Life*, xii.
2. 이 장은 필자가 예전에 출간한 *A Garden of Visible Prayer*와 *A Catholic Gardener's Spiritual Almanac*에서 발췌해 구성했다.
3. Norman Taylor, *Taylor's Guide to Gardening Techniques* (Boston: Houghton Mifflin Harcourt, 1991), 47-48.
4. 칼륨의 원소기호 K는 라틴어 칼리움kalium을 어원으로 하며, 이는 다시 '알칼리'를 뜻하는 아랍어 칼리qali에서 파생했다. 칼륨은 주기율표에서 알칼리 금속에 해당한다.
5. 다음 책에 수록된 표의 내용을 보강해 실었다. Rose Marie Nichols McGee and Maggie Stuckey, *McGee & Stuckey's The Bountiful Container: A Container Garden of Vegetables, Herbs, Fruits, and Edible Flowers* (New York: Workman Publishing, 2002), 69.
6. Realy, *A Catholic Gardener's Spiritual Almanac*, 187-189.

가톨릭 교리 상식

1. 이 장 역시 *A Garden of Visible Prayer*와 *A Catholic Gardener's Spiritual Almanac*에서 발췌해 구성했다.
2. "Labyrinths: Symbols of Hell & the Pilgrim's Way," Fish Eaters, https://www.fisheaters.com/labyrinths.html.
3. Ibid.
4. Danin et al., *Flora of the Shroud of Turin*, 18.
5. Realy, *A Catholic Gardener's Spiritual Almanac*, 149-151.
6. Danin et al., *Flora of the Shroud of Turin*, 12.

기도의 정원 만들기

1. Dr. Frank Dunbar, "Designing a Spiritual Landscape" (lecture, Hidden Lake Gardens, Tipton, MI, July 9, 2005).

옮긴이 신지현

한국외대 통번역대학원 한영과 겸임교수이자 프리랜서 통번역가. 연세대 영어영문학과와 한국외대 통번역대학원에서 공부했으며, 《작가의 시작》, 《남아 있는 날들의 글쓰기》 등 다수의 영미 도서를 번역했다. 직장인이던 시절, 우연히 취미로 시작한 꽃꽂이에 대한 사랑이 깊어져 국내외 기관에서 플로리스트 과정을 수료했고, 현재는 가톨릭 전례 꽃꽂이를 배우며 본당에서 꽃 봉사를 담당하고 있다.

기도의 정원
그리스도교의 100가지 식물 이야기

서울대교구 인가 2025년 5월 29일
초판 1쇄 펴낸날 2025년 11월 25일

지은이 마거릿 로즈 릴리
그린이 메리 스프레이그
옮긴이 신지현
펴낸이 나현오
펴낸곳 성서와함께

주소 06910 서울특별시 동작구 흑석로13길 7
전화 (02) 822-0125~7/ **팩스** (02) 822-0128
인터넷서점 www.withbible.com
전자우편 order@withbible.com
등록번호 14-44(1987년 11월 25일)

ⓒ 성서와함께 2025
성경·교회 문헌·전례문 ⓒ 한국천주교중앙협의회, 2025.

ISBN 978-89-7635-460-0 03230